CLÍNICA DA EXCLUSÃO
A CONSTRUÇÃO DO FANTASMA
E O SUJEITO ADOLESCENTE

COLEÇÃO CLÍNICA PSICANALÍTICA
TÍTULOS PUBLICADOS

1. **Perversão**
   Flávio Carvalho Ferraz
2. **Psicossomática**
   Rubens Marcelo Volich
3. **Emergências Psiquiátricas**
   Alexandra Sterian
4. **Borderline**
   Mauro Hegenberg
5. **Depressão**
   Daniel Delouya
6. **Paranoia**
   Renata Udler Cromberg
7. **Psicopatia**
   Sidney Kiyoshi Shine
8. **Problemáticas da Identidade Sexual**
   José Carlos Garcia
9. **Anomia**
   Marilucia Melo Meireles
10. **Distúrbios do Sono**
    Nayra Cesaro Penha Ganhito
11. **Neurose Traumática**
    Myriam Uchitel
12. **Autismo**
    Ana Elizabeth Cavalcanti
    Paulina Schmidtbauer Rocha
13. **Esquizofrenia**
    Alexandra Sterian
14. **Morte**
    Maria Elisa Pessoa Labaki
15. **Cena Incestuosa**
    Renata Udler Cromberg
16. **Fobia**
    Aline Camargo Gurfinkel
17. **Estresse**
    Maria Auxiliadora de A. C. Arantes
    Maria José Femenias Vieira
18. **Normopatia**
    Flávio Carvalho Ferraz
19. **Hipocondria**
    Rubens Marcelo Volich
20. **Epistemopatia**
    Daniel Delouya
21. **Tatuagem e Marcas Corporais**
    Ana Costa
22. **Corpo**
    Maria Helena Fernandes
23. **Adoção**
    Gina Khafif Levinzon
24. **Transtornos da Excreção**
    Marcia Porto Ferreira
25. **Psicoterapia Breve**
    Mauro Hegenberg
26. **Infertilidade e Reprodução Assistida**
    Marina Ribeiro
27. **Histeria**
    Silvia Leonor Alonso
    Mario Pablo Fuks
28. **Ressentimento**
    Maria Rita Kehl
29. **Demências**
    Delia Catullo Goldfarb
30. **Violência**
    Maria Laurinda Ribeiro de Souza
31. **Clínica da Exclusão**
    Maria Cristina Poli
32. **Disfunções Sexuais**
    Cassandra Pereira França
33. **Tempo e Ato na Perversão**
    Flávio Carvalho Ferraz
34. **Transtornos Alimentares**
    Maria Helena Fernandes

35. **Psicoterapia de Casal**
 Purificacion Barcia Gomes
 Ieda Porchat

36. **Consultas Terapêuticas**
 Maria Ivone Accioly Lins

37. **Neurose Obsessiva**
 Rubia Delorenzo

38. **Adolescência**
 Tiago Corbisier Matheus

39. **Complexo de Édipo**
 Nora B. Susmanscky de Miguelez

40. **Trama do Olhar**
 Edilene Freire de Queiroz

41. **Desafios para a Técnica Psicanalítica**
 José Carlos Garcia

42. **Linguagens e Pensamento**
 Nelson da Silva Junior

43. **Término de Análise**
 Yeda Alcide Saigh

44. **Problemas de Linguagem**
 Maria Laura Wey Märtz

45. **Desamparo**
 Lucianne Sant'Anna de Menezes

46. **Transexualidades**
 Paulo Roberto Ceccarelli

47. **Narcisismo e Vínculos**
 Lucía Barbero Fuks

48. **Psicanálise da Família**
 Belinda Mandelbaum

49. **Clínica do Trabalho**
 Soraya Rodrigues Martins

50. **Transtornos de Pânico**
 Luciana Oliveira dos Santos

51. **Escritos Metapsicológicos e Clínicos**
 Ana Maria Sigal

52. **Famílias Monoparentais**
 Lisette Weissmann

53. **Neurose e Não Neurose**
 Marion Minerbo

54. **Amor e Fidelidade**
 Gisela Haddad

55. **Acontecimento e Linguagem**
 Alcimar Alves de Souza Lima

56. **Imitação**
 Paulo de Carvalho Ribeiro

57. **O tempo, a escuta, o feminino**
 Silvia Leonor Alonso

58. **Crise Pseudoepiléptica**
 Berta Hoffmann Azevedo

59. **Violência e Masculinidade**
 Susana Muszkat

60. **Entrevistas Preliminares em Psicanálise**
 Fernando José Barbosa Rocha

61. **Ensaios Psicanalíticos**
 Flávio Carvalho Ferraz

62. **Adicções**
 Decio Gurfinkel

63. **Incestualidade**
 Sonia Thorstensen

64. **Saúde do Trabalhador**
 Carla Júlia Segre Faiman

65. **Transferência e Contratransferência**
 Marion Minerbo

66. **Idealcoolismo**
 Antonio Alves Xavier
 Emir Tomazelli

67. **Tortura**
 Maria Auxiliadora de Almeida Cunha Arantes

68. **Ecos da Clínica**
 Isabel Mainetti de Vilutis

69. **Pós-Análise**
 Yeda Alcide Saigh

70. **Clínica do Continente**
 Beatriz Chacur Mano

Coleção Clínica Psicanalítica
Dirigida por Flávio Carvalho Ferraz

CLÍNICA DA EXCLUSÃO
A CONSTRUÇÃO DO FANTASMA
E O SUJEITO ADOLESCENTE

Maria Cristina Poli

2ª Edição
Revista e Ampliada

uma empresa PEARSON

© 2005, 2014 Casapsi Livraria e Editora Ltda.
É proibida a reprodução total ou parcial desta publicação, para qualquer finalidade, sem autorização por escrito dos editores.

1ª Edição	*2005*
2ª Edição Revista e Ampliada	*2014*
Editor	*Ingo Bernd Güntert*
Gerente Editorial	*Fabio Alves Melo*
Coordenadora Editorial	*Marcela Roncalli*
Assistente Editorial	*Cíntia de Paula*
Revisão	*Francisco Settineri*
Diagramação	*Everton Alexandre Cabral*
Capa	*Yvoty Macambira*

Dados Internacionais de Catalogação na Publicação (CIP)
Angélica Ilacqua CRB-8/7057

Poli, Maria Cristina
   Clínica da exclusão : a construção do fantasma e o sujeito adolescente / Maria Cristina Poli. 2. ed. - São Paulo : Casa do Psicólogo, 2014. - (Coleção clínica psicanalítica / dirigida por Flávio Carvalho Ferraz).
   2ª edição
   ISBN 978-85-8040-409-8

   1. Psicanálise do adolescente 2. Adolescentes - Assistência em instituições 3. Exclusão social 4. Psicopatologia do adolescente I. Título II. Ferraz, Flávio Carvalho. III. Série

   14-0076   CDD 616.8917

Índices para catálogo sistemático:
1. Psicanálise : adolescente
2. Adolescentes : psicologia

Impresso no Brasil
Printed in Brazil

As opiniões expressas neste livro, bem como seu conteúdo, são de responsabilidade de seus autores, não necessariamente correspondendo ao ponto de vista da editora.

Reservados todos os direitos de publicação em língua portuguesa à

Casapsi Livraria e Editora Ltda.
Avenida Francisco Matarazzo, 1500 - Conjunto 51
Edifício New York - Centro Empresarial Água Branca
Barra Funda - São Paulo/SP - CEP 05001-100
Tel. Fax: (11) 3672-1240
www.casadopsicologo.com.br

Sumário

Prefácio, por Betty Fuks 11

Introdução: alienação, separação, exclusão – a clínica de
adolescentes em instituição 17

1 - A psicanálise, a exclusão e o mal-estar 23
    Fundamentos para um sujeito freudiano 23
    O mal-estar na cultura e a clínica do laço social 31
    Uma tipologia da alteridade na cultura 51
    Entre sintoma e gozo: o fantasma da exclusão 63
    A clínica do adolescente no laço social (Relato clínico I) 76

2 - Alienação, separação, exclusão: de Freud a Lacan 91
    A *alienação* em Freud 91
    Breve história de um conceito 95
        Alienação na filosofia política e na psiquiatria: Rousseau e Pinel 97
        Alienação na dialética hegeliana 106
        A alienação, segundo Karl Marx 114
    Lacan e a questão da alienação 120
        A *alienação*, no ensino de Lacan 125
        Alienação especular: a psicogênese do sujeito 128
        Lacan entre Hegel e Freud: alienação como operador estrutural
        da psicogênese ao não-todo do discurso 141

Alienação/separação: um conceito psicanalítico 156
Alienação/separação na psicopatologia da adolescência e na
clínica do laço social (Relato clínico II) 165

3 - Mito de origem e fantasma originário na psicopatologia da
adolescência e na clínica do laço social 185
A narrativa das origens: possíveis e impossíveis na
constituição do sujeito 185
As origens na modernidade: entre a família e o discurso da
ciência 204
    Complexo paterno: instituição pública e parentalidade 204
    Psicanálise, família e complexo de Édipo 220
    Das Ding: ciência moderna e religião judaico-cristã 233
    Discurso da ciência e instituição de abrigagem 237
Da transmissão e autenticação do *Nome-do-Pai* ou o Real
em Freud 243
    O adolescente, o poeta e o herói 255
    O mito do nascimento do herói e o Romance familiar 260
    Os tempos do sujeito e do Outro: narração, discurso e pulsão 267
O *sem-saída* adolescente: narração, repetição, invenção
(Relato clínico III) 282

Conclusão: Uma narrativa ou a vida 305

Referências bibliográficas 313

*Nunca houve um monumento da cultura
que não fosse também um monumento da barbárie.
E, assim como a cultura não é isenta de barbárie,
não o é tampouco o processo de transmissão da cultura.*
(Walter Benjamin)

Prefácio

Sempre que me deparo com um bom livro da área da psicanálise, lembro do conto *A terceira margem do rio*[1]. O autor, Guimarães Rosa, relata a saga de um homem que decide abandonar a família, ir-se numa canoa para o meio do rio sem nunca voltar a uma das duas margens possíveis. Os filhos assistem à partida do pai que abençoa apenas aquele que manifesta o desejo de ir-se com ele. Passado alguns anos, já velho e cansado, o pai apela ao filho abençoado que o substitua na tarefa de manter-se no fluxo contínuo do rio. O jovem tomado de pânico, sem entender que atender ao chamado significava ocupar o lugar da transmissão, não atende à convocação. Daí em diante, o conto se transforma na narrativa de sua culpa e espera da morte para, finalmente, ser posto numa canoa rio abaixo. A crítica literária costumar traduzir esse impasse entre pai e filho como sendo o embaraço de todo escritor diante do rio da tradição. Para escrever uma obra de valor o autor deve mergulhar na "terceira margem", lugar privilegiado da transmissão de uma herança

---

[1] Guimarães Rosa, J. A terceira margem do rio. *Primeiras estórias*. Rio de Janeiro: Nova Fronteira, 1988.

cultural, ponto fora da curva do conforto das outras duas margens do rio.

O mesmo vale para os impasses em torno da transmissão da psicanálise. É essa a lição que encontramos no presente livro, *Clínica da exclusão: a construção do fantasma e o sujeito adolescente*. Num estilo preciso e criativo, Maria Cristina Poli dá mostras de ter atendido ao apelo do pai da psicanálise de que o analista conduza as análises de seus pacientes sob transferência e, desde aí, retirar consequências à teoria. Assim, a partir da prática de atendimento que desenvolveu com jovens adolescentes afastados da família de origem e internos em uma instituição pública brasileira, a autora confirma e transmite algumas questões teóricas extremamente importantes. Nesse trajeto testemunha, também, o quanto Freud insistiu, ao longo de toda a sua obra, em alargar o campo de competência de sua descoberta, recusando-se a reduzir a teoria psicanalítica a um mero ramo da ciência médica e lançá-la ao campo da mitologia, da religião, da literatura, da arte e da política.

Clínica da exclusão, como veremos, constrói um espaço conceitual entre prática psicanalítica e outros campo do saber. Sobretudo em prol da extensão da psicanálise à política. Não sem razão, a base do primeiro capítulo são as obras "Psicologia das massas e análise do eu" e "O mal-estar na cultura "considerados, entre todos os escritos de Freud, aqueles que abrem o caminho à reflexão teórica que tem como objeto a política. Desde as primeiras linhas o leitor é levado a pensar sobre a construção subjetiva de adolescentes que vivem à margem da sociedade. A proposta inicial da autora é a de proceder uma diferenciação entre cultura e sociedade humana para situar a possibilidade de um trabalho entre *clínica do um a um* e *clínica social*. Para tanto, Poli define cultura como o momento mítico de fundação do humano que permite a identificação do sujeito com o pai da horda. Nesse sentido, a cultura produz a perversão: desmente a morte e tampona a falta. Já a sociedade é efeito da Lei que civiliza a arbitrariedade paterna sobre os destinos dos filhos e instala o laço social sob a égide da neurose. Tanto a cultura quanto a sociedade são realidades que se cruzam no aparelho psíquico do sujeito individual e no aparato coletivo. O que sustenta essa perspectiva é o princípio freudiano da não diferença entre psicologia individual e psicologia coletiva. Ou seja, a História é efeito do desmentido e da negação da morte do pai tal como a história do sujeito.

É a partir desse ponto que a autora centrará a tese de ser possível a prática daquilo que chama de clínica da exclusão – a dupla marginalidade do adolescente morador das instituições. De um lado, a perda da família de origem enquanto lugar suporte de desenvolvimento psíquico e social e, de outro, as instituições de abrigo. Estas encenam, quase sempre, o drama da horda anterior à fundação da cultura e do laço social. Em termos freudianos: a instituição estatal permite à pulsão de destruição se expandir plenamente. Rejeita a diferença em nome do Um, ou do totalitarismo, para usar o termo de Hannah Arendt que designa a ideologia que, em nome do idêntico, inventou, com a ajuda da ciência, uma máquina de transformar cadáveres em sabão.

A situação de dupla exclusão do adolescente abrigado é pensada pela autora à luz da conceituação lacaniana de alienação, separação e exclusão, o que facilita ao leitor a perceber, para além da tragédia que ocorre em nossas instituições de abrigagem, de que modo o psicanalista deve levar o paciente a responsabilizar-se pelo seu próprio destino. Essa lição se dá de forma bastante contundente nos casos clínicos relatados no livro; na tentativa da analista de levar os sujeitos em questão ao confronto com figuras de excessos que os alienam, de modo a dar lugar a uma palavra própria capaz de inseri-los de outra maneira no mundo. Portanto, a promulgação da liberdade a que visa uma análise nada tem a ver com ideais de excessos e desvarios do desejo; o verdadeiro desafio consiste em promover o desfazer da ilusão da completude para que o sujeito encontre a potência de cura própria, nas experiências de não-identidade que vêm quebrar o quadro previamente dado pelo Outro.

A partir desse ponto, a autora discute a especificidade da construção dos fantasmas da adolescência e a função da análise para jovens que vivem sob a guarda das instituições assistenciais. Poli transmite, com fidelidade máxima, a contribuição de Lacan ao lugar privilegiado que o significante pai ocupa na teoria psicanalítica. A análise das consequências metafóricas da função paterna na formação da subjetividade, presentes desde Freud na prática e teoria psicanalíticas, mostra que aquele que porta o Nome-do-Pai é o representante de uma Lei que, para além da lei da família, determina o princípio geral dos vínculos sociais. A adolescência é o momento em que se pode construir uma versão do pai para os excluídos do laço social, os sujeitos que sofrem na carne a perversão cultural. Daí porque perseguir o objetivo do paciente em análise a construir uma narrativa sobre sua história, dentro da própria História. Aqui vale salientar que o trabalho de Poli é desenvolvido com base na tese de que "a adolescência é um tempo do sujeito, quase independente da idade cronológica de um indivíduo dito adolescente", para advertir que a autora alinha-se às produções de autores lacanianos que sustentam uma especificidade metapsicológica da adolescência como *sinthoma*.

A narrativa das origens numa análise, a construção de uma verdade histórica, permite ao sujeito conquistar, como dizia Freud, a herança de seus ancestrais, isto é, livrar-se do trágico mutismo engendrado pela alienação aos significantes do Outro. Nesse sentido, a análise permite a cada analisante ocupar, como o personagem da "Terceira margem do rio", a correnteza da linguagem como forma de separação do gozo do Outro. Essa aventura, segundo o que leio em *Clínica da exclusão*, é particularmente crucial na contemporaneidade para aqueles que estão, conforme as agudas reflexões de Agamben, no lugar dos que são destruídos sem que, com isso, o assassino pague pelo crime. A psicanálise estaria, assim, na primeira fileira das disciplinas que propõe a palavra como possibilidade de escapar do destino trágico da morte prematura e violenta.

Há vários ensinamentos clínicos e teóricos muito importantes em *Clínica da exclusão*; assim como referências generosas a muitos autores nacionais e estrangeiros. Mas resta, ainda, dizer um pouco sobre o lugar que coube à literatura nas reflexões e na escrita da autora. Através de algumas obras literárias, Maria Cristina Poli apresenta ao leitor alguns exemplos bastante contundentes daquilo que se encontra em jogo na exclusão e no cerne de sua práxis clínica. Dessa forma, longe de se afiliar à trágica ecolalia engendrada pela alienação aos significantes de determinadas correntes psicanalíticas, preferiu escolher a conexão psicanálise e literatura como meio de sustentar, com criatividade, a sua responsabilidade em transmitir o legado de Freud e de Lacan.

Betty Fuks

Introdução:
Alienação, separação, exclusão — a clínica de adolescentes em instituição

Durante alguns anos, realizamos um trabalho clínico com adolescentes moradores de uma instituição pública. Foi a partir dessa experiência que as questões que nos propomos a desenvolver aqui se apresentaram. Guiados pela psicanálise, nosso engajamento no trabalho se pautou pela interrogação sobre o lugar do sujeito na particularidade dessa clínica. Tratando-se de adolescentes, é de um sujeito em constituição com o qual temos de lidar. Contudo, não se trata de adolescentes quaisquer. São jovens marcados, em suas histórias de vida, por um certo estigma: o de dever realizar suas adolescências fora da vida familiar, em um lar público.

Os rapazes e moças que recebemos em consulta privada encontravam-se abrigados, sob medida de proteção. Tal medida, de caráter jurídico, incidia sobre situações familiares em que os jovens se encontravam com seus direitos ameaçados ou violados, em situação de abandono, negligência, vítima de maus tratos etc. Em sua maioria, os adolescentes mantinham o contato com seus familiares, mesmo que de forma esporádica. Porém, a guarda legal tendo sido transferida da família – momentânea ou definitivamente –, o tempo de permanência na instituição tornava-se indeterminado.

Desde o início de nosso trabalho de escuta desses jovens, colocou-se para nós a questão da particularidade da operação adolescente quando vivida no âmbito de uma instituição, orientada pelo discurso técnico-científico sobre o bem-estar do menor. Acrescente-se a isso a atribuição feita pelo senso comum de uma marca diferencial a esses jovens como sendo *sem família*; marca, ao mesmo tempo, denegrida e idealizada: traços próprios à produção de um objeto tabu. Tratava-se, pois, de pensar igualmente na função social a que esses adolescentes eram solicitados a responder.

Em toda operação adolescente, é em torno das relações entre sujeito e Outro que se processa o fundamental. O lugar do Outro com o qual o adolescente tem de lidar se apresenta, normalmente, inscrito na dupla dimensão do Outro familiar e do Outro social. O sujeito adolescente se ocupa justamente de fazer a transposição: do familiar ao social. A *passagem adolescente: da família ao laço social*, segundo expressão de Jean-Jacques Rassial, se realiza pela reinscrição do sujeito em um lugar Outro que não aquele de sua origem. O final da tal operação seria marcado pelo declínio do complexo de Édipo – reeditado na puberdade –, poderíamos dizer com Freud. A partir de Lacan, avançaríamos na direção de uma nova inscrição do *Nome-do-Pai* – a base do *sinthoma* – que suportará o sujeito ao longo da sua vida adulta.

Os jovens que moram em instituições, no entanto, são colocados antes ou durante suas adolescências em um lugar Outro, diferente da família. No sentido psicanalítico do termo *família*, é preciso que se compreenda o lugar onde se formula e se reconhece o enlace entre mito de origem e fantasia originária; lugar de alienação fundamental, do qual o sujeito deve se separar a fim de alcançar uma condição de enunciação singular. Trata-se, então, de analisar como o sujeito adolescente poderia realizar esse trabalho psíquico de alienação/separação, se ele já se encontra objetivamente separado.

Conforme Freud, ao adolescente cabe a tarefa de transpor os umbrais da família. O risco, porém, clinicamente verificado em tais circunstâncias, é que o sujeito seja excluído dessa tarefa. Se retomarmos, em Lacan, a definição psicanalítica de sujeito – o que um significante representa junto a outro significante – é fácil perceber que a vocação pública de uma instituição deixa pouco espaço para que significantes portadores de traços singulares delineiem uma via representativa particular. A dificuldade consiste, principalmente, na inscrição de um sujeito *de carne e osso*, isto é, assujeitado a um circuito pulsional.

O que denominamos, acima, como estigma de ser um adolescente em instituição é justamente o que pode tomar lugar dos significantes familiares recalcados ou, até mesmo, foracluídos. A exclusão do sujeito, nesse caso, é o resultado desse apagamento. No lugar das histórias individuais, é a História da instituição que responde, reduzindo cada um a ser parte de *Um* universal. Nesse contexto, é a instância superegoica que dita as regras na gramática pulsional: o bem-estar de cada um *deve* corresponder aos ditames da moral social, ao ordenamento do ideal estabelecido pelo bem comum.

Justificamos, dessa forma, nosso método de pesquisa. Se a psicanálise pode fazer diferença na abundante bibliografia que se encontra a respeito das instituições de acolhimento e seus usuários é por não fazer a economia do sujeito. Trata-se de tomar o ato de fala a sério, isto é, de reconhecer nos testemunhos dos que são capturados nessa experiência – sejam os próprios adolescentes, sejam os estudiosos que se dedicam a esse tema – a colocação em causa de um saber inconsciente. Nesse sentido, nosso trabalho de escutar o inconsciente é aquele que reconhece ao sujeito um lugar na linguagem, no qual o processo de alienação/separação indica uma direção ética: *não* à exclusão do sujeito, isto é, *não* a um sujeito sem Outro, não alienado ou fora da linguagem; mas também, *não* a um sujeito sem corpo, sem lugar de expressão singular no circuito das pulsões.

Alienação/separação *ou* exclusão: uma das leituras possíveis da direção deste trabalho. É na análise do laço social contemporâneo, contudo, que vamos encontrar os limites desse enunciado muito apressado. Pode-se ver por todos os lados – nas ciências humanas e na mídia – a palavra *exclusão* ser apontada como um dos nomes do mal-estar contemporâneo e, até mesmo, o nome principal de seu sintoma. Os excluídos seriam aqueles que fazem diferença em relação aos ideais da cultura: os desempregados, os sem-teto, os imigrantes não integrados, as crianças de rua, os adolescentes institucionalizados etc. Isto é, todos aqueles que ficam à margem do espelho proposto pelo laço social. Eles são a exceção.

Nesta direção de análise, é o mal-estar na cultura que está em causa. Denominar como sintoma a exclusão social indica, subliminarmente, reconhecer seu suporte em um fantasma ou fantasia. Nesse sentido da palavra exclusão pode-se ler, pois, a expressão de um alto grau de alienação. O sujeito é aí prisioneiro, reduzido à condição de objeto ao serviço do Outro que obtém, por seu intermédio, a recusa de sua própria castração. Esse é o caso, por exemplo, das políticas totalitárias que têm na xenofobia – na exclusão do estrangeiro – o suporte de seu poder. Por que não seria também esse o caso quando adolescentes em instituição se apresentam como índice sintomático de uma sociedade onde a norma familiar exerce um poder tão totalitário quanto qualquer valor de raça ou religião?

Confirmadas essas hipóteses, é preciso que nos interroguemos sobre a função dessa fantasia na constituição subjetiva dos adolescentes, sejam eles *com* ou *sem família*. De que forma o sintoma social, a exclusão, toma o sujeito em sua face individual e quais são as suas consequências? Quais as condições para que o sujeito adolescente possa transgredir a norma que lhe é ditada pela ordenação coletiva do gozo e encontrar um outro lugar de enunciação que não aquele oferecido pela fantasia?

Essas são algumas das questões que motivaram o desenvolvimento desta pesquisa. Sem ter a pretensão de respondê-las todas, ou de resolver todos os impasses, dedicamo-nos a discorrer – narrar e inventar – uma abordagem psicanalítica que permita vislumbrar as condições de intervenção do praticante da psicanálise no enlace particular entre a psicopatologia do sujeito e a clínica do laço social.

1.

A PSICANÁLISE, A EXCLUSÃO
E O MAL-ESTAR

Fundamentos para um sujeito freudiano

Desde o início de seu trabalho com as psiconeuroses, as análises de Freud incidiram tanto sobre o indivíduo que ele tinha em encargo terapêutico quanto sobre o ambiente no qual esses indivíduos viviam. A ênfase dada pelo criador da psicanálise à história do sintoma e às condições de seu surgimento – a ponto de fazer a formulação genérica: "as histéricas sofrem de reminiscências" (Freud, 1910) – atestam uma mudança de perspectiva no trabalho médico pelo deslocamento do corpo doente, individual por princípio, às condições de representação, necessariamente coletivas. Tal assertiva mostra-se evidente na chamada teoria da sedução, quando Freud pretende identificar em um fator externo – a coerção sexual de um adulto sobre a criança – a etiologia da histeria.

Sabemos a importância que teve na história da psicanálise o abandono dessa teoria e a sua substituição pela chamada realidade psíquica da fantasia de sedução. O sujeito, até então apreendido como passivo aos avatares de um ambiente composto de relações familiares distorcidas, tem reconhecido seu quinhão de responsabilidade. Porém, também aí, Freud não desconhece a importância dos invariantes coletivos – a universalidade do complexo de Édipo – dessa realidade singularmente construída. Assim, não obstante a reviravolta passividade-atividade, os trabalhos do primeiro psicanalista dirigem-se sempre a uma topologia do limite, daquilo que faz e desfaz a fronteira entre um indivíduo e os outros. Não é por outro motivo que a psicanálise surge como um trabalho terapêutico que opera sobre os fenômenos linguageiros – a linguagem expressa essa mesma tensão: ela é, por princípio, social, mas seu uso é, necessariamente, individual – e sua realização na relação analítica: a transferência.

É-nos facultado estranhar que questões que identificaríamos facilmente como sendo de ordem social tenham se apresentado a um jovem médico desde o início de suas elaborações. A leitura da obra de Freud comprova que suas considerações culturais são fruto, ao mesmo tempo, de sua genialidade clínica e de seu próprio sentido de responsabilidade ética. Sabemos bem que faz parte da composição sintomática neurótica posar de bela alma em relação ao mal-estar. A histérica, em particular, apresenta-se como *a vítima* da falta alheia. Freud soube interpretar a mensagem, reendereçando o objeto da queixa ao seu emitente. Porém, enquanto homem de ciência, ele não pôde deixar de denunciar, igualmente, os abusos de uma moral cultural demasiadamente repressora. Pode-se dizer que ele não desconhece jamais o que há de legítimo na queixa da histérica e, em alguns momentos, junta-se a ela em tal empreitada.

A psicanálise nasce, pois, sobrepondo-se à ilusão dicotômica que separa indivíduo e cultura. Mesmo que tal dicotomia mantenha-se viva na obra de Freud, permitindo diferentes leituras, parece-nos legítimo afirmar que a metapsicologia consiste em uma tentativa de superá-la. A metáfora do aparelho psíquico e a descrição de seus três níveis de funcionamento – tópico, dinâmico e econômico – servem de instrumento ao intelecto para fundamentar a sobreposição dos termos cindidos pela modernidade cartesiana. Assim, em um mundo bipartido entre *res extensa* e *res cogitares*, a hipótese do inconsciente vem tomar lugar. Se nos for permitido o excesso do chiste, diríamos que onde eram as *mônadas* leibnizianas, para tomar uma outra fantasia da modernidade, a *libido* – desejo, em latim – advém. Com a psicanálise freudiana, trata-se da construção dos fundamentos que permitem pensar os efeitos do encontro/desencontro entre indivíduo e coletividade.

Insistimos: não se trata de reduzi-los um ao outro. O interesse justamente reside em tornar operatória a tensão que compõe os limites desse aparelho psíquico, entre o interno e o externo. E de tentar trabalhar, com Freud, em que medida seus extremos se recobrem, se distanciam e se opõem ou se conciliam.

Já são suficientemente conhecidas as discussões em torno do estatuto social do inconsciente freudiano. Não pretendemos retomá-las aqui. Damos como consensual a formulação de Freud (1939): "o conteúdo do inconsciente é coletivo" (p. 3321). Entretanto, a evidência se esvanece quando buscamos situar a intervenção do analista no meio de campo entre a psicopatologia do sujeito e a análise do laço social. A terminologia é nitidamente de inspiração lacaniana. Mas, se quisermos levar a sério a posição freudiana que Lacan sempre afirmou ser a sua, como legitimar nossos próprios propósitos na obra de Freud?

Para dizê-lo rapidamente, entendemos por *sujeito*, em Freud, a representação do agente na atividade pulsional. Efetivamente, é no texto *Pulsões e destinos das pulsões* que Freud (1915b) utiliza diretamente o termo sujeito para situá-lo como uma posição, diferente daquela outra que compõe igualmente o exercício pulsional: o objeto. Com o termo *sujeito*, o autor indica a face ativa da pulsão. Porém, vale aí uma precisão: como indica Penot (2001) no livro *La passion du sujet freudien*, Freud apela para a expressão *sujeito* para designar a atividade pulsional decorrente do movimento reflexivo da pulsão, o seu retorno à própria pessoa. Assim, o sujeito da pulsão é relativo a um certo *assujeitamento* à condição objetal, a uma passivação ativamente produzida. O indivíduo-fonte da pulsão não é, pois, necessária e imediatamente sujeito; ele assume, igualmente, a condição de ser seu objeto, procurando uma Outra pessoa (*Anderen person*) que venha a ocupar o lugar de sujeito. Estabelece-se assim, nas origens do funcionamento mental supostamente individual, a condição de um laço no qual o sujeito pode ser representado como uma posição gramatical atinente às diferentes vozes verbais do movimento pulsional.

Pode-se contestar que, para Freud (1915b), a pulsão é antes um "conceito limite entre o somático e o psíquico" (p. 2041). Nesse sentido, sua função é a de estabelecer uma espécie de representação dos estímulos físicos no universo mental. Dito de outro modo, a pulsão pode ser compreendida como estritamente adscrita ao funcionamento do indivíduo, sendo inclusive sua primeira fase descrita por Freud como autoerótica. Entramos aí no indecidido das questões das origens que retornam seguidamente no texto freudiano. Igualmente aqui corremos o risco de apelar ao consenso da experiência que demonstra que o sujeito da pulsão, pela sua própria condição gramatical, pressupõe um universo Outro (simbólico, imaginário e real) que contenha as condições de representação necessárias ao seu exercício. Aceitamos que esse processo possa se dar, em certa medida, independentemente de um eu e de um tu. Mas, cumpre interrogar, em que medida? Diferentes estudos sobre o autismo estão a demonstrar que a forma como as pessoas encarnam, ou não, as funções que lhe são atribuídas não é, de forma alguma, indiferente. Como veremos, na sequência deste trabalho, a tomada de posição sobre essas questões não é alheia ao desenvolvimento de nosso tema.

Podemos ampliar ainda mais nossos argumentos sobre o fundamento social do aparelho psíquico freudiano ao ler, na *Psicopatologia da vida cotidiana*, que o esquecimento é também um fenômeno coletivo. Todos já compartilharam a experiência dessa espécie de contágio, quando um grupo de pessoas esquece um nome próprio. Em situações mais extremas, uma nação inteira pode esquecer um fato passado de sua história, o que não deixará de ter consequências para as gerações seguintes. Podemos ler em Freud (1901):

> Admite-se universalmente que, na origem das tradições, assim como da história lendária de um povo, precisa-se levar em conta a existência de tal motivo, que arranca da memória coletiva aquilo que é penoso para o sentimento nacional. Talvez, continuando cuidadosamente essas investigações, poderia se chegar a estabelecer uma perfeita analogia entre a formação das tradições nacionais e as lembranças infantis do indivíduo isolado. (p. 848-849)

O esquecimento é, de acordo com a doutrina freudiana, a manifestação fenomenal da operação de recalque. É por intermédio desse processo que, originalmente, se dá a inscrição da pulsão, ao impedir o acesso à consciência de seu representante psíquico. Segundo Freud, o recalcamento tem por efeito o registro da representação enquanto traço mnêmico. Tal operação fixa, na memória, a ligação entre a pulsão e o representante recalcado. Se a existência de um recalque coletivo é comprovada, pode-se inferir que há, em grande medida, um compartilhamento social das formas de fixação da pulsão à experiência (Costa, 2001). De fato, se podemos legitimamente falar na memória, ou falta de memória de um povo, é bem porque reconhecemos o fundamento social tanto dos motivos da repressão (mais de uma vez identificados por Freud como, em parte, contingentes à moral partilhada por um grupo) como do universo de representações possíveis (que guarda também os limites da contingência contextual) da pulsão.

Podemos, assim, legitimamente, colocar a questão sobre quem é o sujeito do recalque e da representação: o indivíduo ou uma coletividade? Igualmente aí, trata-se de uma composição híbrida que o esquematismo de uma concepção que opõe desejo individual e moral coletiva disfarça mal. Temos, assim, tanto do lado da estrutura gramatical da pulsão como da sua representação ideativa – o que Freud chama de fantasias de desejo – a tensão indissociável entre o singular de um indivíduo e o universal que marca uma coletividade.

O sujeito em psicanálise demonstra, dessa forma, sua natureza dividida. Entre um si-mesmo e Outro, certo. Mas, mais radicalmente, entre pulsão e representação. O que, em termos freudianos, poderíamos situar em relação ao bilinguismo estrutural do aparelho psíquico, profundamente dividido entre os processos primário e secundário, cada qual guiado, respectivamente, pelos princípios do prazer e da realidade.

No sonho do pai que não sabia que estava morto, Freud (1911) demonstra justamente esse efeito de clivagem. Após a morte de seu pai, a quem assistira durante a enfermidade, um paciente de Freud sonhou que conversava com ele. Na narrativa do sonho, o paciente expressa que "sentia, com dolorosa intensidade, que seu pai já estava morto, ainda que ele não o soubesse". Freud propõe como interpretação a introdução de alguns acréscimos – ideias latentes – na narrativa do sonho: "Sentia, com dolorosa intensidade, que seu pai estava morto ("como ele desejava" ou "em consequência de seu desejo") ainda que ele mesmo não o soubesse ("não sabia que o filho tivera tal desejo")" (p. 1.642).

Quem é o sujeito do sonho? O filho que, ao sonhar, denuncia o desejo ambivalente em relação à morte do pai? Ou o pai que nada quer saber desse desejo?[1] Ou ainda um *ele* que *não sabia*, cujo fato de ser um morto denota, mais ainda, sua profunda indeterminação entre sujeito e objeto da pulsão epistemofílica?

Como diz Freud (1933a), a teoria das pulsões é a mitologia da psicanálise. Ela é, podemos pensar a partir das ideias

---

[1] Lacan (1958-59) analisa este sonho em *O seminário* (Livro 6: O desejo e sua interpretação), situando a clivagem entre sujeito do enunciado – "ele não sabia" – e sujeito da enunciação – "ele estava morto, segundo seu desejo" (Lição de 10/12/58).

expostas acima, a construção teórica a que o fundador da psicanálise tem de recorrer, para enxertar nos elos perdidos pela abstração moderna do indivíduo. Se concordarmos com Lacan que a operação freudiana só é possível após Descartes, é contra ele que a psicanálise estabelece seu propósito ao demonstrar, como diz Freud (1917b), que "o eu não é senhor em sua própria casa". Até porque, gostaríamos de acrescentar, a casa não é apenas sua.

O mal-estar na cultura e a clínica do laço social

Não obstante os fundamentos coletivos que perpassam a metapsicologia freudiana, alguns textos destacam-se pela análise mais diretamente dirigida às formações sociais. "O mal-estar na cultura" é certamente o mais conhecido e importante entre eles. Freud (1930) destaca nesse texto os impasses na busca dos homens pela felicidade. Ele os situa em três pontos: nos limites do corpo, notadamente, a morte; na coerção imposta pelo mundo exterior, principalmente, as leis da natureza; e nas dificuldades provenientes das relações dos homens entre si. Em relação aos dois primeiros empecilhos à felicidade, o autor demonstra os avanços culturais no campo das artes e das ciências como formas substitutivas de satisfação. Sua preocupação e interesse principais vão dirigir-se ao último desses impasses: as relações sociais.

Na análise dessa questão, Freud começa por expressar uma espécie de surpresa que poderíamos enunciar como segue: por que os homens tendem a queixar-se da cultura como fonte principal de seu mal-estar se é justamente nela que eles encontram os recursos necessários para combater as outras fontes do mal-estar? A resposta que ele elabora indica que, não obstante o fato de que, para a psicanálise, a contraposição individual/social não seja nem operatória, nem efetiva, há que se considerar a oposição entre neurose e cultura. O neurótico, diz Freud, é aquele que pretende se subtrair à cultura e atribuir a ela a responsabilidade pelo seu sofrimento. Ele não suporta o grau de frustração que o respeito aos ideais necessários à vida em comum comporta. Diz o autor:

> Comprovou-se, assim, que o ser humano cai na neurose porque não consegue suportar o grau de frustração que a sociedade impõe, às expensas de seus ideais de cultura, deduzindo-se disso que seria possível reconquistar as perspectivas de ser feliz eliminando, ou atenuando grandemente, essas exigências culturais. (p. 3.032)

Para o neurótico, a vida em sociedade é fonte de sofrimento, ela lhe frustra a satisfação. Sua queixa dirige-se, fundamentalmente, à coerção cultural que, a seus olhos, seria a origem do impedimento da plena satisfação sexual. Vale lembrar que, em parte, Freud concorda com esse ponto de vista. Em outros textos, notadamente na *Moral sexual cultural e neurose moderna*, ele já deixara clara sua indignação com o grau de exigência da repressão imposta às pulsões (Freud, 1908). Em "O mal-estar na cultura" ele indica que, paradoxalmente, são esses elementos pulsionais recalcados de forma excessiva – com base no interesse da evolução cultural – que retornam em formações sintomáticas anticulturais.

Há, pois, uma tensão em jogo que identifica, do lado do indivíduo neurótico, a expressão pulsional e, do lado do social, a repressão que impede a satisfação. Essa bipartição simples é, no entanto, aparente. A tese principal desenvolvida por Freud, nesse texto, é a de que os grupos culturais apresentam um desenvolvimento análogo ao observado nos indivíduos isolados. Eles também visam, em seu desenvolvimento histórico, à satisfação das pulsões – de vida, Eros, e de morte. A forma como elas se manifestam na vida coletiva, resumindo a tese do autor, é pela constituição de grupos, notadamente a família, reino de Eros, e nos impulsos destrutivos que geram sentimento de culpa – derivado da angústia social e do supereu coletivo – e alavancam as rivalidades bélicas.

A radicalidade da tese de Freud é fundamental para a compreensão psicanalítica da cultura e dos grupos sociais. Ela conduz o fundador da psicanálise a afirmar que é possível conceber-se uma intervenção psicanalítica que incida diretamente sobre uma comunidade cultural. Diz ele que uma dada organização social também pode ser qualificada de neurótica. É possível identificar-se, igualmente, ao longo da história da humanidade, uma evolução libidinal. Ela se expressa, nas diferentes organizações sociais, pela forma como se estabelecem os laços libidinais entre os indivíduos de um grupo e com os ideais que os guiam.

Freud não deixa, no entanto, de assinalar uma diferença fundamental entre ambos os processos: no indivíduo, a evolução persegue o programa do princípio do prazer, a busca da felicidade. Para tanto, a sua adequada integração à comunidade cultural é um requisito necessário. Porém, ela termina por contrapor-se à realização do fim almejado. Freud não enuncia claramente qual seria a finalidade econômica da comunidade cultural, se não é o princípio do prazer que igualmente a guia. Ele parece propor, em algumas passagens do texto, que a *Ananke* (necessidade) seria o motor da expressão libidinal da vida coletiva. Mas, em outros momentos, ele indica que o programa econômico de uma coletividade corresponderia à vertente do narcisismo secundário. Enquanto no indivíduo predominaria o investimento narcísico do eu, na coletividade a libido é dirigida ao objeto, é predominantemente uma libido altruísta.

Há, assim, segundo Freud, ao mesmo tempo, consonância e disparidade nas expressões pulsionais e libidinais dos indivíduos e das comunidades. As pulsões de vida (*Eros*) e de morte expressam-se em ambos, mas de formas diferentes. Em relação às primeiras, o indivíduo busca a satisfação no encontro amoroso, enquanto a cultura busca na composição das massas. Já a pulsão de morte tem uma dupla composição do supereu, individual e coletivo, em sua expressão. Em ambos, trata-se da internalização dos impulsos destrutivos pela repressão de sua manifestação na relação ao objeto exterior. Esse processo, Freud o explica, se dá, tanto no indivíduo como na coletividade, primariamente pelo medo da perda do amor – a angústia social – e da punição decorrente. A diferença está em que, nas expressões culturais, o supereu é muito mais cruel e a culpabilidade acentuada. Em relação ao princípio econômico do desenvolvimento, tanto no indivíduo como na cultura observa-se a passagem da libido pelos seus diferentes estágios (oral, anal,...). Há, por outro lado, diferença na finalidade que guia a busca por satisfação, conforme observamos acima.

O que gostaríamos de assinalar, através da esquematização dos argumentos de Freud, é algo que se encontra em filigranas no seu texto: uma diferença sutil, mas importante, entre cultura e relações sociais. O uso do termo Cultura (*Kultur*) para designar tanto o fundamento da civilização humana, nos seus primórdios, quanto a sua atualização nos diferentes momentos e formas de organização, ao longo da história da humanidade, dificulta a discriminação. Ele é proposital, na medida em que não interessa ao autor distinguir demasiadamente os tempos e as composições sociais.

Com efeito, Freud (1927) nega-se a estabelecer diferença entre Cultura e Civilização. Seu trabalho de investigação social busca a identificação dos invariantes da forma humana de organização que a diferencie, por exemplo, das sociedades animais. O autor vale-se, porém, já no texto de 1927 – *O futuro de uma ilusão* – da distinção entre a Cultura como princípio geral de regulação e as relações sociais como um dos campos sobre o qual esse princípio incide. As relações sociais, juntamente com a coerção imposta pela natureza e a mortalidade do corpo, situam as dificuldades na instalação do princípio regulador que o psicanalista se propõe a explorar.

Encontramos, pois, uma discriminação entre as formas plurais de relações sociais, as várias composições grupais, e a Cultura – o elemento cultural – como princípio geral de regulação. Podemos ler em Freud:

> Como último, mas não menos importante traço característico de uma cultura, devemos considerar a forma pela qual são reguladas as relações dos homens entre si. Ou seja, as relações sociais que concernem ao indivíduo enquanto vizinho, colaborador, ou objeto sexual de outro, como membro de uma família ou de um Estado. Eis um terreno no qual será particularmente difícil manter-nos à margem de certas concepções ideais e chegar a estabelecer o que se qualifica, estritamente, como cultural. *Comecemos por aceitar que o elemento cultural esteve implícito já na primeira tentativa de regular essas relações sociais, pois, se tal tentativa houvesse sido omitida, tais relações teriam ficado*

ao arbítrio do indivíduo. Quer dizer, o mais forte as teria fixado segundo a conveniência de seus interesses e de suas tendências instintivas. (p. 3036, grifo da autora)

A evocação pelo autor de um *elemento cultural* nos dá a indicação da presença de uma constante nas organizações sociais humanas. Ele identificará a seguir, no texto, esse elemento como sendo a instituição da justiça que restringe a liberdade individual a partir do estabelecimento de um princípio de equidade entre os homens. A inscrição desse elemento pressupõe uma organização em dois tempos: o tempo da instalação da justiça como princípio de equivalência e o tempo de seu efeito de coerção.

Esses dois tempos da instalação da Cultura podem ser encontrados, igualmente, na formulação freudiana do mito da horda primitiva (Freud, 1913). Nesse mito fundador da forma humana de organização social pode-se distinguir: um primeiro tempo, o tempo do acontecimento, no qual se dá o assassinato do pai da horda. E um segundo, no qual a organização fraterna padece dos retornos do seu ato primitivo, seja na prescrição de um ideal a ser seguido – o totem – seja pela restrição da satisfação – tabu.

O primeiro seria um momento mítico. Ele inclui o tempo no qual os efeitos do assassinato do pai se fazem sentir de forma positiva entre os irmãos. Nos diferentes textos em que Freud avança essa ficção originária, o espaço/tempo intermediário entre o assassinato do pai e o estabelecimento de uma ordenação social totêmica permanece obscuro. Ele situa aí a realização da festa do banquete totêmico, na qual a cada membro da fratria seria dada a incorporação de um pedaço do pai. Nas hipóteses históricas feitas pelo autor, esse lapso de tempo corresponde também à formação de uma sociedade matriarcal ou ao império do herói que se apossa do trono deixado vago. Seria um período mítico em que a cada um dos irmãos é dado encarnar o pai em sua forma positiva; cada integrante do grupo seria um pai da horda em potencial.

É apenas em um segundo tempo que a presença positiva das insígnias paternas se negativiza, fazendo-se representar pelo supereu (consciência moral) e pelo ideal do eu que unifica as massas. Operar-se-ia aí uma clivagem do eu pela internalização do impulso agressivo primário que conduziu ao assassinato do pai. Freud supõe também que esse momento pode ser derivado de uma tentativa indébita de um dos irmãos de apropriar-se do lugar outrora pertencente ao pai. À tal tentativa a comunidade fraterna reagiria estabelecendo o interdito na forma de Lei. A interdição, formulada como proibição contra o incesto, impede a reedição real da horda primitiva, ao mesmo tempo que a realiza simbolicamente. Tal é a dupla face da Lei, ao representar o retorno do pai: estabelece a culpa coletiva como princípio de organização social pela internalização dos impulsos agressivos, e institui a figura do ideal do eu, que mantém os membros do grupo ligados libidinalmente entre si. A culpa, supereu coletivo, é, conforme Freud, o representante psíquico da pulsão de morte e o laço libidinal, o representante da pulsão de vida.

Recorremos a esses diferentes tempos da ficção freudiana da horda primitiva porque eles nos permitem fundamentar e colocar em perspectiva a sutil, mas importante, diferença na concepção psicanalítica entre cultura e laço social, como assinalamos acima. Mesmo que ela não seja enunciada diretamente por Freud em seu texto, acreditamos poder situá-la na esteira de suas contribuições. Em relação ao mito da horda primitiva, poderíamos distinguir a *cultura* como o elemento genérico, decorrente do assassinato do pai, e o *laço social* como suas atualizações históricas. O elemento cultural – o ato assassínio que inscreve a justiça – funda a humanidade; os laços sociais – a reunião de irmãos em torno do pai morto – estabelecem a história.

Esse elemento cultural identificado por Freud pode ser aproximado do trabalho de Lacan sobre o traço unário (*einziger Zug*). Ele toma essa expressão do texto sobre a "Psicologia das massas e análise do eu", no qual Freud (1921) propõe a identificação como a forma mais precoce e primitiva do enlace afetivo. Ela consiste, escreve o autor, na absorção por parte do eu das qualidades do objeto, seja ele amado ou não. Este processo é sempre, contudo, parcial: o eu toma sempre somente um traço (*einziger Zug*) da pessoa-objeto (p. 2586).

No *Seminário VIII* (*A transferência*), Lacan (1960-61) destaca a expressão de Freud *einziger Zug* para aproximá-la de sua teoria do significante. Ele assinala o fato de que abordar o traço unário como fundamento da identificação consiste em pensá-la fora do registro de uma unificação, como seria, por exemplo, na referência à imagem especular. Para Lacan, trata-se de propor uma concepção de identificação na qual os termos implicados na operação não são dois indivíduos, mas a relação de um sujeito a outro enquanto relação entre significantes. Nesse contexto, ele aproxima o traço unário da função do ideal do eu – traço ou insígnia simbólica –, como referente identificatório de uma coletividade.

No seminário do ano seguinte, dedicado ao tema da identificação, Lacan (1961-62) retoma a análise do traço unário deslocando sua referência direta ao significante. Ele valer-se-á desse termo freudiano para torná-lo o alicerce de uma conjectura histórica sobre a gênese da escrita. Para o psicanalista, trata-se da inscrição das precondições do significante, a origem da função de representação. Originalmente, o traço unário é ainda sígnico, ele indica o objeto representado – como, por exemplo, no registro do animal abatido através de um risco na pedra. Será apenas em um segundo momento, quando da construção de uma série, que a qualidade representacional do traço advirá. Sua condição primeira, de signo, se apaga. O traço nomeia, então, a mínima diferença entre significantes que lhes outorga, dessa forma, a sua qualidade de significantes.

É essa condição de estabelecimento de uma série significante, onde um sujeito se representa entre outros, que torna possível a constituição de um laço social. Essa hipótese conjetural de Lacan parece-nos ser decorrente do mito freudiano da horda primitiva. O assassinato do pai – como o do animal, abatido na caça – é um ato primeiro que teria por efeito a inscrição de um traço unário; traço este a partir do qual os demais atos se inscrevem em série.

A produção do ato e sua inscrição compõem o tempo de fundação da cultura. Eles situam um ponto de referência inicial no espaço/tempo da história. A partir de então se instaura a série onde o trabalho psíquico das massas consiste na inscrição e apagamento, vida e morte, desse elemento cultural, que tem sua origem em um momento mítico, anterior ao tempo histórico.

No texto "Psicologia das massas e análise do eu", Freud (1921) faz referência à substituição, operada pela identificação coletiva, do ideal do eu dos indivíduos por um mesmo objeto, o líder. Este será o suporte de um ideal do eu grupal, aglutinando as identificações dos seus membros e favorecendo o processo identificatório entre eles. Para o autor, trata-se aí do retorno do recalcado da horda primitiva: "o líder é, ainda, o temido pai primitivo"; é ele, complementa Freud, "o ideal da massa que domina o indivíduo e substitui o seu ideal do eu" (p. 2599).

O ideal encarnado no líder seria, pois, o retorno do recalcado do momento fundador da cultura. Ele apresenta o traço como ainda sígnico, fazendo resistência ao trabalho do significante. Nesse contexto, a massa revela sua face de horda; ela é, como Freud a denomina, uma *massa primária*. Já o laço social propriamente dito pressupõe o estabelecimento da série significante, em que o ideal do eu não se encontra encarnado em alguém ou algo, mas permanece com uma capacidade de deslocamento própria a sua função de representação. Trata-se aí, no entanto, de uma dialética de difícil resolução: o elemento cultural persistindo e fazendo retorno nos desenvolvimentos históricos do laço social.

Quais seriam suas consequências para uma psicanálise do mal-estar na cultura? Lacan (1960-61), no seminário *A transferência*, retoma a distinção entre cultura e laço social. Valendo-se do banquete platônico, ele avança na análise do mal-estar na cultura, situando a seguinte precisão:

> Se a sociedade acarreta, por seu efeito de censura, uma forma de desagregação que se chama de neurose, é num sentido contrário de elaboração, de construção, de sublimação – digamos o termo – que se pode conceber a perversão quando ela é produto da cultura. (p. 38-39)

A sociedade conduz à neurose; a perversão é produto da cultura. Podemos acompanhar essa proposição a partir da referência freudiana segundo a qual "a neurose é, por assim dizer, o negativo da perversão" (Freud 1905, p. 1190). Para Freud, trata-se de assinalar, com essa frase, a diferença entre uma fantasia inconsciente e uma atuação consentida: enquanto os histéricos fantasiam maus tratos ou abusos sexuais, os perversos executam na realidade atos de igual conteúdo (Freud, 1901, p. 916, em nota de rodapé).

Nesse sentido, a posição antinômica em que se situam neurose e perversão se refere, não ao tipo de laço pulsional que o sujeito estabelece com o objeto, mas ao lugar onde tal posição subjetiva se inscreve no aparelho psíquico. A afirmação de Freud deve ser entendida, conforme o estudo desenvolvido por Valas (1990) sobre esse tema, a partir de uma diferença no nível tópico. Esse autor assinala que Freud não define a perversão como uma manifestação impulsiva da pulsão sexual, mas como "uma posição subjetiva dada a partir do fantasma". Segundo Valas, "o perverso põe em jogo sua pulsão sexual em condutas agenciadas pela cena de seu fantasma" (p. 30).

Essa diferença tópica, que permite a Freud identificar o fantasma perverso comum a todo neurótico, vai ser mais desenvolvida em sua obra a partir do estudo do complexo de Édipo e da castração. Conforme Valas, é dentro da temática da mãe fálica e dos destinos da constatação da castração materna que irão girar as relações entre neurose e perversão na obra de Freud. Nesse âmbito, a persistência inconsciente do fantasma perverso da mãe fálica faz seus retornos, na vida sexual do neurótico comum, no objeto-fetiche[2].

---

[2] Voltaremos a este tema, no item do capítulo 3, *Complexo paterno: instituição pública e parentalidade*.

No texto "O fetichismo", Freud (1927) destaca como tal constelação fantasmática é notória, quando se trata de uma forte identificação com o pai. Escreve o autor:

> Não basta destacar que o fetichista adora seu fetiche. Com grande frequência trata-o de uma maneira que equivale, evidentemente, a uma castração, como ocorre, em particular, quando se desenvolveu uma forte identificação paterna, quando o sujeito adota o papel do pai, pois a criança havia atribuído a ele a castração da mulher. A ternura e a hostilidade no trato do fetiche, que são equivalentes ao repúdio e à aceitação da castração, combinam-se em proporções variáveis nos diferentes casos, de modo que ora uma, ora outra pode expressar-se com maior evidência. Mesmo que à distância, chegamos a certa compreensão da conduta do cortador de tranças, no qual se impôs a necessidade de executar a castração repudiada. Sua ação combina em si as duas proposições incompatíveis: a mulher conserva ainda seu pênis e o pai castrou a mulher. (p. 2996)

Mecanismo semelhante ocorre na festa que une os irmãos da horda em torno do banquete totêmico. Há nesse cerimonial uma ilusão compartilhada de que o pai está ali, que seu traço pode ser ingerido junto com o alimento. Da mesma forma, a união das massas ao redor de um líder, como demonstramos acima, baseia-se na ilusão fetichista de que o traço do ideal está positivado no chefe, é encarnado por ele.

Há, com efeito, nesse momento, um desmentido da morte do pai que equivale à recusa da castração. Fato indicado igualmente por Freud, em "O fetichismo", quando analisa a produção do fetiche pela escotomização da morte do pai em neuróticos obsessivos. Ele observa que as análises de dois jovens lhe revelaram que ambos haviam escotomizado a morte do pai – um com dois e outro com dez anos de idade. O que surpreende Freud é que nenhum deles desenvolveu uma psicose, apesar do eu haver repudiado uma parte importante da realidade. Ele avalia que os jovens valeram-se do mesmo mecanismo que propicia a constituição do fetiche: enquanto uma parte da vida psíquica não reconhecia a morte do pai, outra era completamente consciente desse fato. Ambas as atitudes, indica Freud, uma consistente com a realidade e a outra com o desejo, subsistiam paralelamente. Conforme as palavras do autor: *"demonstrou-se, de fato, que os dois jovens não haviam 'escotomizado' a morte do pai mais do que o fetichista 'escotomiza' a castração da mulher"* (p. 2995-2996, grifo da autora). Como recurso da neurose obsessiva, o efeito de tal repúdio[3] observava-se na oscilação de ambos os jovens em,

---

[3] Freud assinala que, apesar de utilizar o termo escotomização, não o considera adequado para descrever a situação a que se refere. Ele prefere recorrer ao termo *Verleugnung*, que pode ser traduzido por recusa ou negação, segundo o *Dicionário comentado do Alemão de Freud*, de Luiz Hanns (1996). Os termos repúdio e desmentido são também comumente utilizados neste contexto.

por um lado, respeitar o pai que, ainda vivo, impedia sua atividade e, por outro, considerar-se o legítimo sucessor do pai morto.

A posição do líder – o substituto do pai morto – pauta-se pela recusa da perda, pelo apagamento no registro do traço unário que inscreve o ato. O líder é o pai e, ao mesmo tempo, o registro de sua morte. Tal formação fetichista se fundamenta em uma recusa da escansão que separa o objeto de sua representação. O traço aí é ainda sígnico, sendo recusada, justamente, a sua qualidade significante. Como assinala Lacan (1959-60), tal processo pode ser encontrado, igualmente, nos efeitos sublimatórios das formações culturais, na produção do objeto de arte, por exemplo. O objeto de arte é *das Ding*, isto é, a Coisa mesma e não sua representação. Assim, se a cultura produz perversão, como pretende Lacan, é porque o traço aí se apresenta positivado no objeto-fetiche.

Já na organização neurótica da sociedade, a interdição incide justamente cindindo objeto e representação. O acesso ao primeiro é perdido; no seu lugar, o representante da representação o atualiza como falta. Nesse contexto, o laço social não produz unidade, ele é desagregado em unidades significantes. A referência a um ideal do eu é, então, individualizada, pois pressupõe um trabalho de luto do pai ideal do grupo. É na horizontalidade das relações entre irmãos que se situa a efetividade do trabalho de luto, o reconhecimento da castração. Com a finalização desse trabalho, cada qual pode se afirmar a partir de sua posição significante e sair do enlace coletivo, tal como no modelo do sofisma lacaniano dos três prisioneiros (Lacan, 1945). Porém, tal conclusão é dificilmente encontrada de forma plenamente realizada na história das coletividades. Pode-se até mesmo pensar que sua plena efetivação tornaria inviável a vida em comum. Habitualmente, o que se observa ao longo da história da civilização são enlaces permanentes entre ambos os registros.

Coexistindo, lado a lado, em uma dialética de impossível superação, podemos afirmar que a permanência desse elemento perverso da cultura –a constante produção do objeto – é o que torna possível a manutenção do enlace social, enquanto a neurose só tenderia à desagregação. Mais do que isso, cabe destacar que, da mesma forma que a perversão encontra-se presente na própria estrutura da neurose, no fantasma que sustenta o sintoma neurótico, o elemento cultural é a pedra preciosa incrustada na estrutura do laço social. Nesse sentido, a referência coletiva a uma norma social, a um ideal fálico compartilhado, é sempre, em alguma medida, fruto de uma recusa da morte do pai. A normopatia neurótica reguladora dos laços sociais representa o retorno do pai morto de forma positiva na norma-fetiche.

***

Contardo Calligaris (1991), no texto "A sedução totalitária", propõe a seguinte formulação: "a perversão é uma patologia social e não sexual" (p. 118). Sua análise é dirigida pelos depoimentos dados no Processo de Nuremberg por funcionários do totalitarismo nazista, segundo ele, neuróticos dedicados a uma paixão: a paixão pela instrumentalidade. Conforme Calligaris, para além de uma particularidade própria a um sistema de exceção, esta é a própria posição do neurótico, o que conduz o laço social a uma inércia natural, isto é, que fatos moralmente absurdos possam se produzir sem que ninguém os impeça. Trata-se, de acordo com seus termos, de uma tendência neurótica à "alienação total do sujeito a uma posição instrumental". Essa tendência seria fruto da busca de um saber paterno suposto que, fundado no compartilhamento de um ideal, pudesse funcionar como suporte de sentido ao sujeito. Isto é, conforme a leitura que viemos fazendo, a presentificação de um ideal que pudesse economizar (ou escotomizar) o reconhecimento da castração do Outro – a morte do pai primitivo.

Segundo Calligaris, essa ambição de corresponder a um ideal compartilhado explica em grande parte a implicação dos cidadãos, neuróticos comuns, em organizações totalitárias. Eles buscariam, mais do que a reificação do outro, o gozo da posição de funcionários exemplares.

Para o autor, porém, além de ser uma característica particular às políticas de exceção, trata-se de uma estrutura própria às organizações sociais modernas. As sociedades capitalistas – indica Calligaris através da leitura de Marx – apresentariam, na relação do sujeito com o objeto de consumo, a mesma lógica discursiva. Os neuróticos buscariam no ideal de ter o objeto a correspondência a um saber paterno compartilhado. Poupando-se, assim, do reconhecimento da ausência desse saber, o laço social se organizaria em torno de uma paulatina transformação "do sintoma neurótico num sintoma social perverso".

Situaríamos, em relação a esta última afirmação, uma discordância de nossa análise com a de Calligaris: mais do que uma situação histórica circunscrita à modernidade, pensamos que a perversão da cultura, como tentamos demonstrar, é um elemento de estrutura. Certo é que, em determinadas circunstâncias históricas, se produzem formas de enlace social em que o luto pela morte do pai – o reconhecimento coletivo da castração – é realizado de forma mais ou menos efetiva. Tais processos não deixam de ter efeito no estabelecimento dos limites segundo os quais uma dada organização social expressa um maior ou menor grau de sanidade mental.

Parece-nos, contudo, que essa análise de Calligaris se equivoca justamente por não distinguir o que seria da cultura e o que seria do laço social. Um dos efeitos desse equívoco, presente em diferentes estudos de psicanalistas acerca do capitalismo, acaba sendo a produção de um discurso superegoico sobre as formas de gozo do sujeito contemporâneo.

No terceiro capítulo deste livro, voltaremos a essa questão. Por ora, indicamos apenas que somos mais concordantes com a leitura de Assoun (1998) que, mais próximo da posição freudiana, propõe a análise do mito da família primitiva como desveladora da verdade estrutural da composição do laço social. Segundo esse autor, é em prol da manutenção do laço que o ato originário do assassinato é esquecido; à recusa ao ato originário que instituiu a ordem cultural se sobrepõe, em um segundo tempo, o recalque promovido pelo amor ao próximo.

Conforme as palavras do autor:

> A ficção – ativa e eficaz – do amor fraterno oculta o assassinato do pai assegurando-lhe, ao mesmo tempo, a reprodução social [...] O 'filiadelfismo', esse erotismo social dos irmãos que leva a seu ápice o ideal do consenso institucional, não é, tampouco, sem relação com a perversão: é em efeito o objeto do ideal que se encontra de alguma forma exaltado e hipostasiado. A psicanálise tem o cuidado de lembrar, sobre este ponto também, que os irmãos fazem semblante de se amar para juntos esquecerem do assassinato do pai [...] (p. 87)

Como formulamos mais acima, os elos libidinais que compõem o ordenamento das relações sociais funcionam como princípios organizadores entre os humanos tendo, como pano de fundo, a ordem perversa que estabelece na cultura a relação ao ideal. O texto de Freud, "O mal-estar na cultura", permanece incompreensível sem essa precisão. Mesmo sem usar o termo perversão, a análise que Freud desenvolve sobre o princípio moral "Ama ao próximo como a ti mesmo" segue, como veremos no próximo item, essa mesma direção.

Uma tipologia da alteridade na cultura

Dentro dos propósitos deste trabalho, nosso interesse pela análise do tema do mal-estar na cultura centra-se sobre dois aspectos principais. O primeiro é de buscar fundamentar em que sentido se pode legitimamente falar em uma clínica do laço social e como o analista poderia situar sua intervenção nesse campo. No texto "O mal-estar na cultura", Freud (1930) expressa a esperança de que um dia a psicanálise possa se ocupar mais diretamente desse terreno. O que justifica sua proposição é a aproximação que faz entre o funcionamento psíquico observado nos indivíduos e aquele que compõe a organização cultural. Sua hipótese é que a cultura também poderá se tornar neurótica e precisar deitar-se no divã. Freud, contudo, é bastante prudente ao enunciar essas analogias, pois "tanto para os homens como para os conceitos é perigoso que sejam arrancados do solo em que tiveram sua origem e seu desenvolvimento" (p. 3066-3067). O autor indica que o mais difícil seria conceber um trabalho de transferência que abarcasse uma coletividade.

Vale lembrar que na época em que Freud escreveu este texto, 1929, sua grande preocupação era a expectativa de um novo embate bélico, nas vésperas da Segunda Guerra

Mundial. Como pano de fundo do seu texto, encontramos a crise financeira norte-americana, a revolução comunista soviética e a radicalização das manifestações antissemitas. Levando em conta esses fatos, o autor busca os invariantes das relações entre os homens que possam ajudar os psicanalistas a compreender e a intervir.

O segundo grande propósito de nossa análise do mal-estar na cultura é tentar, em parte, atualizar as dificuldades sociais encontradas na nossa forma de organização atual, noventa anos após a escrita de Freud. A extensão desse programa, no entanto, ultrapassa os limites deste trabalho. Temos tão somente a intenção de indicar alguns caminhos possíveis para essa atualização. Assim, não devemos perder de vista que a primeira fonte de nossa inspiração, conforme indicamos na *Introdução*, situa-se na clínica com adolescentes habitantes de instituição. É dentro do contexto de abordagem desse tema que fomos levados a nos ocupar da questão mais ampla da *exclusão social*.

Por esse termo, que a mídia apropriou-se e tornou-se o nome do sintoma de um capitalismo globalizado, entende-se a condição subjetiva de algumas pessoas, ou grupos de pessoas, no que diz respeito às leis de circulação social. Os excluídos – menores de rua, mendigos, desempregados, imigrantes etc. – são fundamentalmente, no senso comum, aqueles que portam a marca de uma diferença que impede seu acesso ao que é reconhecido como norma social. Numa sociedade como a nossa, organizada em torno das leis de mercado, os parâmetros de exclusão/inclusão não se referem tanto às marcas identitárias portadas pelos indivíduos – cor de pele, sexo etc. – mas seu acesso aos objetos de consumo. Porém, como vimos acima, a relação dos indivíduos com a norma, representante do ideal de eu de uma dada coletividade, está longe de poder ser assim simplificada.

Coloquemos, pois, a questão de forma genérica: o que a psicanálise entende por exclusão social? De que forma os instrumentos conceituais aportados pela teoria psicanalítica podem nos ajudar a pensar o lugar dos chamados excluídos, a partir de uma leitura que considere o sujeito do inconsciente?

Partiremos da distinção proposta acima entre perversão cultural – o elemento cultural freudiano – e neurose do laço social. Lembramos que, ao nos valermos dessa elaboração, cujos fundamentos encontramos na leitura que Lacan faz de Freud, não estamos nos propondo à formulação de uma psicopatologia das organizações grupais. O interesse está em seguir as indicações dadas por Freud de forma a tentar apreender os invariantes em causa nas organizações sociais e suas formações sintomáticas. Assim, por exemplo, em relação ao uso dos termos perversão e neurose para designar a cultura e o laço social, respectivamente, gostaríamos de enfatizar que eles indicam formas distintas de apreender o registro da castração, associado aos impasses próprios ao luto do pai ideal. Pretendemos, assim, fazer uma proposição de leitura da ficção freudiana da horda primitiva como constituinte mítica da cultura e de seu desenvolvimento histórico. Pensamos também poder identificar no texto de Freud – em filigranas – os fundamentos dessa distinção.

Tomemos a análise feita por Freud do preceito moral "Ama ao próximo como a ti mesmo" (p. 3044). Ao mesmo tempo que se revolta contra a magnitude das restrições impostas por esse mandamento, Freud reconhece nele o fundamento moral que subjaz ao estabelecimento dos laços sociais contemporâneos. Não se trata, diz ele, de um preceito da cultura. Sua formulação situa-se já nas "épocas históricas da humanidade". Mesmo que seja anterior ao cristianismo, foi em consequência à religião cristã que ele alcançou seu apogeu.

Na detalhada análise que Freud dedica a essa questão, o ponto de partida de sua contestação pode nos servir de paradigma: trata-se da realização sexual e amorosa entre duas pessoas, na qual a inclusão de um terceiro é sempre percebida como intromissão. Seu argumento está fundamentado na ideia de que a relação sexual seria satisfatória se funcionasse o princípio do terceiro excluído. Ora, diz Freud, nada parece se opor, na cultura, a que isto seja assim. De fato, segundo ele, não seria contrário ao princípio fundador da cultura – ao elemento cultural – se os humanos se organizassem dois a dois sem precisar estabelecer elos sociais mais amplos. É mister constatar-se, porém, argumenta o autor, que há, de fato, uma constrição ao alargamento das relações. As formações sociais exigem que os homens unam-se em grupos amplos onde a consideração pelo próximo, pelo estrangeiro, alheio à relação sujeito-objeto impressa pela pulsão, constrange a satisfação.

No texto "Psicologia das massas e análise do eu", Freud (1921) faz uma indicação que esclarece um pouco mais essa questão. Quando analisa a composição das massas artificiais, nos modelos da Igreja e do Exército, Freud avalia que a restrição imposta por essas organizações ao exercício sexual de seus membros é compreensível pelo enfraquecimento que provocaria no grupo. Isso porque os laços libidinais que sustentam as massas têm sua força derivada do impedimento da satisfação pulsional. É da pulsão recalcada e desviada de sua finalidade que advêm a força que une o grupo em si e com o ideal.

Seguindo a analogia feita por Freud entre o desenvolvimento da cultura e o desenvolvimento do indivíduo, pode-se inferir de onde deriva essa condição de substituição da satisfação pulsional. Trata-se do abandono da condição perversa polimorfa da sexualidade infantil e sua substituição pela genitalidade adulta. Essa passagem comporta o luto pela perda do objeto de gozo sexual autoerótico e sua substituição pelo princípio fálico. Tal substituição opera duplamente: por um lado, pela constituição de um representante da representação que simbolize o objeto perdido, através da operação da metáfora fálica (complexo de Édipo); por outro, pela transformação parcial da pulsão sexual em laço amoroso, isto é, em satisfação coartada de sua finalidade. Essa última condição é correlativa da passagem da preponderância do narcisismo primário da infância ao narcisismo secundário do adulto.

O *amor ao próximo* demonstraria a validade social do mesmo processo. Nesse preceito moral há, segundo a análise de Freud, um conflito entre a pulsão e a sua expressão nos laços sociais. A tensão se apresenta na frustração decorrente da necessária inclusão de terceiros, enquanto a satisfação da pulsão exigiria a restrição a dois, sujeito e objeto. O mandamento vai de encontro à expressão direta da pulsão, pois o desejo sexual só pode ser satisfeito no recorte de um objeto específico. Assim, o amor referido no mandamento, na medida em que exige a indeterminação do objeto, só pode ser o amor coartado de sua finalidade. Trata-se já de uma derivação da finalidade da pulsão. Em relação a Eros, o preceito "ama ao próximo como a ti mesmo" é coercitivo, uma vez que impede a determinação do objeto.

As considerações seguintes de Freud são decorrências do primeiro problema. O mandamento moral que impõe o amor ao próximo como a si mesmo expressa igualmente o dever de querer bem ao estranho. E este, conforme a história da humanidade demonstra, é o depositário principal de nossas pulsões agressivas; o estranho é, em primeiro lugar, o inimigo, o rival. *Homo homini lupus*, diz Freud repetindo Hobbes e chamando para justificá-lo a história da crueldade dos povos entre si. Desse modo, a obediência a tal preceito moral é um excesso da cultura que constrange, de uma só vez, a expressão das duas tendências pulsionais: a de Eros, que manteria o indivíduo restrito à satisfação do exercício sexual com o parceiro, e tão somente com ele; e a pulsão de morte, pois limita a expressão da agressividade *vis-à-vis* ao desconhecido.

Dos argumentos do autor, podemos depreender que a tipologia da alteridade em causa na cultura não é de modo algum a mesma que organiza a sua expressão nas relações sociais. Enquanto na primeira temos a satisfação pulsional apresentada como possível, na segunda se encontra o histórico das suas formas de restrição. Se tomarmos o homem tão somente no seu elemento cultural, é forçoso constatar-se que o próximo ou bem é objeto e colaborador da satisfação sexual, ou bem é o rival, o inimigo a ser explorado. Diz o autor:

> [...] o próximo não representa unicamente um possível colaborador e objeto sexual, senão também um motivo de tentação para satisfazer nele sua agressividade, para explorar sua capacidade de trabalho sem retribui-la, para abusar dele sexualmente sem seu consentimento, para apoderar-se de seus bens, para humilhá-lo, para ocasionar-lhe sofrimentos, martirizá-lo e matá-lo. (p. 3046)

Essas figuras da alteridade são correlativas às duas tendências pulsionais básicas. Apesar das aparências, que indicariam uma bipartição bem definida entre objeto-sexual e objeto-rival, Freud indica que, na maioria das vezes, ambas as pulsões apresentam-se conjugadas. Tal fato é notório na referência ao sadismo, como expressão erótica que representa, ao mesmo tempo, o desejo de unir-se ao objeto – Eros – e destruí-lo – morte.

O que gostaríamos de enfatizar é a tese freudiana de que a expressão das pulsões não se opõe à realização cultural. Pelo contrário, elas são a força motriz da cultura, tão bem como de cada indivíduo. São essas mesmas pulsões que conduzem a cultura em direção a sua evolução histórica, o que implicará, paradoxalmente, o seu recalque. O que constrangeria a satisfação pulsional seria a organização do laço social decorrente da evolução cultural.

Há, no argumento desenvolvido por Freud, uma falsa linearidade. Talvez em nenhum outro texto ele expressou tão diretamente os impasses decorrentes de sua própria posição neurótica. Pois sabemos, graças ao autor, que as pulsões não possuem um objeto natural e, portanto, não podem, por princípio, ser satisfeitas. Não se trata de uma constrição social, mas de um efeito de estrutura, da inscrição do homem na linguagem.

Em parte, a análise que Freud realiza do preceito moral o demonstra bem. Ao decompor o enunciado da norma em seus elementos gramaticais – a indeterminação do verbo e do objeto – o psicanalista indica, aparentemente sem sabê-lo, o verdadeiro culpado pela insatisfação pulsional. Trata-se da coerção universalista que o simbólico exerce sobre as pulsões humanas, impedindo a especificação do objeto da satisfação. Dito de outro modo, Freud compartilha do mito neurótico de um mundo fora da linguagem, onde o semelhante encarnaria plenamente o objeto da satisfação pulsional. O que seu argumento elide é que a condição da pulsão – a busca pela satisfação através do objeto – é derivada da inclusão do homem na estrutura simbólica da língua. A satisfação não é, nesse sentido, proibida; ela é impossível. Se o neurótico a representa como interdita é porque seu desejo é culpado.

No estudo que dedica à análise de Freud sobre o mandamento moral "Ama ao próximo como a ti mesmo", Julien (1995)[4] retoma a proposição freudiana sobre o complexo do próximo tal como o autor a apresenta no "Projeto de uma psicologia para neurólogos". Nessa passagem do projeto, Freud dedica-se à compreensão dos processos de rememoração das experiências. Ele propõe como paradigmática à construção da memória a experiência humana de encontro com um semelhante. O autor formula que "é em seus semelhantes que o ser humano aprende pela primeira vez a reconhecer".

Para Freud, esse reconhecimento do semelhante é secundário à percepção do mesmo como objeto. Ali onde o

---

[4] Há uma série de outros estudos sobre a análise de Freud do mandamento "Ama teu próximo como a ti mesmo", que deixamos de fora de nosso trabalho por efeito de concisão. Notadamente, gostaríamos de fazer referência ao artigo de Marie-Claude Fourment-Aptekman (2002), no qual se pode ler, na mesma direção que estamos trabalhando: "o apagamento do objeto está igualmente no cerne da dificuldade do laço social" (p. 151).

humano reconhece um igual havia, antes, seu primeiro objeto de satisfação, seu primeiro objeto hostil e também sua única força auxiliar. Esse duplo eixo da percepção do Outro presente na relação primária é o que Freud (1895) designa como complexo do próximo. Ele escreve:

> [...] o complexo do próximo [*der Komplex des Nebenmenschen*] se divide em duas partes, uma das quais dá a impressão de ser uma estrutura constante que permanece coerente, como uma coisa [*als Ding*], enquanto que a outra pode ser compreendida [*verstanden*] por meio da atividade da memória, isto é, reduzida a uma informação sobre o corpo próprio do sujeito. (p. 240; Freud, 1948a, p. 426-427)

Conforme assinala Julien, destacam-se nessa análise de Freud duas formas de apreensão do outro que estão em questão igualmente no seu estudo do mal-estar na cultura. No registro do semelhante, da relação especular, há uma norma exterior que regula as relações, pautando-as segundo um bem comum encarnado pela lei moral. Nesse âmbito, o que rege é o princípio do prazer e o registro fálico. Há uma ilusão compartilhada, uma ficção coletivamente construída – no sentido de Jeremy Bentham –, de que os semelhantes almejam a mesma coisa. O falo é, nesse sentido, o representante do bem comum.

O elemento cultural, porém, revela a face do outro na qual ele não é semelhante. É um Outro absolutamente estrangeiro – *als Ding* –, traço unário de uma diferença pura que escapa ao espelho. É nessa dimensão que emerge o gozo, além do princípio do prazer. Nesse domínio, o gozo *do* Outro pode ser (nada impede que seja) o *mal*. Enquanto suporte de um traço unário, o Outro pode vir a encarnar o ideal do eu de um grupo, mas pode também encarnar um excesso pulsional não reconhecido e, portanto, ejetado do registro simbólico. É de lá que o sujeito vê seu próprio desejo, esse estrangeiro que o habita, ser interrogado. O gozo – e não o prazer – é uma resposta possível. O que implica, fantasmaticamente, o registro do *maligno*.

O preceito moral "Ama ao próximo como a ti mesmo" é, assim, o enunciado do complexo do próximo das massas. Trata-se do retorno coletivo à dimensão sígnica do traço unário: a forma como coletivamente se encarna o objeto-fetiche que presentifica o pai tirânico, o Outro privador. Encontra-se presente na função do líder, como vimos, e também se presentifica no estrangeiro-inimigo e no excluído social. Os estudos de Freud sobre os totens e os tabus foram bastante exaustivos no sentido de demonstrar a pregnância da ambivalência em relação ao pai, manifestando-se seu traço ora na idealização, ora na crueldade.

Destacamos a seguinte passagem da análise de Julien (1985):

> Eu vejo no Outro um gozo, que provoca em retorno meu ódio, porque eu não posso ver nele senão um privador, e não um semelhante a quem eu possa me identificar. O ódio social nasce dessa suposição de um saber sobre o gozo do Outro que se revela a mim como escandalosa: o mal social mesmo, enquanto que escapando à lei benthaminiana do bem e de sua partilha entre semelhantes. (p. 58)

Como vimos acima, Freud destaca os prejuízos pulsionais decorrentes da imposição da lei moral. Ele analisa os efeitos de gozo superegoico, além do princípio do prazer, decorrentes dos excessos da lei. Porém, uma interpretação rápida de sua análise poderia levar-nos a crer que o psicanalista estaria propondo, com a crítica à moral, um princípio hedonista de funcionamento social. O estudo de Julien nos parece precioso por demonstrar a complexidade da relação com o próximo presente desde os primeiros trabalhos de Freud. Dessa perspectiva, o assombro de Freud com a força do imperativo moral justifica-se pela percepção do quanto uma lei que ordena o bem comum pode estar a serviço do Outro ao qual os sujeitos devem servir, reduzindo-se a escravos-objetos de seu gozo. Nesse sentido, se o elemento cultural apresenta a satisfação pulsional como realizável, é no registro do gozo do Outro que ela se formula enquanto tal, isto é, pela dispensa do sujeito que fica – tal como na cena primária – no lugar do terceiro excluído.

Entre sintoma e gozo: o fantasma da exclusão

Temos proposto a análise do texto "O mal-estar na cultura" a partir de um dos eixos interpretativos indicados por Lacan, isto é, a diferença entre laço social e cultura como correlativa da diferença entre neurose e perversão. Vimos, então, que se Freud afirma ser a neurose o negativo da perversão é bem porque a operação de recalque que realiza aquela tem por efeito o apagamento do objeto produzido por esta. Nesse sentido, a neurose é segunda em relação à perversão: é efeito do recalque que, conforme Freud, o complexo de Édipo opera sobre a sexualidade infantil, perversa polimorfa.

Assim, quando falamos de perversão e neurose neste contexto, mais do que de estruturas clínicas, estamos tratando de momentos lógicos da constituição do sujeito. Como Freud mesmo o indica, o aparelho psíquico é composto de diferentes camadas que guardam registros temporais distintos. No âmbito do inconsciente, nenhum registro se perde, nenhum traço se apaga. Eles se encontram sobrepostos, coexistindo entre si. Tal é o peso que a memória inconsciente tem para Freud: é a guardiã das experiências de uma pessoa, de um povo, de uma língua, de uma cultura.

Entre as expressões neuróticas dessa memória, gostaríamos de ressaltar duas que não deixam de ter relação entre si: a fantasia e o sintoma. No texto "As vias de formação dos sintomas", das "Lições introdutórias à psicanálise", Freud (1915-17c) define fantasia como

> [...] uma atividade psíquica segundo a qual todas as fontes de prazer e todos os meios de adquirir prazer, aos quais se renunciou, continuam existindo sob uma forma que os põem ao abrigo das exigências da realidade e daquilo que denominamos 'prova de realidade'. A seguir, toda tendência reveste a forma onde ela se representa como satisfeita". (p. 2354-2355)

Freud não parece fazer aí distinção entre o sonho diurno e a fantasia inconsciente. Ele lida, justamente, com a ambiguidade de termo *Phantasie* que, como explicitam Laplanche e Pontalis (1988), serve ao psicanalista para abordar tanto o registro consciente quanto inconsciente da atividade anímica imaginativa. Tal ambiguidade só será desfeita quando se tratar das fantasias originárias (*Urphantasien*), tema que voltaremos a abordar no terceiro capítulo. Pelo momento, o que nos interessa é o assinalamento por Freud de que a fantasia seria uma atividade substitutiva a uma realização pulsional abandonada; ela viria no lugar da experiência primária de satisfação, representando-a como realizada.

Esse sentido do termo fantasia é bastante próximo da definição freudiana de sintoma como satisfação substitutiva. Na verdade, segundo o autor, todo sintoma pode ser *lido* como uma fantasia de desejo. Ele é uma forma de realizar a fantasia que traz junto o seu impedimento. O sintoma neurótico é, assim, formação de compromisso entre as exigências da realidade (ou do eu, ou do supereu) e os desejos inconscientes. Ele expressa como mal-estar aquilo que as fantasias representam, de forma figurativa, como satisfação da pulsão. Conforme Colete Soler (1998):

> Em termos freudianos, a decifração do sintoma revela a fantasia e a satisfação libidinal que ela engendra. A noção freudiana de formação de compromisso implica que o sintoma constitua o retorno do gozo recalcado. Não é simplesmente a memória do gozo; é o gozo presente, imutável em seu cerne. (p. 17)

Trata-se, pois, entre fantasia e sintoma, de uma diferença de lugar psíquico em que uma expressão de gozo se apresenta. Conforme a doutrina freudiana, para dizê-lo brevemente, se o sintoma é neurótico, a fantasia é perversa. Ambos, no entanto, compõem o campo das representações. Eles são secundários em relação à primeira experiência de satisfação e supõem uma perda de gozo que visam a suplantar. Pela fantasia, produz-se a cena na qual objeto e sujeito se complementam no gozo pulsional. No sintoma, a cena se apaga, em função da interdição, e é deslocada – graças aos mecanismos simbólicos em jogo – para uma expressão substitutiva.

Poderíamos, então, falar – a propósito da distinção freudiana entre elemento cultural e relações sociais – de uma fantasia cultural e de um sintoma social? O segundo desses termos foi forjado por Lacan no diálogo com Marx: "Marx – diz ele – foi o inventor do sintoma". Isto porque, conforme observa Lacan (1974-75) no seminário *RSI*, ao desvelar a estrutura do capitalismo, ele teria indicado e nomeado o motor que põe a máquina social a funcionar, para além das vontades e intenções dos sujeitos implicados. Trata-se da *mais-valia* que Lacan renomeia em psicanálise como *mais de gozar*. No âmbito social ocorreria, conforme o psicanalista, um processo homólogo àquele que a psicanálise observa na clínica individual: o sintoma se produz ali onde um gozo se perdeu, onde o objeto da satisfação é registrado como perdido. O sintoma é, neste sentido, mais de gozar, pois ele realiza uma inscrição (simbólica) do objeto (real), promovendo a reprodução do gozo perdido em um gozo a mais.

A lógica é efetivamente a indicada por Marx (1867). Resumamos: o capitalista transforma a força de trabalho do proletário em mercadoria e esta, por sua vez, em Capital. Nesse processo, o proletário perde duplamente: primeiro, perde a especificidade pessoal de seu trabalho, que se torna uma mercadoria genérica; e, segundo, perde uma parcela do valor pelo qual seu trabalho é cotado, que passa a pertencer ao detentor dos meios de produção. O que faz a máquina capitalista funcionar é a produção deste *a mais* de Capital, a partir do *a menos* do valor do trabalho; é com base na mais-valia que todo esse processo de produção e transformação é relançado.

Lacan se vale da lógica indicada por Marx para decifrar a estrutura social do sintoma em psicanálise. Nessa mudança de domínios – da economia política para a psicanálise – é preciso, contudo, que se assinale uma mudança na posição de análise. Conforme indica Assoun (2001), ao transformar a mais-valia (*Mehrwert*) em mais de gozar (*Mehrlust*) Lacan radicaliza a análise marxiana. Pois se Marx espera que através da reapropriação coletiva dos meios de produção se recupere a mais-valia em proveito do gozo coletivo, Lacan inscreve aí – como sintoma social – uma estrutura irredutível, uma oposição insuperável entre senhor e escravo.

Essa aproximação entre a interpretação psicanalítica das formações do inconsciente e o desvelamento da estrutura da economia social é sugerida já por Freud (1900). Em "A interpretação dos sonhos", o psicanalista refere o investimento do capitalista na produção como metáfora da riqueza do desejo infantil empregada no trabalho dos sonhos. O capital nesse caso chama-se libido. Segundo o autor:

> É bem possível que a ideia diurna represente na formação do sonho o papel do sócio industrial: o sócio industrial possui uma ideia e quer explorá-la; mas não pode fazer nada sem capital e necessita um sócio capitalista que arque com os gastos. No sonho o capitalista que arca com o gasto psíquico necessário para a formação do sonho é sempre, qualquer que seja a ideia diurna, um desejo do inconsciente. (p. 686)

Lacan (1969-70), no seminário *O avesso da psicanálise*, acrescenta que se esse capital é empregado no trabalho do sonho é porque a criança não pode ter acesso direto ao gozo fálico. Os sonhos, como também as teorias sexuais infantis e os sintomas, tomam sua força da acumulação de libido provocada pela exclusão desse gozo. Assim, as formações do inconsciente têm por objetivo, como o capitalista, a produção do *mais-de-gozar*, ali onde o acesso direto do neurótico (e do proletário marxista) ao objeto é interditado (p. 91-92).

Lacan nos convida, pois, a ler a metáfora freudiana em sua literalidade. O desejo inconsciente, como o capitalista, produz um gozo a mais, um gozo que se produz no lugar do gozo perdido, do qual o sujeito foi excluído. A não inclusão da criança no gozo fálico – sua posição de terceiro excluído na cena primária – implica a acumulação da libido que será empregada nas formações do inconsciente: sonhos e sintomas. Porém, não apenas a criança, mas o sujeito do inconsciente – enquanto portador do desejo infantil – é excluído da cena fantasmática, na medida em que não há como se representar *todo* na cópula sexual; a *relação* sexual não é representável, isto é, não faz sujeito. Na referência ao gozo fálico, o sujeito está sempre, em alguma medida, na condição de terceiro excluído. A produção do sintoma visa a contornar esse empecilho, produzindo um suplemento de gozo.

Assim, também na clínica individual, como no social, o sintoma é esse *a mais* que possibilita um acesso, por intermédio do simbólico, ao gozo, representando-o não como impossível mas como perdido ou proibido. No sintoma neurótico, o significante substitui o objeto; ele representa – de forma velada – a inclusão/exclusão fantasmática do sujeito na cena de satisfação, tornada possível pela operação de recalque. Dito de outro modo, ao transformar o impossível em proibido, o recalque inclui sujeito; o sintoma é a inclusão do sujeito na cena do fantasma.

Tal é a proposição freudiana, ao afirmar que os sintomas são a vida sexual dos neuróticos. Porém, poderíamos acrescentar: se no neurótico os sintomas são a vida sexual é pelo ganho de gozo que aí se produz a partir da representação da exclusão do sujeito da vida sexual de seus pais, da cena primária. O sintoma permite que se goze de um prejuízo (Assoun, 2001), ou seja, que se transforme a exclusão *de* sujeito da cena fantasmática em um ganho, a partir do qual – é claro – o neurótico vai se queixar.

Nos termos de nossa análise de "O mal-estar na cultura", a fantasia perversa, culturalmente compartilhada, consiste em uma representação coletiva da cena primária. Na construção freudiana, trata-se da fantasmagoria que circunda a horda primitiva: o pai tirânico que goza de todas as mulheres. Desse circuito de gozo, o sujeito é excluído. Com o assassinato do pai, os ideais culturais assumem a condição de objeto fetiche, de representantes totêmicos do pai morto. O representante fálico, tomado em um dado circuito de trocas sociais, é portador de um traço do objeto perdido, que os integrantes da comunidade almejam e idealizam: é o ideal do eu coletivo, o substituto do pai morto.

A particularidade dessa representação fantasmática é, justamente, que em relação a ela o sujeito está sempre em prejuízo. Ele se situa em posição de exclusão, pois quem goza aí é o Outro. A partir dessa condição, podem-se situar três destinos: ou o sujeito se faz portador do traço e propõe-se a si mesmo como substituto paterno; ou então ele porta o traço, mas dessa vez do lado do objeto, daquilo que o pai é suposto gozar; ou ainda, o sujeito faz suplência ao gozo perdido, isto é, faz sintoma. Essa última saída, a saída da neurose, implica a inclusão do sujeito no circuito de trocas, no laço social.

Nesse ponto, chegamos a uma importante diferença nas abordagens freudianas e lacanianas do sintoma, que permite esclarecer melhor a nossa posição. Conforme Vanier (2002):

> Para Freud, o gozo neurótico, seu sintoma, torná-lo-ia associal; para Lacan, é o sintoma propriamente dito que se torna ao mesmo tempo condição do social e o modo particular de inscrição do sujeito no discurso, ou seja, no laço social. (p. 216)

A consideração dessa diferença é importante, para os nossos propósitos de leitura, pois ela marca uma mudança na posição do analista. Freud, como veremos, assume, por vezes, uma posição moral em relação ao gozo, sobretudo no que do sintoma pode permitir a dispensa da referência paterna, ou seja, a ultrapassagem do complexo de Édipo.

***

No seminário *A ética da psicanálise*, Lacan (1959-60) retoma a análise freudiana do mandamento "ama ao próximo como a ti mesmo". Ele analisa, sobretudo, o horror expresso por Freud, no "Mal-estar na cultura", diante de tal enunciado, como que denunciando sua posição moral de condenação do gozo como um mal. De fato, em parte o que horroriza Freud é o fato de que o mandamento possa se expressar no seu contrário, como ódio ao semelhante. O que o psicanalista vienense condena é o uso do outro como objeto, que o exercício da moralidade superegoica possa conduzir o homem a desvelar assim sua natureza criminosa. Nesse ponto, Lacan ironiza o ideal humanitário de Freud. A sua honestidade patriarcal o faz valorizar uma via de aceso a desejos temperados, normais (p. 217).

Porém, se tal deslize é sensível em parte da abordagem freudiana da questão, Lacan chama atenção também ao que ela contém de verdade. Freud reproduz nessa sua interpretação do mandamento religioso o caminho já percorrido em outros contextos como, por exemplo, na obra do Marquês de Sade. Ou seja, a aproximação de um enunciado que ordena a um bem supremo com o seu avesso: a redução do outro ao estatuto do objeto de desprezo, do dejeto. A astúcia em jogo no argumento moral revela o objeto que aí se esconde: a falta de um suporte último que assegure ao sujeito o sentido de sua existência. É a morte de Deus – verdade primeira do estabelecimento do laço social, conforme descrito pelo mito da horda primitiva – que é denegada no ideal moral.

A referência à lei moral como ideal do eu coletivo é, como já demonstramos acima, retorno do recalcado da morte primitiva do pai. Mais do que isto: é fruto de um luto irrealizado. Ora, é justamente a referência ao ideal que constitui a cultura e o laço social. Porém, enquanto a primeira tem na recusa a forma privilegiada de defesa, o segundo tem de lidar com os seus retornos, o que implica uma certa forma de registro da perda. Nesse sentido, a relação com o ideal, em uma dada composição social é, também, uma formação do inconsciente. Ela é uma composição híbrida que guarda registros antitéticos: negação e afirmação da castração.

No seminário *O avesso da psicanálise*, Lacan (1969-70) chama atenção para o fato de que o papel central que Freud atribui ao complexo de Édipo como normatizador do desejo conduz a uma idealização da função fálica. Isto é, segundo Lacan, Freud mantém em relação ao pai um discurso religioso que consiste em sustentar a ilusão de que não apenas ele não está morto como ordena o discurso. O significante fálico introduzido pelo complexo de Édipo seria, então, em síntese, o representante psíquico do ideal, do que se estabelece como norma social. Nesse sentido, o falo é, ao mesmo tempo, o guardião da significância do sujeito e o operador central das relações sociais. Enquanto significante do desejo do Outro, ele vela o real da castração apoiando-se em um fantasma compartilhado: o interdito do incesto. Assim, a designação do Ideal indica, na referência fálica igualmente, o objeto de gozo interdito: o corpo da mãe (p. 93-94).

Podemos, então, consentir em seguir a tese-diagnóstico da *neurose* do laço social, proposta por Freud e Lacan, na referência ao complexo de Édipo como compondo a cena fantasmática que atualiza, para cada sujeito, a estrutura do laço social. As relações sociais, igualmente – da mesma forma que os neuróticos tomados individualmente –, organizam-se em torno de um fantasma que recorta seus limites na referência a um ideal fálico, que representa positivamente o pai morto, e um objeto de gozo interdito, o corpo materno. Sua expressão superegoica – o herdeiro do complexo de Édipo – demonstra bem pela função de Lei que o ideal passa a ocupar.

De ambos os lados, do ideal e do objeto, temos dois registros do que pensamos poder denominar *exclusão*. Do lado do ideal, a exclusão fálica aponta a existência de um significante que *ek-siste* à cadeia significante, na medida em que, diferente dos demais, é assemântico. A *ek-sistência* indica a pureza do símbolo, representante último da diferença presença-ausência. Do lado do objeto, a exclusão do mais de gozar indica um além do desejo, um objeto não suportado pelo que a pulsão pode significar do desejo do Outro. O gozo é, neste sentido, a marca do impossível, a *Werfung* (expulsão) do real (Freud 1925a)⁵. Porém, à medida que o gozo é situado em relação à representação superegoica do Ideal fálico, ele é subsumido na representação do objeto proibido, como tentação do *mal*. Esses limites recortados pela fantasia que, no seminário *Os quatro conceitos fundamentais da psicanálise*, Lacan (1964) indica como os dois muros do impossível, desenham as bordas do laço social.

As diferentes formas de organização social revelam, assim, sua lógica sintomática, enquanto o elemento da cultura permanece como gramática pulsional insubsumível às formas de representação organizadas pelo Ideal fálico. Tal fato é notório nas organizações sociais denominadas de totalitárias, nas quais o referente fálico se confunde com o objeto de gozo – compondo um ideal do eu fetichizado –, perdendo a labilidade própria à metaforização significante. Paradoxalmente, mas de forma bastante lógica, a redução dos princípios simbólicos ao estatuto de Coisa pode se apresentar como decorrente de um elevado desenvolvimento

---

⁵ Parece-nos possível assimilar a exclusão do objeto mais-de-gozar ao que Freud trabalha no texto sobre a *Verneinung* (Freud, 1948c) – a negação – sob o termo *werfung* (traduzido por "lançar fora"). Didier-Weill (1989) mostra que esse termo se encontra na gênese do que Lacan irá chamar de Foraclusão (*Verwerfung*). Contudo o autor propõe uma precisão: enquanto *Verwerfung* indica uma operação irreversível de expulsão do simbólico no real, o termo *werfung* deixa em aberto a possibilidade de retorno. Assim, enquanto o conceito de foraclusão, tal qual indicado por Lacan, é constituinte da psicose por lançar o Nome-do-pai para fora do registro simbólico, sem possibilidade de retorno a não ser como real (na alucinação, por exemplo), o termo *werfung*, por sua vez, parece indicar o próprio processo de constituição do registro simbólico pela exclusão de um pedaço do real.

cultural, como reação à crueldade do superego. Como indica Freud (1930), a renúncia pulsional demandada pelo superego, ao invés de apaziguar seu sadismo, reforça-o.

Porém, além da particularidade desses estados de exceção que as políticas totalitárias engendram, acreditamos poder observar em todo laço social agenciamentos discursivos dessa mesma natureza. Isto é, haveria, em toda forma de organização social, atualizações fantasmáticas mais resistentes ao trabalho da metáfora. Isso se deve, a nosso ver, às dificuldades, já indicadas acima, de superação do luto pela morte do pai ou, de forma mais genérica, de luto pelo Ideal.

Nesse sentido, a crítica de Lacan ao complexo de Édipo freudiano nos interessa particularmente. O que Lacan parece indicar é que Freud produz, com a referência a esse mito, uma forma de idealização do pai que conduz a uma maior fixidez de representação do sujeito nas relações familiares primárias. O Édipo, em síntese, não é um bom intérprete do complexo. A interpretação em psicanálise visa a desfazer o nó fantasmático que impede ao sujeito o exercício do desejo. Enunciar o complexo de Édipo como núcleo das neuroses conduz ao sentido contrário: idealiza um suporte de família que supostamente favoreceria a tarefa ao filho-Édipo, ao mesmo tempo que a condena por suas imperfeições, como responsável pelos (maus) destinos dos neuróticos.

Talvez Freud, em seu tempo, não tivesse outra condição de enunciação. Contudo, hoje podemos observar que, em parte, a dificuldade dos adolescentes habitantes de instituição deve-se ao impasse no luto da família ideal. Nesse sentido, diante de um discurso social *edipianizado*, as crianças e adolescentes em instituição são a exceção ideal e o dejeto desse modelo. Eles encarnam, a um só tempo, a figura ideal do sem família – aquele que, segundo o sonho neurótico, pode dispensar o Édipo, com todo o peso da culpa decorrente –, e os anormais – no sentido de fora da norma – pois, supostamente excluídos do princípio fálico, seu dejeto. Nesses dois sentidos, os *menores abandonados* tendem a ser identificados com figuras de exceção. Eles compõem, na representação coletiva, os polos da exclusão das duas muralhas que estabelecem os limites do laço social: ora identificados ao falo, ora ao dejeto, eles tendem a ser um dos seus representantes-fetiches.

Nesse ponto, eles situam, na nossa cultura, um bom exemplo da forma como o impasse estrutural do luto pode se encarnar circunstancialmente, reproduzindo funcionamentos totalitários. Mesmo que o laço social em causa não seja totalitário, por princípio, a referência ao falo sempre o é, em alguma medida.

A clínica do adolescente no laço social (Relato clínico I)

Até agora temos dedicado nossa análise à interpretação psicanalítica da cultura e do laço social. Optamos por deixar para o terceiro capítulo deste trabalho a ênfase maior na adolescência e na especificidade do trabalho clínico com adolescentes em instituição. Gostaríamos, porém, de trazer, desde já, alguns elementos que permitam situar mais diretamente, nesse vasto campo da abordagem psicanalítica do laço social, as questões que nos preocupam.

Para tanto, trataremos a seguir o caso de uma paciente que recebemos em consulta durante um ano, aproximadamente, já no contexto de trabalho abordado por esta pesquisa. A pesquisa, de fato, se concretizou apenas no *a posteriori* dessa experiência clínica, conduzindo-nos a trabalhar sobre uma série de questões relativas à especificidade da experiência de vida dos adolescentes que moram em instituições públicas. Gostaríamos, pelo momento, de interrogar como esse trabalho clínico pode se enlaçar à análise da cultura e do laço social.

A clínica com adolescentes parece-nos particularmente sensível a essa questão, se nos referirmos à noção de adolescência, tal como proposta por Rassial (1999a), enquanto momento lógico da constituição do *sinthoma*. Através do recurso à grafia antiga do termo sintoma, em francês, Lacan (1975-76) buscou designar a escrita singular que um sujeito pode produzir no enlace dos registros simbólico, imaginário e real. Ou seja, a condição de produção, de criação, por um sujeito, de uma forma de se fazer representar no discurso social, dispensando o recurso unívoco à referência fálica. Parece-nos possível observar que certos aspectos da organização de um dado laço social podem fazer obstáculo ao registro singular do *sinthoma* e, portanto, de um *passe* que permita a conclusão da operação adolescente. Conforme Rassial (1997):

> Sobre o plano clínico, está em jogo o estatuto do sintoma e, aí precisamente, seguindo a escrita de Lacan, do *sinthoma* [...]. O que marca o fim da adolescência é, ao mesmo tempo, uma modificação do sintoma e a nova função deste, de tornar-se um dos Nomes-do-Pai, um Nome-do-Pai apto a permitir uma validação da operação de inscrição ou de foraclusão além da metáfora paterna [...]. O tratamento do adolescente deve levar em consideração esse novo valor. (p. 194)

Podemos supor que na clínica com adolescentes em instituição há uma dupla dificuldade: primeiro, que haja efetivamente ingresso no processo adolescente, o que implica que o trabalho da metáfora paterna e a construção do fantasma tenham sido efetivados, num primeiro tempo; e, segundo, que seja possível superá-los, para que se possa sair da adolescência. Porém, a psicogênese revela-se aí enganosa. O que pudemos observar em nosso trabalho clínico é que os adolescentes em instituição são, muitas vezes, diagnosticados como aquém da neurose ou aquém da adolescência, pela posição fantasmática que lhes é delegada pelo discurso social.

Efetivamente, o que cabe interrogar é quais os efeitos de sujeito que tal posição produz. Tema este que tentaremos abordar, a seguir, através da exposição e análise de um caso clínico.

***

Rosa tinha apenas 18 anos, mas uma história e tanto. Alcoolista, três tentativas de suicídio, vivia há dez anos sob a tutela do Estado. Órfã de mãe desde os três anos de idade, passou a primeira infância com o pai no interior, onde morava com mais dois irmãos.

Após a morte da esposa, o pai de Rosa começou a beber. Sob o efeito do álcool batia na filha, acusando-a pela morte da mulher. Acabou perdendo o *pátrio poder* sobre ela e seus irmãos. Estes foram imediatamente recolhidos em um internato religioso, exclusivo para meninos. Rosa, sem ter para onde ir, permaneceu com seu pai.

Foi, então, que se produziram suas primeiras tentativas de suicídio. Primeiro, atirou-se de uma ponte. O rio, contudo, não era fundo o suficiente para se afogar. Depois, disseram-lhe que se bebesse dois litros de cachaça encontraria a morte desejada. Mais uma vez, a tática fracassou. Tentou, então, três litros. Porém, a morte novamente passou ao largo. O que conseguiu foi uma internação hospitalar a qual se seguiu seu afastamento do lar paterno. A partir de então, passou a habitar em uma instituição pública. Novas tentativas de suicídio se produziram e lhe valeram algumas internações psiquiátricas.

Segundo os técnicos da instituição em que vive, Rosa tem um caráter difícil de suportar. Mobiliza toda a equipe com suas demandas. Cada vez, no entanto, que em resposta a seu pedido um trabalho é iniciado, Rosa perde o interesse e, invariavelmente, interrompe precocemente a atividade. Já mudou várias vezes de escola e continua na segunda série do primário, sem saber ler nem escrever. Da mesma forma, começou vários tipos de terapia e não deu continuidade a nenhuma.

Diante de tal situação, os técnicos da instituição, sem saber mais como proceder com a jovem e mobilizados pelo avançado de sua idade – momento no qual, em tese, deve-se deixar a instituição – me solicitam atendimento. Rosa parece interessada em começar esse novo empreendimento.

Na primeira vez em que a encontro, ela situa assim sua questão: pensa muito em se matar. Conta suas tentativas e seus fracassos. Lembra da morte da mãe e, como que casualmente, da morte do pai, que ocorreu há apenas seis meses. Problemas do coração, mesmo motivo do falecimento de sua mãe. Não lamenta que o pai tenha falecido. Acha que ele não lhe tinha afeto pois a acusava de ser culpada pela morte da esposa.

Rosa diz não entender essa acusação, pois depois dela a mãe ainda teve outro filho. O pai, pensa, referia-se a um tombo da esposa quando estava grávida de Rosa. Contavam-se, então, diz a jovem, "dez meses de gravidez"...

"Que horror! Eu queria dizer seis meses", acrescenta Rosa, imediatamente.

O ato falho de Rosa nos dá a pista do que faz seu horror. Não é, de fato, a morte ou o morrer em si. Isto antes a fascina enquanto momento visado, um além almejado. Se Rosa traz, já de início, a morte como questão é porque ela sabe que o desejo do outro se vê aí interrogado. Querer morrer é a sua forma de fazer eco a esse desejo que supõe no Outro. Ela o formula igualmente, em suas associações, como uma demanda, pela fantasia de "no céu encontrar-se com Deus". Morrer, para Rosa, parece ser a sua forma de expressar o pedido de um dom: a inscrição em um registro de filiação.

O que é, antes, da ordem do mortífero para o sujeito é o engolfamento na barriga da mãe, tal como enuncia seu ato falho. Ele encontra ressonância nos discurso dos técnicos da instituição que leem em Rosa a marca que ela se faz portadora: "está tempo demais", "já passou da idade". Nesse ponto, as associações da jovem nos conduzem à imagem de sua mãe – morta precocemente – que ela não lembra e com a qual se confunde. A morte é, portanto, aqui, significante do que falta à memória de um tempo inaugural; imagem construída *après-coup* na qual nascer é o espelho invertido de morrer. Nesse sentido, o tombo na gravidez se impõe como imagem da plenitude de um gozo mortífero.

O ponto de báscula de tal complexo significante, poderíamos talvez situar no enunciado de culpa que a lembrança do pai evoca. Rosa *teria sido* a responsável pela morte da mãe. Como escreve Freud (1917a) a propósito da melancolia: *a sombra do objeto perdido recai sobre o eu*. Nessa lembrança encobridora, Rosa preserva e assume a figura do pai culpado: pai decaído diante do desfalecimento da mãe na satisfação do seu desejo. Assim, do "querer morrer", o discurso da jovem paciente desliza, intermediado pelo luto irrealizado, para o "querer a morta". A perda precoce do amor materno toma, então, para ela a conotação melancólica e transitivista de querê-la morta. Rosa oscila, assim, entre ser/estar morta e ter a morte/a morta.

Desta forma, se *morrer* é um significante privilegiado para Rosa, ele o é na medida em que representa para ela o desejo do Outro sendo, portanto, o significante desse desejo. Porém, ao dar um corpo a esse Outro, na referência a sua história familiar, ela não pode deixar de representar-se ali onde *a morte* indica o lugar no qual a falta se inscreve. O cenário não é outro senão o da cena primária. Pelo intermédio da culpa – representação do desejo proibido – tal significante é reduzido ao estatuto de objeto. Rosa reencontra seu apelo, sua própria mensagem invertida, na forma de fantasma, isto é, como expressão da demanda do Outro para que ela se ofereça como objeto. O que se produz, então, é da ordem da injunção que só pode conduzi-la a agir.

Assim, a vida de Rosa passa a se organizar em torno desse ato reiterado, mas sempre fracassado, de "querer se matar". Colocar a morte em ato é, para ela, uma fantasia compulsivamente encenada: a repetição necessária de um roteiro prescrito que atualiza o irrepresentável do sujeito, seu ponto de exclusão, entre abertura e afânise, suspensão e queda. Imagem *trompe-l'oeil* que ela encena diante do outro e o leva a enunciar, premido pela angústia, um *ainda não* ou um *tarde demais*. Diante dessa forma de interdição, ressurge a necessidade, imperiosa, de refazer a série, de encontrar um lugar no tempo, no Outro, onde *ek-sistir*.

Poderia a aposta no poder da palavra fazer o destino de Rosa vacilar? Seria possível ao ato analítico suspender a repetição compulsiva da encenação do fantasma?

A análise de Rosa toma o caminho difícil daqueles para quem a incidência de um saber sobre o sintoma esbarra em um luto, até então, impossível de ser feito. A dificuldade reside no fato de que, dada a particularidade traumática de sua história, todos os caminhos discursivos levam, justamente, àquilo sobre o qual o sujeito não quer saber. Impasse próprio ao ganho paradoxal que uma perda real pode produzir. Pois, visto que o sujeito é legitimo herdeiro do encontro faltoso dos corpos parentais, a sobreposição azarosa da morte real inscreve a questão: o que fazer com os cadáveres?

Por outro lado, a possibilidade de invenção de uma ficção, isto é, da construção de metáforas que pudessem elidir o recalcado ao mesmo tempo que presentificá-lo, também parece comprometida. O real, nesse caso, parece estar demasiadamente exposto e, diante dele, para Rosa, só resta calar.

Assim, impossibilitada de falar do passado e de projetar-se no futuro, ela negocia com o presente. Não quer mais vir ao atendimento, pois se sente triste. Após as sessões tem de aumentar a dose do antidepressivo. Volta, então, a beber. Vai ao colégio e volta à Instituição completamente alcoolizada.

Rosa reproduz, assim, em transferência – isto é, na atualidade da dialética da demanda e do desejo que a situação analítica promove – uma relação de objeto oral. Em resposta à suposta demanda para que fale, introduz uma série de objetos/significantes onde não apenas o corpo é abordado pela via do orifício da oralidade, mas que presentifica um tipo de posição de alienação do sujeito estritamente regressiva. Podemos supor que, para Rosa, o Outro aí é aquele que tudo demanda. É o Outro materno, da cena terrorífica em que ela se vê ainda dentro da barriga da mãe, mesmo após o tempo de gestação. Não é, pois, de admirar que queira *sair* do atendimento.

Por outro lado, beber para Rosa é um traço paterno que ela carrega consigo. Foi com o pai que frequentou pela primeira vez a Associação dos Alcoólatras Anônimos. Era o pai que bebia para esquecer a dor da morte da esposa. Porém, era também o pai que, alcoolizado, batia na filha. Há também o fumo, outro traço paterno que traz consigo. Contudo, acrescenta em seguida, não gosta de fumar. Se fuma, diz ela, é porque sente raiva.

Podemos aí vislumbrar uma versão dos impossíveis à qual Rosa está presa. Ela busca em seus atos um traço de identificação paterna, mas o que encontra é a série de objetos metonímicos. Assim como no impasse do luto culpado, a evocação que Rosa faz do pai através dos objetos indica justamente o fracasso da constituição da metáfora, da incorporação da falta ao invés da captura no objeto. No alcoolismo, podemos pensar, Rosa busca mimeticamente um traço significante que pudesse suportá-la, enquanto sujeito, em uma significação fálica. Porém, aí também, apropriar-se da falta seria reconhecer a perda, efetivá-la.

Em certo momento, Rosa produz uma narrativa que parece apontar a uma abertura do sentido. Ela consegue restabelecer o contato, há muito tempo perdido, com um dos seus irmãos. Eles falam ao telefone e combinam um reencontro no período de férias. Rosa está entusiasmada. Seu único receio é que o irmão é muito silencioso, a deixa falando sozinha. Diante dele, ela sente-se "como um papagaio".

Indagada sobre esse significante, Rosa lembra-se de uma cena vivida em sua infância. Ela tinha um papagaio. Um dia, no entanto, o irmão abriu a gaiola e o pássaro voou direto para a boca do cachorro. Ela correu para salvá-lo, mas, tarde demais, só encontrou o "corpo molinho" do animal falecido.

O irmão e ela foram, então, fazer o enterro do bicho, em um cantinho do cemitério. O mesmo cemitério onde está enterrada a mãe e aonde ela ia, às vezes, levar flores para depositar no túmulo.

Após a evocação dessa lembrança, as sessões que se seguem são produtivas. Rosa fala de uma família de cachorros de que cuida na Instituição onde mora. As relações de parentesco entre os animais permitem que ela faça metáfora de sua própria história. Contudo, o esperado encontro com o irmão é cancelado. Rosa deprime-se, fecha-se completamente e solicita o final do atendimento.

***

A construção da narrativa do caso de Rosa nos coloca diante de algumas importantes questões, próprias ao que se poderia designar em psicanálise como *clínica da adolescência*. Destacaremos, a partir da análise desenvolvida acima, uma hipótese central que se impôs à nossa escuta no trabalho com jovens pacientes. *Trata-se de pensar a adolescência como um processo psíquico que consiste na elaboração de um trabalho de luto que viabilize a passagem da referência metonímica aos objetos pulsionais a uma construção metafórica que dê suporte significante à representação do sujeito. O que se faz acompanhar, por outro lado, de uma desmontagem – uma contestação – da referência unívoca ao registro fálico, tal como é veiculado pelo discurso que ordena o laço social.*

Na análise do caso priorizamos a construção fantasmática e sua atualização na transferência para abordar alguns dos impasses que nos parecem próprios a essa passagem. Poderíamos resumi-los pela hipótese de que o fantasma na adolescência demonstra, de forma mais explícita, a dificuldade sempre presente de uma espécie de *tradução* – ou melhor: *transliteração*, como propõe Allouch (1995) – que se opera na inscrição da pulsão. *Transliteração* pois se trata de uma operação entre registros heterogêneos e que sempre deixa restos insubsumíveis. A gramática pulsional em jogo no fantasma expressa, justamente, o inconcluso desse processo de registro do sujeito – isto é, a produção de um *novo* significante – processo que consiste no apagamento do objeto e inscrição do traço.

Essa condição de estabelecimento de uma série significante – na qual um sujeito se representa entre outros, no campo do Outro – se produz nos enlaces singulares do corpo pulsional com a série significante. A operacionalização da função do traço unário, como suporte representativo do sujeito, está amarrada àquela do objeto pulsional. Porém, é no apagamento próprio ao recalque que um sujeito se inscreve. Na referência ao objeto – que, em psicanálise, denominamos também de Real – o sujeito é sempre, por princípio, excluído[6].

A proximidade desse processo estrutural com o trabalho ordinário de luto é clara: em ambos trata-se de buscar uma

---

[6] "O sujeito está... em uma exclusão interna a seu objeto" (Lacan, 1966, p. 875). Nem é preciso que se diga que estamos longe aqui de pretender tirar todas as consequências desta afirmação.

forma de saber-fazer com o que um corpo porta de inanimado e mudo (Costa, 2002). O *sujeito adolescente*, de modo geral, assume a tarefa de, pelo seu fantasma, animar e dar voz ao que do corpo presentifica o furo da linguagem – que costumamos chamar também de recalcamento originário. No entanto, ele paga o preço de suportar no seu *Ser* a clivagem que organiza o laço social. Parafraseando Calligaris (1986), diríamos que o adolescente *é, onde isso cala*.

A particularidade da construção fantasmática de Rosa ilustra bastante claramente os impasses próprios a esse processo. O que pode, por vezes, confundir é a coerência de tal construção com a realidade de sua história. É fato que a jovem tem um duplo trabalho a realizar: o luto da adolescência sendo materializado nas perdas de sua família. Assim, se as dificuldades de Rosa são típicas do processo adolescente, a singularidade de sua vida as duplica. Por outro lado, é concebível que, por vezes, as agruras da vida ajudem a representar e elaborar os impasses estruturais para os indivíduos. Não é por outro motivo, podemos pensar, que, segundo a sabedoria popular, "o sofrimento ajuda a amadurecer"...

A dificuldade particular de Rosa é, antes, a de que sendo uma adolescente em instituição, ela tem de lidar com a corporeidade de uma figura que a neurose social transformou em mito. À morte da mãe e à perda da guarda paterna, assim como à separação dos irmãos ainda na sua infância, se sobrepõe o lugar fantasmático que o sujeito passa a assumir no discurso social, na condição de *filho da instituição* X.

Posição objetal em um fantasma coletivamente partilhado, os adolescentes em instituição têm de lidar com a atribuição da condição de expurgo da norma familiar. Nesse sentido, eles terminam por assumir os impasses de um luto próprio à constituição do laço social: a referência a um ideal fálico irrealizável.

Em relação à norma fálica, os adolescentes – de modo geral – são, paradoxalmente, dejeto e imagem realizada. Eles dão consistência à ambivalência da normopatia dos adultos nesse domínio, à ambiguidade de seu amor ao sintoma, à castração. O impasse da saída da adolescência está, em grande medida, colocado pela condição de objeto-fetiche ao qual os jovens são demandados a fazer semblante.

Nas condições adversas de uma adolescência em instituição, tais impasses se potencializam, pois aí são mais tênues os interditos que limitam a captura nessa forma de gozo. Trata-se, então, de interrogar sobre as condições de ultrapassagem da captura alienante que essas formações fantasmáticas promovem. Ao que, nos parece, a bela metáfora do papagaio – este corpo molinho, morto abocanhado – pode ter valor de chiste e interpretação.

2.

ALIENAÇÃO, SEPARAÇÃO, EXCLUSÃO: DE FREUD A LACAN

A alienação *em Freud*

Não nos parece casual que o texto de Freud "O mal-estar na cultura" comece por um comentário acerca do sentimento oceânico. Esse sentimento, que Freud (1930) define como sendo "de indissolúvel comunhão, de inseparável pertença à totalidade do mundo exterior" (p. 3018), lhe é comunicado por um amigo; um homem que, segundo Freud, deve ser incluído entre aqueles cuja "grandeza repousa em obras muito alheias aos objetivos e ideais das massas" (p. 3017). O diálogo com esse amigo, no qual Freud reconhece o semblante de seu próprio ideal do eu, coloca de início, em um texto que pretende tratar do mal-estar na cultura, a problemática dos limites do eu e suas relações com o mundo exterior. *Como se* – analogia a ser considerada em sua literalidade – o mal-estar a ser considerado dissesse respeito a uma dificuldade na demarcação de territórios.

Conforme a psicanálise demonstra – precisa Freud nesse texto – o eu não se restringe ao que é sentido como mesmidade; ele continua para dentro, sem limites precisos, incluindo o inconsciente. Já para fora, suas fronteiras parecem ser mais definidas. Porém, também aí, a indefinição dos limites dos territórios egoicos está longe de poder ser reduzida às expressões da patologia, amalgamadas sob a égide da nosologia. Freud inclui, entre as experiências de perda dos limites exteriores, a cotidianidade das paixões amorosas – quando eu e objeto se confundem. E mesmo aquelas experiências que podem ser entendidas como sintomáticas, como a despersonalização e o estranhamento, devem ser apreendidas no sentido da *psicopatologia da vida cotidiana*.

Essa dificuldade de estabelecimento dos limites do eu atualiza uma outra fronteira: a que situa a psicanálise na cultura. É bem sabido que um dos impactos maiores do conjunto da obra de Freud foi, justamente, a passagem de um binarismo estreito – que situa rigidamente a fronteira entre eu e Outro – a uma outra concepção, na qual esses limites se alteram. Freud estabelece uma subversão de toda a tradição da filosofia moderna. De Descartes a Hegel, é bem sobre as definições de fronteiras que os autores estabelecem as proposições de ordem epistêmica – como o eu conhece o mundo – e éticas – como o eu deve se comportar no mundo. Freud altera a ordem, mas abstém-se do diálogo. Ele limita-se a situar aí sua principal contribuição à história do pensamento e da ciência, sua revolução copernicana. Porém, seu propósito não é metafísico. Será preciso aguardar Lacan para que o pensamento freudiano tenha reconhecido seu efeito de continuidade – o sujeito moderno – e ruptura – a consideração do inconsciente.

Essas considerações sobre a subversão freudiana das fronteiras do eu são importantes para a fundamentação de nosso trabalho, pois situam a interpretação que propomos do laço social e da exclusão, bem como sua incidência na clínica da adolescência, na sequência do pensamento freudiano e consequente com seus propósitos. Parece-nos, contudo, que no que tange à análise freudiana dos laços sociais os efeitos dessa revolução não deram ainda a sua última palavra. No próprio texto "O mal-estar na cultura" perde-se, no desenrolar da argumentação, a ponte que faz a passagem da constatação da indeterminação do eu às análises da cultura. No entanto, a aproximação, pela via da analogia, entre evolução individual e evolução cultural atravessa todo o texto, enquanto procedimento metodológico principal. Se o sentimento oceânico parece fornecer a base experiencial que permite o estabelecimento dessa aproximação, ele mesmo não é suficientemente analisado enquanto experiência coletiva. Nesse ponto, Freud nos fornece algumas pistas, mas termina por reconhecer e atuar sua resistência com o que ele designa como sendo *de ordem mística*. Acreditamos que o reencontro desse elo associativo, ou ao menos a retomada da linha argumentativa desenvolvida por Freud, pode nos fornecer um importante instrumental conceitual na interpretação do sintoma social que seja consistente – como almejava Freud – com as análises clínicas.

Nesse sentido, trata-se de situar a incidência das proposições freudianas não tanto sobre a metafísica mas sobre a práxis moderna, em sua vertente tanto política como científica. Os trabalhos de Rousseau e Marx, mas também de Pinel – através da leitura de Foucault – nos indicam que também aí se trata de uma questão de estabelecimento de territórios, a qual a subversão freudiana não é indiferente. A inclusão, por Lacan, do termo *alienação* no vocabulário psicanalítico interpreta, queremos crer, essa passagem. Retomaremos aqui um pouco desse percurso, pois acreditamos que a inclusão da alienação como ferramenta conceitual da psicanálise tem a função de nomear uma das mais importantes operações realizada por Freud sobre a cultura moderna e demarcar suas consequências no trabalho clínico e social dos analistas.

Vale assinalar ainda que na obra de Freud não há um emprego conceitual do termo alienação. Não obstante, a palavra *Entfremdung* (Alienação) é empregada pelo autor em diversos momentos. Segundo Luiz Hanns (1996), no *Dicionário comentado do alemão de Freud*:

> Freud emprega o termo em diversas acepções, mas em geral, no texto freudiano, Entfremdung evoca o processo de afastamento de materiais, instâncias ou conteúdos psíquicos, que posteriormente não são mais reconhecidos e causam estranheza ao sujeito. (p. 53)

Como veremos, esse *afastamento* que, por falta de reconhecimento, provoca estranhamento, será também a base do retorno do termo alienação no léxico lacaniano.

Breve história de um conceito

Assim como o conceito de sujeito, não é a Freud que a psicanálise deve o termo alienação em seu vocabulário. Se podemos reconhecê-lo como um conceito – o que ainda precisaria ser confirmado – foi Lacan que o formulou como tal. Sua referência encontra-se presente desde os primeiros seminários. Antes de nos aprofundarmos sobre as considerações do processo de alienação na obra de Lacan, contudo, gostaríamos de fazer um breve percurso em sua história na filosofia. Nossa pretensão não é recortar de forma exaustiva o campo semântico a que o termo se refere. Tampouco exaurir a referência histórica a uma erudição que demonstraria o bem fundado de nossa proposta de análise. Nossa ideia é de que, recorrendo a alguns dos principais contextos discursivos de elaboração desse conceito, possamos reconhecer que a sua inscrição no campo conceitual da psicanálise responde aos propósitos freudianos de uma análise clínica do social. Pensamos poder situar aí, também, a proposta de Lacan do que seria a formulação de uma psicanálise em extensão. O que permite, igualmente, a reintegração da interpretação da cultura na psicanálise *em intensão*.

Nesse sentido, o que pretendemos é demonstrar a importância que o *conceito de alienação* – que assim denominamos a nosso risco, sabendo que falta precisá-lo – tem na psicanálise desde Lacan. Mais especificamente: como é por seu intermédio que a psicanálise pode chegar a uma interpretação do sintoma que diga respeito, ao mesmo tempo, a sua versão individual e social. Segundo nosso entendimento, seu emprego na psicanálise permite um passo a mais na análise do mal-estar na cultura sendo também, dessa maneira, indispensável a uma prática clínica que queira dar conta da posição do sujeito no discurso do Outro.

A fim de desenvolver esse argumento, parece-nos fundamental demonstrar, muito brevemente, a base histórica do surgimento de tal conceito no mundo das letras, até seu encontro com Lacan. O objetivo é, por um lado, diferenciar a aplicação do termo alienação seja na filosofia, seja na psiquiatria, de seu emprego na psicanálise. Por outro lado, queremos também mostrar como, para bem compreender e apreender a potência interpretativa desse termo no discurso psicanalítico atual, é preciso referir-se a esses outros campos do saber. Nesse sentido, não escaparemos da tentativa de tentar ler em Freud a influência que alguns autores tiveram sobre ele, em sua forma de pensar e se referir às relações entre sujeito e objeto. Foi essa influência que, segundo nossa leitura, permitiu a Lacan apropriar-se do conceito de alienação, transpondo-o para a psicanálise.

Alienação na filosofia política e na psiquiatria: Rousseau e Pinel

Na *Encyclopaedia Universalis*, Ricoeur (2002) indica que "a palavra 'alienação' é, hoje na língua francesa, uma palavra doente" (p. 817). A doença em causa é a de um uso excessivo do conceito, abarcando um campo semântico excessivamente vasto. Ele nos apresenta, então, um breve histórico do termo, de forma a tentar curá-lo. Nós, psicanalistas, denominaríamos esse processo de *restauração do valor significante*. A aplicação excessiva de uma palavra podendo efetivamente transformá-la em uma palavra vazia, cujo excesso de significado é índice da ausência de sujeito.

Para Ricoeur, fazer um histórico do termo é a empresa necessária para restituir seu valor. Mais do que um trabalho de precisão conceitual, podemos acrescentar, trata-se de um verdadeiro processo de evocação memorialística. Como a psicanálise nos ensina, também as palavras podem sofrer de reminiscências. Ao tornar-se monumento semântico, acontecimento conceitual, um significante torna-se signo e funda-se sobre um duplo apagamento: um esquecer de esquecer. Junto com o valor significante, o recalcamento incide sobre todo complexo conceitual adjacente. Assim, concordamos com Ricoeur que:

> O único serviço que a reflexão pode oferecer é o de restituir uma memória às nossas palavras e de ponderar seu emprego através de uma consciência exata das criações

de sentido que caíram no esquecimento ao caírem no uso comum. (p. 826)

Certamente hoje, um psicanalista que quisesse com seu ensino intervir na cultura não se valeria de um termo cuja simples pronúncia remete a um lugar-comum. Ou, se o fizesse, seria bem com o propósito de reinscrever algo que ficou suspenso, reprimido pela palavra. Tentemos, pois, trabalhar nessa direção.

***

O termo alienação é, na época de Lacan, bastante familiar à cultura psiquiátrica e filosófica. Seguindo os passos indicados por Roudinesco (1994), pode-se dizer que a referência a esse conceito se encontra no cerne da virada de Lacan da psiquiatria fenomenológica à filosofia, como passagem forçada para a apreensão e releitura da obra de Freud. É, digamos assim, o termo que Lacan guarda – da psiquiatria para a filosofia, chegando na psicanálise – mas alterando completamente seu sentido a cada mudança de campo semântico. Na psiquiatria, é Pinel que o utiliza, desde 1797, para caracterizar o estado dos doentes substituindo o termo loucura, julgado muito genérico. No artigo *Manie, vésanies, aliénation mentale ou dérangement des fonctions intellectuelles*, Pinel explica o porquê de sua preferência pela alienação: "é um termo feliz que exprime em toda a sua latitude as diversas lesões do entendimento" (apud Postel, 1995, p. 23).

Conforme Ricoeur, esse sentido psiquiátrico do termo alienação – como alienação mental – encontra-se presente desde o século XV. A seu lado, encontramos um uso mais antigo do termo: o sentido jurídico, onde alienação significa a cedência, o dom ou a venda de um título de propriedade. Porém, a carreira propriamente filosófica do termo terá início com Rousseau (1762b) e o contrato social. Em Rousseau, o contrato social é fundado sobre a alienação que os homens fazem de sua liberdade natural à coletividade. Eles alienam – no sentido jurídico da palavra, isto é, de outorgar um bem pessoal a outro – sua liberdade individual, própria à natureza humana, para que, segundo as leis do contrato social, ela lhes seja devolvida como liberdade social, mediada pelas regras da convivência com os outros indivíduos.

Como se pode notar, a apropriação psiquiátrica do termo não é de todo independente de seu uso filosófico. Mesmo que historicamente sua origem seja anterior, o alienismo de Pinel é herdeiro também da filosofia contratualista. Segundo o dicionário de psiquiatria Larousse (Postel, 1995), o alienado mental é aquele que perdeu sua liberdade moral, condição para o estabelecimento do contrato social, no sentido de Rousseau. O médico seria o representante da sociedade que tem por encargo proteger e assistir o doente. Alienação significa, neste contexto psiquiátrico, a desresponsabilização do doente sobre seus atos. A doença mental é assimilada à degenerescência do juízo moral.

No livro *História da loucura*, Foucault (1989) indica, nessa mesma direção, que nos hospitais psiquiátricos, a relação paciente (alienado) e médico era regrada, sobretudo, pela moral. O médico, mais do que um homem de ciência, é alguém que detém uma posição de respeitabilidade moral. Ele deve sustentar o doente em sua fraqueza. É assim que, com Pinel e a inserção do médico nos asilos, o uso do termo alienação se vulgariza. A partir de 1838, passa a vigorar a lei que formaliza o contrato, mediado pela alienação, entre doente e médico/instituição. Falta apenas um pequeno passo para que a palavra passe a ser veículo de um certo número de preconceitos. Os alienados são caracterizados como aqueles a quem falta o pleno domínio das faculdades mentais.

O que chama mais atenção nessa passagem da filosofia de Rousseau ao campo da psiquiatria é a inversão de valor que se opera no uso do termo alienação. Os alienados, no sentido de Pinel, designavam sobretudo aqueles que não tinham outro lugar senão às margens da sociedade, isto é, aqueles que resistiam a, ou que não tinham as condições necessárias para alienar-se, no sentido de Rousseau, ao pacto social. O processo terapêutico empregado na época preconizava que o doente deveria entregar (alienar) sua alma à ciência do médico. Este, da mesma forma que a coletividade em Rousseau, era encarregado de devolvê-la através do tratamento. Assim, na psiquiatria, ser alienado era, ao mesmo tempo, uma descrição que se queria científica do estado d'alma do doente e um julgamento moral: a incapacidade de ser incluído no pacto social. Um sentido explicando-se pelo outro: ser alienado, no sentido psiquiátrico, significava a incapacidade à alienação no sentido rousseauniano. O que nos conduz a pensar que esse sentido antinômico do termo está desde sempre incluído na sua utilização, seja política, seja psiquiátrica. Uma seria a revelação, pelo avesso, da outra.

Em Rousseau, a alienação que funda o pacto social deve obedecer algumas precondições. No *Contrato social*, ele distingue a alienação de um escravo ao seu mestre daquela que instaura a organização de um povo enquanto tal. A primeira, precisa Rousseau, é o ato pelo qual um homem, ou um povo, *se vende ou se dá* a outro. Estando a venda descartada, pois, acrescenta o autor, é o mestre que vive à custa de seus escravos e não o contrário, a alienação do escravo é a entrega deliberada de todos os seus bens ao serviço do mestre. Para Rousseau, esse tipo de alienação é imoral e só pode ser realizado por *loucos*. Pois a ninguém é dado o *direito* de dispor de sua liberdade natural, assim, deliberadamente, para uso de outro.

Já a alienação fundadora do contrato social parte do princípio da igualdade entre os homens. O corpo moral e político será, então, resultado da alienação de cada contratante: a entrega total de sua liberdade para o interesse e a vontade coletivos. Para Rousseau (1762b), a alienação total dos direitos dos indivíduos em prol da comunidade é a cláusula fundamental do contato social; ela estabelece a igualdade entre os contratantes e a equidade de direitos, impedindo o exercício do domínio e submissão de alguns em particular. Ou seja, a alienação de todos ao mesmo princípio coletivo, no contrato social, tem função de interditar a alienação do escravo ao mestre (p. 35-36).

Conforme Rousseau, em cada composição social, o pacto não é apenas um ato realizado; para que uma associação sobreviva, ele deve ser constantemente reinscrito. A participação de cada pessoa no contrato é a expressão de um ato de vontade individual, um exercício do direito natural à liberdade. Por intermédio da alienação deliberada, o indivíduo é subsumido ao corpo coletivo: a vontade e liberdade individuais tornam-se coletivas. Desse ato, cada contratante recebe da coletividade "sua unidade, seu eu (*moi*) comum, sua vida e sua vontade". Ele torna-se pessoa pública, isto é, *Corps politique*. Rousseau acrescenta ainda que, ao perder a liberdade natural e o direito ilimitado sobre tudo, ganha-se, no contrato social, a liberdade civil e o direito à propriedade. É o estado civil que se adquire que "faz o homem verdadeiramente dono de si próprio" (p. 39). Para o filósofo, a escravidão consiste em responder ao impulso da vontade enquanto a liberdade é adquirida pela obediência à lei.

Curiosamente, em *Émile*, o autor define a liberdade moral como aquela que o homem adquire na sua relação consigo mesmo (Rousseau, 1762a). O que nos faz pensar que essa relação do homem consigo próprio incluiria a passagem pelo *corpo coletivo*. Não nos parece, no entanto, que a filosofia rousseauniana consiga resolver internamente todos os impasses que a definição dos conceitos apresentam.

Interessa-nos destacar aqui como, nesse início de carreira filosófica, o termo alienação expressa um duplo sentido:

1) na relação mestre e escravo, como ato imoral ou irracional pelo qual alguém entrega todos os seus bens para o gozo de Outro. Esse é o sentido negativo do termo que será preservado na psiquiatria;
2) no contrato social, como ato fundador da coletividade. Nesse segundo sentido, a alienação implica uma aposta pela qual se perde algo (a liberdade natural) a fim de ganhar algo melhor (a liberdade civil). Esse segundo sentido de alienação tem como premissa o fato de ser um ato coletivamente realizado. Não se trata de uma alienação de uma pessoa a outra, mas de pessoas, semelhantes, que se alienam a uma coletividade que é criada por esse mesmo movimento.

A alienação ao contrato social é concebida positivamente como um processo de troca. Sacrifica-se algo, o estado de natureza, para receber coisa melhor no lugar. É necessário considerarmos que a filosofia política de Rousseau não é descritiva, ela é propositiva. Ou seja, ela compõe uma utopia do passado, uma versão mítica do como *deveria ter sido* a instauração do pacto social. Desse ponto de vista, ela é a-histórica, desenhando um tempo mítico de passagem do estado de natureza, idealizado por Rousseau, ao estado de sociedade. O filósofo contratualista tenta corrigir essa passagem, de forma que a sociedade não deturpe o bom selvagem mas aprimore suas qualidades naturais. Conforme assinala Ricoeur, talvez possamos situar aí a relação de ressentimento que, no senso comum, guardamos com o conceito de alienação. Como se a aposta primeira, pelo qual um sujeito indeterminado se abandona à coletividade (ao Outro) e renuncia a uma parcela de gozo, não se mostrasse, finalmente, bem-sucedida.

De qualquer forma, é preciso levar em conta que a definição da origem da sociedade como estabelecida com base em um processo de troca, de *alienação mútua*, é uma concepção nova na história das ideias; é uma concepção propriamente moderna. Ela estabelece o princípio de que a relação do indivíduo com o mundo exterior, com os outros e consigo mesmo é, ou *deveria ser*, mediada. Os homens entre si compõem uma terceira instância – uma *pessoa pública* – que não é a simples soma de seus elementos. Essa mediação significada pelo termo *alienação* passa a compor a própria definição de homem enquanto tal, imiscuindo-se na sua relação consigo mesmo. Daí que a aplicação de tal conceito ao campo psiquiátrico não seja anódina. Ela revela o irrealizado da utopia de Rousseau na sua projeção social. Como se ao médico – representante da moral – fosse dada a faculdade de corrigir o desvio, sempre presente pela perda do estado de natureza, da *alienação mental*, na direção da forma ideal: a *alienação ao contrato social*.

É fácil constatar-se que essa aproximação da figura do médico psiquiatra com o representante da norma social é decorrente da ideia de que a moralidade é uma forma sublimada – isto é, uma alteração de estado que mantém a identidade da substância – da ordem natural. O alienado mental é, nesse sentido, sinônimo de pervertido. Tratar-se-ia de uma deturpação sobrevinda na passagem da natureza à sociedade, ou seja, interna ao processo de alienação.

Foucault (1989), retomando esse movimento histórico no qual surge a figura do alienado, demonstra a alteração que ela promove na relação do homem com a verdade. Segundo esse autor, é a partir da segunda metade do século 18 que o parentesco originário entre a alienação dos filósofos e a dos médicos se faz sentir numa acepção de loucura que se configura na ruptura do homem com a imediatez da natureza (p. 368-369). O estatuto médico-político do alienado representa, em última instância, os efeitos subjetivos de uma clivagem – entre social e natural – fundadora da figura abstrata do *homem político moderno*. É aí também que se situa a inclusão da história no pensamento sobre os estados do homem.

Alienação na dialética hegeliana

O sentido etimológico da palavra alienação provém do latim, do verbo *alienare,* que tem o sentido de tornar estrangeiro, hostil; e do substantivo *alienatio*, que guarda o sentido de dissociação, hostilidade (Ricoeur, 2002). Na literatura moderna, podem ser encontrados exemplos desses usos da palavra alienação. Mas, desde Aristóteles, ela é utilizada sobretudo para significar um processo jurídico que consiste em ceder ou vender a outro algo sobre o qual se detém a propriedade. Conforme vimos acima, com Rousseau, tal processo passa a designar não mais apenas a materialidade de uma ação jurídica específica, mas o fundamento da interação política. Na história da psiquiatria, de uma certa forma, alienação coaduna os dois sentidos originais, a partir da herança da filosofia contratualista. Trata-se do nome que designa a loucura enquanto sendo o estrangeiro hostil que nos habita. Porém – como demonstra Foucault – tal estrangeiro não se refere a uma suposta animalidade desde sempre presente, mas ao resultado de uma deturpação da natureza humana decorrente de sua interação com o meio social. Nesse sentido, o alienado revela a verdade escondida sob a utopia rousseauniana: o temor/horror à alteridade. Se Rousseau (1762b) precisa propor a forma ideal de alienação é porque ele parte do princípio de que a sociedade é, de fato, corrompida e corrompedora da boa natureza humana (p. 25-26).

O problema posto por Hegel (1807), na *Fenomenologia do Espírito*, não é muito diferente. Conforme já demonstramos em um outro trabalho (Poli-Felippi, 1998), a principal inspiração do filósofo alemão no início de sua carreira é, bem dentro do espírito da *Aufklarung*, a superação do estado de opressão no qual os homens vivem em sociedade. A sua preocupação é de desenvolver um método que concilie os dois princípios do pensamento moderno: racionalidade e liberdade. Para o jovem Hegel, a crítica à opressão moral será formulada como crítica ao racionalismo abstrato. O alvo do filósofo alemão será sobretudo as filosofias da subjetividade solipsista, de Descartes a Kant. A partir da *Fenomenologia do Espírito* – obra que marca o início da fase madura de seu pensamento – essa crítica se materializará na consideração da história como desenvolvimento e superação das contradições postas pela coexistência de razão e liberdade. Para Hegel, trata-se sempre de pensar no homem em relação a outros homens – figuras do Espírito. Porém, ele será acusado por alguns, Heidegger notadamente, de ao tentar escapar do subjetivismo iluminista – o princípio da identidade da consciência – tê-lo transformado em uma *onto-teo-logia*; a figura da autoconsciência como desdobramento do Espírito absoluto, em síntese, não diferiria muito das premissas teológicas.

O que nos interessa neste trabalho é a forma como Hegel se vale do conceito de alienação. Principalmente porque é bem conhecida a influência do pensamento hegeliano, notadamente por intermédio de Kojève (1947), sobre a obra de Lacan. Como pretendemos demonstrar, no entanto, não se trata do mesmo conceito. O psicanalista mesmo o diz, recusando a denominação de hegeliano no momento em que está formulando a operação de alienação/separação no campo psicanalítico (Lacan, 1964, p. 204). Para ele, tratava-se de nomear algo que Freud havia formulado. O trabalho de recuperação histórica que estamos fazendo visa a esclarecer a força interpretativa que a alienação pode ter, ao ser transportada ao campo analítico. Sobretudo por permitir, como já indicamos, um enlace entre clínica do sujeito e do social.

Um primeiro ponto que gostaríamos de destacar em relação à alienação na obra de Hegel é do registro da língua. Em alemão, é preciso que se distingam as palavras *Aeusserung*, *Entäusserung* e *Entfremdung*. Na tradução para as línguas latinas, no entanto, elas podem ser indistintamente traduzidas como alienação. As duas primeiras, as quais poderíamos acrescentar ainda *Veräusserung* e *Unveräusserung*, contêm *äusser* que significa exterior. Jarczyk e Labarrière (1996) optaram por traduzi-las por externação (*Aeusserung*) e exteriorização (*Entäusserung*). Estas palavras evocam uma ação pela qual alguém se desfaz de algo. É algo próprio que é externado, movimento primeiro do estabelecimento de um circuito de trocas. Por isso, são essas expressões que são empregadas no sentido jurídico de alienação (*Veräusserung*) – doar ou vender algo para alguém. Por outro lado, *Entfremdung*, no qual a partícula *fremd* significa estrangeiro, indica a dessemelhança aportada pela alteridade. Não se trata de um ato de saída de si para encontro do outro, estabelecendo uma mediação. O termo *Entfremdung* expressa uma exterioridade que não comporta o mesmo retorno reflexivo que os outros. A confusão se estabelece porque normalmente todos esses termos são igualmente traduzidos por alienação. A distinção entre os termos que nos importa demarcar é indicada assim por Jarczyk (1984):

> Sabemos que *Aeusserung* designa a simples saída de si de uma interioridade, sem que seja decidido se essa 'saída' conduzirá ou não a uma autêntica determinação reflexiva de si mesmo (nesse caso se falará de *Entäusserung*) ou a uma perda de si sem retorno, em uma realidade definitivamente estrangeira (o que seria, no sentido próprio, uma *Entfremdung*, uma alienação). (p. 118)

Há, pois, em Hegel, um uso da língua que permite demarcar a diferença entre o que seria da ordem de uma alienação contratual, de uso jurídico, de um outro tipo de relação com a alteridade. Nesse ponto, o filósofo alemão faz a crítica à filosofia de Rousseau por assimilar os dois processos. Segundo Hegel (1821), o contrato é uma forma simples do direito – o direito abstrato – que estabelece um circuito de trocas implicando apenas indivíduos particulares. A interação social, do âmbito da moral e da ética, tem de levar em consideração uma outra forma de alteridade – na qual a distinção entre o interior e o exterior traz a marca do estrangeiro. É nesse âmbito que alienação se torna um conceito da filosofia hegeliana. Ricoeur a denomina de alienação-estrangeiridade[1] para diferenciar da alienação-contratual[2]. Segundo ele, "enquanto esta última designa uma promoção do homem por meio de um despossessão do ter, aquela designa um empobrecimento do homem por meio de um despossessão do ser" (Ricoeur, 2002, p. 820)[3].

A partir dessa distinção, Hegel demonstra, pelo processo dialético, formas distintas de relação com a alteridade. De modo extremamente resumido, poderíamos dizer que a externação (*Aeusserung*), pelo qual o interior sai em direção ao exterior, pode vir a se revelar uma alienação-contratual ou uma alienação-estrangeiridade, conforme se proceda ou não o caminho reflexivo de retorno à interioridade. O operador para tal é privilegiadamente, na filosofia hegeliana, o reconhecimento (*Annerkenung*). Se a consciência pode se reconhecer na exterioridade, ela se torna consciência-de-si. A partir daí, o circuito de trocas – onde vigora a alienação-contratual – entra em vigência e o exterior é suprassumido (*Aufhebung*). Já no caso de não haver reconhecimento, o

---

[1] *Aliénation-étrangéité*, no original. Neologismo que guarda o duplo sentido de estrangeiro (*étranger*) e de caráter estranho (*étrangeté*).

[2] *Aliénation-contractuelle*.

[3] No original: "*Cette aliénation [étrangéité] est donc l'exact contre-pôle de l'aliénation contractuelle. Alors que celle-ci désigne une promotion de l'homme par le moyen d'un dessaisissement d'avoir, celle-là désigne une déperdition de l'homme, par le moyen d'un dessaisissement d'être*".

exterior (*ausser*) torna-se estrangeiro (*fremd*) e a alienação passa a ser índice de perda, de empobrecimento.

Vale destacar que o reconhecimento (*Annerkenung*) não é relativo à posse do objeto, mas sim à vontade/desejo. A clássica figura do senhor e do escravo representa bem o momento em que, segundo Hegel (1807), um sujeito deve submeter-se a Outro para ser reconhecido enquanto sujeito do desejo. Isto porque o que essa figura encena é a determinação do desejo humano como desejo do Outro. Para o autor, esse é o momento de passagem do estado de natureza à determinação social. Trata-se de um primeiro movimento dialético no qual a negação que determina o caráter relacional da vontade aparece como submissão. A escolha que se coloca para a consciência-de-si em estado nascente é ou bem matar/morrer, ou bem se submeter à vontade alheia. Como matar ou morrer significa excluir-se da determinação do desejo, torná-la impossível, o sujeito opta pela submissão. A relação de dominação que se estabelece então revela a falsa aparência da vontade livre do estado de natureza. A liberdade e a vontade só se realizam pela passagem por outra vontade que estabeleça o seu limite, reconhecendo-as.

A proximidade da argumentação hegeliana com o trabalho de Freud, no texto "A negação", pode surpreender. O comentário de Hyppolite (1966) a esse respeito é bastante conhecido. Em ambos, Hegel e Freud, trata-se de um trabalho que é, antes de tudo, com a língua, isto é, com a construção das condições de representação. Não pretendemos com isso afirmar que Freud fosse hegeliano. Tal discussão é completamente alheia aos nossos propósitos. Queremos tão somente indicar, nessas aproximações, uma das possibilidades de leitura do texto freudiano que permita avançar na análise do sintoma social.

O que gostaríamos de enfatizar é, na leitura de Hyppolite, o destaque dado aos termos utilizados por Freud. A expulsão original, por exemplo, pelo qual o eu separa o mau – estranho (*Fremde*) – de si é designada pelo psicanalista como *Ausstossung*. Segundo Hyppolite, Freud descreve aí a gênese mítica da produção dos juízos, anterior à inscrição simbólica da negação. Ele prescreve as suas precondições, entre elas a construção dos limites entre dentro e fora e a distinção entre as funções intelectual e afetiva. Em relação ao mito da *Ausstossung* originária, produzido pelo psicanalista, o comentário de Hyppolite inclui a alienação como situando o percurso que leva da oposição formal entre o dentro e o fora à sua relação dialética (p. 898).

Haveria, pois, segundo Hyppolite, no texto de Freud dois níveis de trabalho com a diferença dentro/fora, correlativos da aplicação dos dois juízos. O primeiro, que seria uma oposição formal dentro/fora: movimento de expulsão (*Ausstossung*) que cria o estrangeiro (*Fremde*) e de introjeção, apropriação, pela afirmação (*Behajung*) que estabelece os limites do eu. Essa expulsão, pode-se ler em Freud, como expressão do impulso destrutivo. E um segundo nível, que coloca em causa a relação entre dentro e fora, entre eu e estrangeiro, como relação de alienação (*Entäusserung*) e hostilidade. Trata-se, nesse momento, do juízo de existência que busca reencontrar, no sentido de *reconhecer*, o objeto representado na realidade. O símbolo da negação se expressa aí, indica Hyppolite, como decorrente da expulsão originária. O *não* é a marca, o símbolo, que fica dessa expulsão. A função simbólica da negação é justamente de suprassumir (*Aufhebung*) o desejo de destruir, expulsar, e a oposição a esse desejo pela sua representação libidinal. Assim, quando do juízo de existência, o fora não é mais expresso como estrangeiro mas como não-eu. Pela intermediação de Eros, o desejo de jogar fora, de tornar estrangeiro (*Fremde*), é representado dentro como *não – eu não quero saber –*, operação do recalque.

Para Freud (1925), como observa Hyppolite, "não se descobre na análise nenhum 'não' vindo do inconsciente", o que não contradiz o fato de que a efetuação da função do juízo só se torna possível pela *criação do símbolo da negação* (apud Hyppolite, 1966, p. 901). Trata-se de demarcar a relação entre inconsciente e recalque, que permite a Freud (1925) concluir seu texto assim: "[...] e que o reconhecimento do inconsciente por parte do eu se exprima numa fórmula negativa" (p. 2886). No relato do sonho: "não é minha mãe", o que traduz, ao mesmo tempo, "é minha mãe e eu não gostaria de reconhecê-lo".

A dialética hegeliana trabalha basicamente em torno da função da negação na linguagem. O movimento dialético expressa as progressivas determinações, através da mediação do *não*, que constituem o conjunto de um sistema simbólico. "Determinar é negar", afirma Hegel, decifrando a lógica de funcionamento da máquina simbólica, isto é, a dependência do singular aos determinantes universais da linguagem que são, por princípio, coletivos. Seu mérito, e o interesse que lhe dedicamos aqui, é de demonstrar os processos pelos quais a estrutura da linguagem constrói, diferencia e coloca em relação sujeito, Outro e objeto. Para a psicanálise, trata-se de ler nesse processo a gênese da estrutura fantasmática que suporta o sujeito na sua relação ao mundo.

Mais adiante, voltaremos ao diálogo – que traz a marca do recalque pelo *irrealizado* de tal encontro – entre as proposições de Hegel e Freud, ao tratar da lógica do fantasma em Lacan. Pelo momento, gostaríamos de avançar em nosso trabalho com o conceito de alienação. Até porque, também Marx, na revolução que empreende da dialética hegeliana, permite aos psicanalistas uma outra forma de apreensão deste conceito. No materialismo dialético, não se trata mais tanto da estrutura do fantasma. Para a psicanálise, a importância do trabalho de Marx está na sua consideração das consequências reais da colocação em causa de tal estrutura. O que permitirá a Lacan (1974-75) enunciar, de forma bastante forte, que "Marx é o inventor do sintoma".

A alienação, segundo Karl Marx

Como é sabido, Marx é tão adepto da filosofia hegeliana como também seu mais famoso crítico. A adesão ao método dialético se estabelece, ao longo de sua obra, dentro de um projeto revolucionário de reformulação das estruturas sociais. Como já demonstramos em outro lugar (Poli, 1997), para Marx, Hegel soube descrever corretamente a forma de organização da ideologia burguesa. Sua crítica, tentando resumi-la em uma palavra, é que o projeto idealista de Hegel esconde, sob a noção de Absoluto, o verdadeiro princípio totalizador do sistema político moderno: o Capital.

Não pretendemos entrar nas nuances das proposições marxianas. Nosso interesse em retomar o diálogo de Marx com a filosofia hegeliana está em que uma das principais manifestações dessa crítica se situa no conceito de alienação. Como vimos acima, Hegel vê na dialética do reconhecimento a solução para os impasses do que poderia provocar uma falha no sistema reflexivo. A *alienação-estrangeiridade* é contornada pela incorporação promovida pela especularidade de uma *alienação-contratual*. Na proposta marxiana, ao contrário, trata-se justamente de denunciar o movimento reflexivo como reificador do ser humano. Segundo o autor, esse é o modo pelo qual a ideologia capitalista reduz o homem à mercadoria, força de trabalho, excluindo-o como sujeito do processo produtivo.

Em *O Capital*, em uma nota de rodapé no capítulo sobre A *mercadoria*, pode-se ler essa bela passagem:

> O que sucede à mercadoria ocorre, de certo modo, ao ser humano. Como ele não vem ao mundo munido de um

espelho, nem da fórmula do Eu fichtiano, o homem se vê e se reconhece primeiro no espelho de um outro homem. É somente através de sua relação ao homem Paulo, seu semelhante, que o homem Pedro se refere a si mesmo como homem. Mas, assim fazendo, o Paulo em questão, com toda a sua corporeidade paulina em carne e osso, é igualmente reconhecido por ele como forma fenomenal do Gênero humano. (Marx, 1867, p. 60)

A comparação de Marx se apoia no fato de que um objeto se realiza como mercadoria na medida em que ele possui a dupla característica de ser, ao mesmo tempo, objeto de uso e valor de troca. Essa segunda qualidade da mercadoria designa seu caráter de fetiche, isto é, de representar por uma equivalência – um valor – uma disparidade original (utilidades diferentes). Antes de considerar a moeda como sendo um tipo específico de mercadoria que permite a mediação do valor, Marx apresenta a relação simples de troca – de um objeto por outro – onde o corpo de um se torna o espelho do valor do outro. A comparação com o ser humano é precisa e, também, inquestionavelmente irônica. Como o autor demonstrará mais adiante, em *O Capital*, o trabalho humano é também mercadoria e, a esse título, as relações sociais capitalistas são relações nas quais o ser humano é reduzido a esse estatuto.

Podemos ler ainda, na citação acima, a versão marxiana da relação mestre-escravo de Hegel. Segundo Marx, o movimento de alienação e reconhecimento, descritos pela filosofia hegeliana como constituintes da consciência-de-si, prescrevem a redução do sujeito à condição de ser objeto do Outro. O argumento subliminar poderia ser assim enunciado: a relação especular entre os homens, relação de alienação e reconhecimento, tem a condição de determiná-los enquanto semelhantes – denegando a diferença – e atribuí-los um valor – a pertença ao Gênero humano. Porém, se essa determinação é necessária à condição humana, ela produz o sujeito Paulo, assim como Pedro, como objetos próprios para o mercado, isto é, como valor de troca. Justamente, poderíamos resumir, a peculiaridade da realização desse valor – abstrato por princípio – na mercadoria está na denegação de suas propriedades intrínsecas (as suas determinações históricos-materiais) insubsumíveis à lei do mercado. O registro social do homem, sua inserção em um sistema de trocas, delega-lhe valor – pertença ao Gênero humano – ao preço da exclusão de sua singularidade própria e sua suprassunção como objeto coletivo.

Contrariamente a Hegel, para Marx o retorno especular do valor é que é índice de desperdício. Nesse sentido, o autor faz a crítica da argumentação filosófica por desconsiderar a realidade material atendo-se tão somente aos princípios lógicos do desenvolvimento conceitual. Interessado na força opressiva do capitalismo, Marx demonstra que tal mecanismo dialético opera no sistema simbólico regido pelo Capital, impondo-se aos homens e transformando-os em instrumentos de produção, em objetos-máquina (força de trabalho) ao seu serviço. Segundo ele, a alienação, tematizada pela filosofia hegeliana, expressaria essa submissão involuntária, semelhante à servidão religiosa, dos indivíduos ao sistema econômico.

A crítica de Marx dirige-se, assim, não apenas ao fetichismo da mercadoria mas, e sobretudo, à "produção do pensamento abstrato", que se orienta pela história da exteriorização (*Entäusserung*) e sua retomada. Segundo Marx (1844) o verdadeiro interesse da exteriorização está na própria alienação (*Entfremdung*), isto é, no que há de intransponível na relação à alteridade e não na superação dialética dos opostos (p. 42).

Pode-se observar que a duplicidade da relação de Marx com o movimento de externação (*Aeusserung*) – inerente ao método reflexivo da dialética de Hegel na *Fenomenologia do Espírito* – remete às diferenças entre os conceitos de exteriorização/*alienação-contratual* (*Entäusserung*) e alienação/*alienação-estrangeiridade* (*Entfremdung*), descritas acima. Marx parece apontar que a verdadeira alienação – no sentido negativo estabelecido por ele, isto é, de reificação do ser humano – se situa na inequivocidade de um movimento reflexivo necessário e imanente que desconsidere as condições históricos-materiais de sua realização. O que em Hegel remete a uma superação necessariamente exitosa da externação, uma vez que tem suas determinações adscritas pela lógica interna do pensamento, seria o próprio lugar do empobrecimento do homem, de sua perda.

Assim, conforme Marx, a possibilidade concreta de superação dessa perda se daria no espaço aberto em que a teoria, da mesma forma que a ideologia, expressa uma insuficiência conceitual/simbólica, onde a racionalidade apela para as condições históricas de sua possibilidade. Em outras palavras, a superação da reificação seria possível pela assunção do papel necessário de uma exterioridade, de um mais além do princípio, determinado pelas contingências. O autor destaca a potencialidade da *alienação-estrangeiridade* (*Entfremdung*), o trabalho irresolúvel da contradição, como princípio libertador do sujeito das amarras simbólicas que o determinam e o assujeitam à posição de objeto. Trata-se aí de assinalar, poderíamos dizer, o espaço da liberdade humana como aquele interstício no qual o Real resiste ao Simbólico, permanecendo sempre como abertura e insistência.

A astúcia da argumentação marxiana, que resumimos aqui, está justamente em potencializar a falha do sistema como espaço de abertura ao sujeito. Mais uma vez, pode-se ler aí um importante antecedente da revolução operada pela psicanálise na cultura. Como nos indica Althusser (1993), a proximidade entre essas duas grandes obras – de Freud e de Marx – não deve ser buscada em uma semelhança de seus objetos, projeto fracassado de Reich e outros. O que elas têm em comum é a crítica da *unidade* que se mantém sobre uma suposta identidade entre *aparência* e *verdade*. Althusser refere-se aqui à semelhança das críticas marxianas à ideologia burguesa e a sua falsa consciência com o desalojamento do eu, enquanto consciência de si, operado pela revolução freudiana.

Lacan e a questão da alienação

Freud dizia desconhecer a obra marxiana e desconfiar de suas fontes no idealismo hegeliano (1933b). Seu interesse resumia-se a crer em suas próprias palavras, à crítica da propriedade privada, que também ele identificava como uma das origens do mal-estar na cultura. No entanto, para Lacan, podemos encontrar nas obras de Hegel e Marx um importante ponto de apoio para uma releitura da obra do fundador da psicanálise. Se ele não enuncia esse projeto assim diretamente – Roudinesco (1994) refere o plano irrealizado da escrita de um trabalho conjunto com Kojève sobre Freud e Hegel –, ele o faz em ato. A releitura da obra de Freud empreendida por Lacan, principalmente na primeira metade dos seminários, é perpassada pelo hegelianismo. A crítica que empreende da psicologia do ego é sustentada por uma leitura do *eu* freudiano que o identifica à figura consciência de si alienada da *Fenomenologia do Espírito* de Hegel (Lacan, 1954, p. 375).

O texto "Formulações sobre a causalidade psíquica" é exemplar, nesse sentido. Lacan (1946) nos oferece, nesse texto, a oportunidade de alinhavar o trabalho que estamos construindo sobre os antecedentes filosóficos da alienação e seus fundamentos para uma releitura do "Mal-estar na cultura" de Freud. Trata-se de uma produção inicial, 1946, do psicanalista francês. Nele, podemos identificar as seguintes linhas de força na argumentação: crítica a uma concepção organicista (Henri Ey) da loucura; substituição por uma proposição psicogenética de inspiração hegeliana; atribuição de um lugar e uma função centrais ao estágio do espelho como colmatador do narcisismo e do masoquismo primordiais, descritos por Freud; crítica social com base na instrumentalização científica das *imagos* e dos ideais.

Em relação às duas primeiras linhas de argumentação, Lacan opera com os termos liberdade e racionalidade na determinação causal da loucura. Pode-se ler, em seu texto, uma forte crítica às antinomias de um pensamento psiquiátrico no qual a loucura é entendida como produto de uma desordem orgânica, expressando-se como perda da liberdade. A psiquiatria organicista delega, assim, a função de causa dos distúrbios mentais a um tipo de determinismo que baseia seus argumentos no exercício de uma racionalidade cartesiana estrita: a vulgata separação corpo e mente. Lacan, por sua vez, busca demonstrar que as expressões da loucura têm a mesma determinação que os demais fenômenos humanos, isto é, são problemas de significação, fenômenos da linguagem. Trata-se de fazer trabalhar o sentido de revelação de uma *verdade* que essas expressões contêm. O psicanalista vale-se, para tanto, da dialética hegeliana na qual, justamente, a verdade se determina e se desdobra na progressão e superação de um aparecer enganoso. Ele evoca aí, para além da psicopatologia, a psicogênese do eu (*Moi*) – o estágio do espelho – como processo histórico das determinações identificatórias às quais o sujeito se aliena para desconhecer/reconhecer sua verdade.

Nesse texto de Lacan, o histórico das escolhas identificatórias do sujeito é descrito como o percurso dialético de uma alienação dos determinantes particulares do eu (*Moi*) ao Ser (*l'Être*), rumo à universalização dessa particularidade – obra do complexo de Édipo. Segundo o autor, nessa época precoce de suas elaborações, a constituição do sujeito coincide com a evolução de sua servidão, que o conduz de uma discordância original entre Eu (*Moi*) e Ser (*l'Être*) à uma coincidência ilusória da realidade com o ideal como resolução. O percurso das identificações constitui, assim, diz Lacan: "essa loucura pela qual o homem se crê homem" (p. 189).

Em termos de psicopatologia, o psicanalista aproxima a busca pela significação dos fenômenos delirantes da estrutura da paranoia de autopunição: em ambos, há uma sobreposição entre *desconhecimento (méconnaissance) do ser* e *desordem do mundo*. Dito de outro modo, o que o sujeito paranoico desconhece é que a desordem do mundo que compõe seu delírio é a manifestação invertida da falha constitutiva na significação do ser do homem, a determinação negativa da liberdade (p. 177).

Resumimos assim, muito brevemente, a linha argumentativa desse importante texto, no qual se pode identificar a presença marcante das concepções anteriores de alienação e sua subversão. Para destacar esse movimento, poderíamos resumir o breve histórico do conceito que apresentamos anteriormente, descrevendo, da seguinte forma, as diferentes concepções do conceito de alienação:

1) Como representante da antítese que opõe alienação como ideal social – condição do contrato – e alienação como fracasso na realização desse ideal – representada como loucura (Rousseau e Pinel representam essa oposição, presente contudo em ambos);
2) Exteriorização/alienação-contratual (*Entäusserung*) – despossessão do ter – como reintegração reflexiva do exterior e alienação/alienação-estrangeiridade (*Entfremdung*) – despossessão do ser – como perda ao estrangeiro (ambas vigentes em Hegel);
3) Inversão: exteriorização/alienação-contratual (*Entäusserung*) como perda reflexiva de si ao Outro e alienação/alienação-estrangeiridade (*Entfremdung*) como saída resolutiva da submissão ao Outro (ambas vigentes em Marx).

Para Lacan, como veremos a seguir, a apropriação psicanalítica do conceito de alienação não designa nenhum desses sentidos anteriores. Não deixa, no entanto, de ter relação com eles na medida em que, como acabamos de ver, o psicanalista:

- situa a crítica da psicanálise à psiquiatria de seu tempo, para a qual a causalidade orgânica não deixa de ter relação com a noção de alienação mental, como desvio de um estado ideal de natureza (Pinel e Rousseau). A liberdade como atributo de uma natureza sã, e não de uma determinação social ou linguageira, é o índice mais acabado dessa interface entre psiquiatria e filosofia, sobre a qual a psicanálise vem a operar um verdadeiro corte epistemológico;
- aproxima a dialética hegeliana do aparecer enganoso da abordagem freudiana das formações do inconsciente – "Lacan coloca o inconsciente freudiano no lugar da consciência hegeliana", chega a afirmar Roudinesco (1988, p. 163-164) –, evocando a primeira como suporte metodológico para sua concepção de identificação, própria ao estágio do espelho. Nesse ponto, encontramos os fundamentos da concepção lacaniana da estrutura paranoica do eu, onde a relação de alienação, figurada na dialética do senhor e do escravo, serve de modelo teórico para conceber a origem intersubjetiva do *Ego*.

Essa aproximação, proposta por Lacan, pretende apontar uma solução ao impasse deixado em aberto por Freud – e que traz dificuldades aos pós-freudianos contemporâneos do psicanalista francês – da similitude espaço/temporal da posição do eu no narcisismo e no masoquismo primordiais. De fato, essa dificuldade compõe em grande parte nosso interesse pelo texto de Freud, "O mal-estar na cultura". Trata-se da inscrição e avatares do recalque do lugar do sujeito no laço social e nas suas manifestações singulares.

A alienação, *no ensino de Lacan*

É bastante conhecida a influência da obra de Hegel na constituição do *corpus* conceitual lacaniano, notadamente por intermédio do ensino de Kojève. Podem ser encontrados na literatura analítica alguns – poucos – trabalhos que se ocupam dessa interface. Também do diálogo de Lacan com Marx, poucos corajosos aventuraram-se a adentrar. Se centrarmos essa nossa busca na recepção específica do conceito de alienação na psicanálise, trata-se, a nosso conhecimento, de um trabalho que aguarda ainda ser feito.

Acreditamos poder atribuir a dificuldade de lide com este conceito em psicanálise a fatores internos e externos a nossa disciplina. Os últimos são bastante evidentes: a morte de Lacan e a incorporação de sua herança coincidem de perto com o declínio da esquerda revolucionária, com a queda do comunismo real. O luto da utopia marxiana na cultura ainda está recém-começando. Com ele, toda terminologia incorporada ao senso comum e que guarda forte influência do *corpus* conceitual hegeliano-marxista – tais como ideologia, infra e superestrutura, proletariado, alienação etc. – foram, senão recalcados, fortemente reprimidos, isto é, desprovidos de sujeito.

A psicanálise não é insensível a tais processos. Junte-se a isso o fato do desenvolvimento de suas construções teóricas terem levado Lacan a afastar-se da influência de Hegel. Na fase final de sua obra, o psicanalista não faz mais referência ao termo alienação, anteriormente muito presente nos seus textos e seminários.

Poderíamos, a título de ensaio, tentar esquematizar a referência de Lacan ao termo alienação:

1) Nos primeiros textos dos *Escritos* e nos primeiros anos do seminário, onde o termo alienação é aplicado para dar conta da relação especular do sujeito à imagem – seja aquela do eu ideal, seja a do duplo/rival. Mas, também, Lacan o diz desde o início, o sujeito é alienado ao significante. O outro ao qual o sujeito se aliena não é somente o da imagem, ele é o Outro do simbólico. Trata-se, em Lacan, de um processo psicogenético no qual a constituição do sujeito é pensada conforme uma temporalidade de forte inspiração hegeliana.

2) A partir do seminário *Os quatro conceitos fundamentais da psicanálise*, onde, a nosso ver, Lacan define uma concepção propriamente psicanalítica do termo

alienação, fazendo-o aparecer como um processo conjunto com o que ele designa como separação. O desenvolvimento dessa concepção conclui-se no seminário *A lógica do fantasma*. O diálogo de Lacan, nesse contexto, é com a lógica e os lógicos. Ele formaliza o processo de alienação/separação, acrescentando um terceiro termo: a exclusão.

3) Após 1968 (*Seminário XV*), Lacan não utiliza mais o termo alienação nos seus seminários. Modifica-se o objetivo de sua teorização, desde então mais ocupada com o gozo e os discursos. Nesse contexto, o emprego dos termos separação e exclusão tornam-se mais habituais, sobretudo quando se trata de dialogar com Marx.

Não temos a intenção de fazer todo o percurso histórico do conceito de alienação em Lacan. A tarefa parece-nos legítima e resta ainda a ser feita. O que pretendemos é aproximarmo-nos de algumas das elaborações do autor a esse respeito, de modo a indicar o ponto onde podemos formular uma interpretação que se dirija ao enlace entre sintoma social e expressões da psicopatologia. Em nosso trabalho, partimos da hipótese de que os fantasmas de exclusão se constituem no interstício dessas duas expressões do sujeito. Assim, a fim de chegar a uma melhor elaboração dessa questão, é preciso percorrer – mesmo que não o façamos de forma exaustiva, como o tema mereceria – as principais linhas de força do desenvolvimento da alienação em Lacan.

Alienação especular: a psicogênese do sujeito

Na literatura psicanalítica, a palavra alienação é frequentemente utilizada para designar a posição do sujeito no registro do imaginário. No seminário *As psicoses*, Lacan (1985) o enuncia de forma bastante direta: "a alienação é o imaginário enquanto tal" (p. 170). Para o psicanalista, em seus primeiros seminários, o imaginário é considerado, principalmente, no contexto de suas críticas à psicologia e à noção de personalidade. O eu (*moi*) é, então, várias vezes evocado enquanto lugar do engodo, da ilusão, que dissimula a relação do sujeito com a verdade, com o desejo; o eu (*moi*) – assinala Lacan (1979) no seminário *Os escritos técnicos...* – é a sede da alienação.

Mas por que Lacan utiliza o termo alienação para expressar essa ideia? Justamente, sabe-se do vigor de sua crítica a todo desenvolvimento anglo-saxão da psicanálise, em especial a Anna Freud, que deturpou a noção freudiana do eu, reduzindo a psicanálise a uma psicologia. Para Lacan, criticar a psicologia do ego significa, num contexto político de guerra fria, criticar a ideologia do *american way of lyfe*. Assim como o psicanalista francês foi um dos primeiros a indicar as bases históricas do pensamento freudiano – a proposição de que o complexo de Édipo foi elaborado em um contexto particular de anomia social (Lacan, 1938) –, ele não podia deixar de nomear os fundamentos culturais do que identificou como resistência ao freudismo. Desse modo, utilizar o termo alienação implica, ao mesmo tempo, resgatar o sujeito freudiano da psicologia e reportá-lo à relação com a cultura. Na utilização do termo alienação é, assim, o respeito à letra freudiana e um conceito próprio de sujeito, diferente do *ego psicológico*, que Lacan está construindo.

O termo alienação é, pois, recortado da crítica cultural, o que o remete a sua dupla origem na filosofia e na psiquiatria. Nessa relação, podemos observar duas das principais características do ego enquanto *sujeito alienado* em Lacan:

- Ele não é um dado biológico. É o efeito da relação com outrem – progressivamente: espelho (eu ideal), semelhante (outro) e cultura (Outro) – tal como na progressão da fenomenologia hegeliana;
- Ele não é um efeito da adaptação do organismo à realidade. Pelo contrário, sua relação com a realidade – em sua consistência material (em relação ao objeto) ou simbólica (em relação ao significante) – é estruturalmente paranoica, no sentido psiquiátrico do termo.

Como se pode observar, mesmo se, por vezes, Lacan reduz a alienação a uma espécie de falsidade imaginária do sujeito, nenhum desses termos – alienação, imaginário e eu (*moi*) – devem ser tomados unicamente de forma negativa, na doutrina metapsicológica colocada em jogo por ele. Pode-se atribuir a forma derrisória que o psicanalista emprega em relação ao seu próprio vocabulário como fazendo parte de seu trabalho crítico. Contudo, é preciso recuperar também a potencialidade interpretativa da alienação, demonstrando sua extensão conceitual; trabalho que resta a ser feito, também, na maior parte da produção da psicanálise lacaniana.

Na leitura que Erik Porge (2000) faz do texto "O estágio do espelho como formador da função do eu (Je)", encontramos a indicação de que, a partir das diferentes versões que se conhece desse texto, podem-se diferenciar dois momentos lógicos distintos: 1) O sujeito se aliena a sua própria imagem no espelho; 2) O sujeito se aliena ao duplo/rival.

A influência da dialética hegeliana, notadamente da figura do senhor e do escravo, é bastante evidente nessa construção. Como bem observa Porge, esses dois tempos da alienação compõem a emergência dessa figura na *Fenomenologia do Espírito*. No texto hegeliano, o primeiro desdobramento reflexivo da consciência é movido pela pulsão epistemofílica. É o momento fichtiano da *Fenomenologia do Espírito*, tempo de encontro com a certeza *eu = eu*. A dúvida emerge, na sequência, com a diferenciação entre os *eus*. Estabelece-se, então, a rivalidade inerente à luta pelo reconhecimento e a decorrente dissimetria, própria à figura do senhor e do escravo.

Em "O mito individual do neurótico", Lacan (1979) desenvolve essa concepção da alienação como dizendo respeito à duplicação. Lacan enuncia, nesse texto, que o sujeito se duplica, se faz *outro*, a fim de fugir do objeto de seu desejo. Ele aliena-se a si mesmo, diz o autor, ao criar um personagem substitutivo que é aquele que será representado como tendo acesso ao objeto. O suporte de Lacan para pensar essa questão é, sobretudo, as *Confissões* de Santo Agostinho (1964) e o relato do *Amaro Aspectu*: a criança que observa ciumenta o irmão mamando no seio da mãe. No texto sobre os complexos familiares, Lacan (1938) denominara tal momento da constituição do sujeito de complexo de intrusão. A ideia de que se trata não de intrusão mas de um processo de alienação parece ganhar forma, à medida que é sublinhado o aspecto fantasmático de dito complexo, com o sujeito assumindo uma função ativa na duplicação, destacando-se assim sua implicação no gozo produzido.

O texto "O mito individual do neurótico" é basicamente dedicado à análise da formulação fantasmática na neurose obsessiva. Nesse contexto, a alienação é concebida como uma espécie de véu que, ao mesmo tempo que recorta, dissimula o objeto do desejo. Ela é o significante de uma diplopia essencial ao desejo, da qual é impossível escapar: na dialética da demanda e do desejo, o sujeito está destinado a tomar sempre a sombra pelo verdadeiro. Processo que implica o *falseamento*, tanto do sujeito quanto do objeto do desejo em questão.

O essencial da função do desejo, tal como Lacan enuncia com Hegel, é que o sujeito deseja ser desejado, isto é, que o objeto de seu desejo é o *si-mesmo* enquanto desejado pelo Outro. A duplicação fantasmática substitui a falta constitutiva do desejo do Outro pela construção de um objeto ficcional que satisfaça esse desejo: o eu (*moi*). Para o sujeito, no entanto, o eu (*moi*) é tão estrangeiro como qualquer *outro*, pois é, efetivamente, a mediação de um *outro* que lhe fornece a base identificatória necessária para o estabelecimento, através da alienação, de uma imagem do eu (*moi*).

A psicogênese do eu pelo processo de alienação situa, de início, o sujeito em um campo de *mediações sociais*. O sujeito aliena-se a si mesmo na construção de uma imagem ficcional – o eu; trata-se de uma espécie de hipoteca do sujeito decorrente de seu encontro com o desejo do Outro. Essa imagem, no entanto, lhe é projetada no âmbito da rivalidade e da inveja na relação a um *outro*, sujeito suposto ao desejo.

É interessante observar como Lacan retoma e reformula, nesse esquema, a ideia freudiana que situa a primeira identificação do eu como correlativa da inscrição do objeto como perdido. Se, contudo, para Freud o modelo psicopatológico dessa fundação inicial do sujeito é a melancolia – a identificação com o objeto perdido cuja sombra recai sobre o eu – para Lacan trata-se de uma estrutura paranoica. Para Freud, o acesso ao campo das representações, pelo qual o sujeito institui-se como eu-prazer, se dá na inscrição psíquica do traço mnêmico da primeira experiência de satisfação. A posição melancólica própria a essa inscrição é correlativa de uma particular articulação entre registro da perda do objeto e masoquismo erógeno primário.

O que muda na proposição lacaniana? O que nos parece digno de destaque é que a posição paranoica do eu introduz a dimensão do semelhante na origem dessa função. Em Freud o semelhante/rival, o irmão, passa a contar apenas na introdução à fase fálica, na rivalidade introduzida pela diferença dos sexos. Nos fenômenos sociais, Freud o introduz, igualmente, na análise do terceiro tipo de identificação, a identificação histérica. Para Lacan, no entanto, ela está desde o início como fundadora da dimensão imaginária da alienação. Trata-se, a nosso ver, de uma importante contribuição do psicanalista francês.

No texto "A psiquiatria inglesa e a guerra", Lacan (1947) expressa essa diferença em relação a Freud. Ele o critica por haver negligenciado, em seu trabalho sobre a psicologia das massas, o processo de identificação horizontal em prol da vertical, a identificação ao chefe.

Já no seminário *Os escritos técnicos de Freud* (Lacan, 1953-54), o autor segue a elaboração do que desenvolvera anos antes como estágio do espelho e desenvolve uma psicogênese do eu que se suporta no processo de alienação. A temporalidade em causa poderia ser assim representada:

1) Alienação primordial: alienação do sujeito a *Urbild*, à imagem especular onde o desejo está completamente alienado – no sentido clássico, isto é, de cedência – ao outro. A esse tempo, anterior ao surgimento da linguagem, corresponderia uma agressividade radical, um desejo de desaparição do outro. É o primado de um mundo puramente regido pelo especular.

2) Primeira alienação do desejo: "o sujeito se capta primeiro como eu no rival". A inscrição do desejo é mediada pela luta pelo reconhecimento, sendo decorrente do recurso ao simbólico. Tal como o medo da morte na dialética hegeliana faz cessar a rivalidade, o significante – a morte – suprassume (*Aufhebung*) o desejo de aniquilamento do outro pelo desejo de estar em seu lugar. O objeto desejado – ser objeto do desejo do Outro – se precipita, sendo mediatizado pela via da rivalidade, da relação imaginária; ele é, pois, objeto invejado.

3) "O desejo do sujeito é o desejo do Outro": nesse terceiro tempo da alienação, o sujeito se vê integrado sob a forma de um eu. Ele se constituiu pelo desejo do outro/Outro. A partir de então, há mediação da linguagem, que permite o reconhecimento recíproco, imaginário (eu-outro). "O inconsciente, diz Lacan nesse terceiro tempo, é uma alienação induzida pelo sistema simbólico" (p. 227).

Enquanto a pertinência do primeiro tempo da alienação na doutrina lacaniana resta a precisar – ele afirma, pouco tempo depois, que não há como se referir a um momento anterior à linguagem –, os outros dois se mantêm, nessa primeira fase de suas elaborações, como o modelo de gênese do imaginário e do simbólico, respectivamente. No seminário *As psicoses*, Lacan (1955-56) voltará a essa proposição no esquema L - dito também esquema da dialética intersubjetiva – que lhe permite fundamentar na operação de alienação o processo simultâneo de constituição e clivagem das instâncias egoicas (*moi/je*) e do registro da alteridade (outro/Outro).

Da mesma forma, é o recurso a esse processo de alienação que permite a Lacan a construção de uma teoria conjunta do narcisismo e do masoquismo primário. Numa tentativa de superação dos impasses herdados de Freud, o psicanalista francês propõe que se recorra ao estágio do espelho a fim de elucidar a função da agressividade no contexto da constituição narcísica do eu. Isso porque o estágio do espelho demonstra que o eu, ao se constituir, é "desde já por si mesmo um outro". Há uma dualidade interna ao sujeito que estabelece, desde a origem, a função de domínio e submissão – note-se a influência hegeliana – no cerne do si mesmo. "O eu, sentencia Lacan, é esse mestre que o sujeito encontra num outro". Por isso, as relações que o sujeito estabelece apresentam sempre essa exclusão imaginária – *ou ele ou eu* – que a estrutura originária do eu estabelece (p. 110).

Ainda no seminário *As psicoses*, Lacan retoma suas elaborações sobre a estrutura paranoica do eu, a alienação imaginária fundadora do sujeito, para se perguntar acerca do que ocorre de diferente na alienação psicótica. Ou seja, se segundo o modelo da psicogênese, exposto acima, a paranoia é uma alienação constitutiva, por que para alguns ela se torna a expressão própria do sujeito? Os argumentos que ele avança conduzem a pensar na relação entre a foraclusão do significante do Nome-do-pai e as alterações decorrentes nos suportes imaginários e simbólicos do sujeito, isto é, na relação do sujeito com o outro/Outro. O problema da psicose aparece, então, como uma dificuldade interna ao percurso da alienação na constituição do sujeito. Na ausência do significante do Nome-do-pai – que Lacan equivale à função do significante morto da dialética hegeliana – é todo o suporte imaginário e simbólico do sujeito que desmorona.

Justamente a propriedade desse significante é a de estabelecer entre o eu e o outro uma relação de reciprocidade. Seja na luta ou no amor – no exercício da agressividade e/ou do narcisismo – a consideração do outro como semelhante, ou seja, como potencial e fantasisticamente duplo, é condição necessária ao sujeito. A construção de uma identidade entre o eu e o tu, no entanto, só é possível a partir de um princípio de equivalência. No caso do sujeito do inconsciente, a equivalência que interessa considerar, isto é, que o constitui como sujeito do desejo, é uma equivalência de significação. É preciso, para tanto, o recurso a um significante que seja excluído desse princípio de equivalência e, enquanto tal, sirva de avalista aos demais significantes.

Na filosofia hegeliana, a morte assume este papel; ela serve de ponto de basta na luta pelo reconhecimento. Na psicanálise, no entanto, a ênfase é colocada no efeito retroativo desse significante que, ao distinguir o mestre do escravo, o eu do outro/Outro, os aproxima, constituindo um parâmetro de identidade. *Tal é, pois, a condição da alienação no registro do espelho: a reciprocidade mutuamente excludente entre eu e outro, fundada no princípio da exclusão de um significante da cadeia de significação generalizada.*

Podemos, assim, ler em Lacan (1955-56) a seguinte forma de indicar, nesse contexto, a problemática própria à psicose: "Para que a psicose se desencadeie, é preciso que o Nome-do-pai, *werworfen*, foracluído, isto é, jamais advindo no lugar do Outro, seja ali invocado em oposição simbólica ao sujeito" (p. 233).

A foraclusão do significante Nome-do-pai deixa o sujeito diante de um embate direto com o Outro, sem mediação. Foraclusão não é, pois, sinônimo da mútua exclusão "ou eu ou ele"; nesse caso, trata-se de uma alienação mediada pelo *vel* semântico "ou...ou....", expressão da rivalidade fantasmática entre o sujeito e o outro. Já em relação à foraclusão, Lacan (1955-56) fala de uma alienação radical, onde há uma verdadeira despossessão primitiva do significante. Ele a diferencia da relação de rivalidade com o pai na neurose, que pode ter um significado aniquilante, mas que é preciso distinguir do aniquilamento do significante, tal como ocorre na psicose.

A despossessão a que o autor se refere pode ser pensada – nos termos do percurso psicogenético que indicamos acima – enquanto retroação ao primeiro tempo da alienação, no qual, sem a mediação significante, o sujeito apreende-se diretamente no espelho do Outro, alienado a uma imagem de completude narcísica. Nesse registro, ensina Lacan, a agressividade é radical: ela visa à destruição do outro. Não há, propriamente falando, registro de desejo. Este está alienado, no sentido de que se encontra como potencialidade no Outro, mas sem efetividade, pois fora da mediação significante.

Há, pois, nesse momento das elaborações de Lacan, duas abordagens quase antagônicas da alienação: a dita radical, na qual o significante encontra-se foracluído, e outra, mediada pelo significante, constitutiva do eu e do desejo. Talvez pudéssemos aí, a titulo de precisão, recorrer à distinção entre *Entäusserung* e *Entfremdung*, elaborada mais acima. Este segundo termo seria mais apropriado para o caso da psicose, onde aquilo que é alienado não retorna reflexivamente ao sujeito – não faz dialética, segundo a concepção hegeliana –, perdendo-se como não-eu. Já na neurose tratar-se-ia do processo de *Entäusserung*, onde o não-eu retorna como outro do sujeito, base imaginária do eu (*moi*), cujo desejo encontra-se alienado à imagem de satisfação do semelhante.

Essa segunda concepção da alienação corresponde, pois, ao processo de subjetivação, isto é, de construção e atribuição de um sujeito ao desejo e à pulsão. A alienação mediatizada significa simplesmente a introdução do ser humano no universo das significações, significa a inscrição da pulsão no registro do desejo. Ela pressupõe um tempo, o da alienação radical, no qual o sujeito é acéfalo, isto é, foracluído do universo representacional. Tempo mítico, mas necessariamente pressuposto, que Zizek (1991) expressa do seguinte modo:

> O sujeito que se libertasse totalmente do eixo "a-a'" e que se realizasse totalmente no Outro, consumando sua realização simbólica, um sujeito sem eu, sem cegueira imaginária, seria de pronto radicalmente dessubjetivado, reduzido a um momento no funcionamento da máquina simbólica, da "estrutura sem sujeito". (p. 77)

Nesse primeiro tempo das elaborações de Lacan, há uma nítida aproximação entre a máquina simbólica, desprovida de sujeito, e o exercício da pulsão de morte. Em Freud, igualmente, encontramos um pressuposto de autonomia da pulsão, percebido notadamente a partir de uma certa expressão da resistência à análise – a chamada Reação Terapêutica Negativa – que fundamenta seu trabalho com a repetição sintomática no registro da pulsão de morte. Nesse sentido, há uma aproximação entre psicose e acefalia da pulsão: as psicoses seriam uma expressão fenomenal da condição estrutural da alienação radical, própria à estrutura do funcionamento pulsional.

A superação da condição radical da alienação se dá pela inscrição fantasmática, isto é, pela mediação de Um significante que coloca o semelhante na condição de duplo do lugar do sujeito. O fantasma aí demonstra seu papel na constituição do sujeito. A construção de uma representação que inscreva um sujeito à pulsão é necessariamente mediada pelo outro/Outro. Tal é a função que fracassa na psicose.

Se o significante divide o sujeito, tornando-o para sempre perdido na alienação ao desejo do outro/Outro, a alternativa da psicose não lhe fornece melhor saída. Na neurose, a opção será entre alienar-se a um desejo insatisfeito ou a um desejo impossível, conforme as figurações do Outro na histeria e na obsessão, respectivamente.

Esse sujeito alienado, Lacan o chama também de sujeito dividido. Assim, ele é ao mesmo tempo o eu (*moi*), imagem ficcional do sujeito, e o Eu (*je*), sujeito do inconsciente. O eu (*moi*) e o Eu (*je*) são, para dizê-lo brevemente, formas de denominar os dois lados do sujeito, dividido em sua relação ao Outro. Eles representam a estrutura própria à linguagem: o primeiro sujeito do enunciado, o segundo sujeito da enunciação. Nesse sentido, Lacan dirá que o sujeito é alienado pela imagem e pelo significante. Isto quer dizer que ele será sempre alienado, à medida que é preciso que ele se faça representar na língua e pela língua.

Lacan entre Hegel e Freud: alienação como operador estrutural da psicogênese ao não-todo do discurso

É no seminário *Os quatro conceitos fundamentais da psicanálise* que Lacan (1964) vai desenvolver os fundamentos de uma nova concepção de alienação, uma concepção propriamente psicanalítica, diferente daquela herdada de Hegel. Ela passa a ser o operador fundamental para situar as relações entre sujeito e Outro, o ponto de articulação entre a clínica do sujeito individual e a análise do laço social. Além disso, é por meio dessa noção de alienação/separação que temos acesso mais diretamente a uma interpretação lacaniana do ato de Freud: os efeitos de subversão que sua produção operou na cultura com a nomeação do sujeito do inconsciente. Até mesmo porque, nos seminários seguintes – em especial no ainda inédito *A lógica do fantasma* (Lacan, 1966-67) – ele vai se valer desse conceito para fundamentar a tese, enunciada no *Seminário 11*, de que o sujeito da psicanálise é o sujeito da ciência, tendo como acontecimento fundador as meditações cartesianas.

No seminário sobre *Os quatro conceitos fundamentais da psicanálise*, Lacan chama de alienação/separação o movimento de corte pelo qual um sujeito advém no campo do Outro. Há, nesse ponto, a superação da abordagem anterior, que supunha a referência à intersubjetividade na constituição do sujeito. Abandonando a via evolutiva colocada em cena pelo estágio do espelho e que pressupunha uma certa hierarquia dialética dos registros – real, imaginário e simbólico –, Lacan rompe com a concepção psicogenética proposta anteriormente. Segundo as palavras de Porge (2000):

> Após ter feito do Outro um sujeito – e falado de intersubjetividade –, Lacan, a partir de 1960, o dessubjetiva. [...] Na sequência, Lacan precisará que não há universo do discurso e que o Outro não existe, isto é, que ele não é sujeito e que não faz totalidade. (p. 90)

O eixo propulsor dessa ruptura situa-se em torno da temática da significação. Enquanto no seminário *As psicoses* a falta de um significante que assegure a significação do sujeito no campo do Outro se refere à condição de uma estrutura psicótica, no seminário de 1964, Lacan parte do suposto que o campo do Outro é não-todo. Isto é: não há um significante que garanta a significação, ele falta ao campo do Outro. Lacan chama a representação subjetiva dessa falta estrutural de S(A/) – significante da falta do Outro, ou da castração do Outro –, sendo o fantasma a resposta que o *falasser* (*parlêtre*) formula à interpelação que a castração do Outro provoca.

Os desenvolvimentos sobre a castração do Outro serão um dos principais eixos dessa elaboração teórica. As versões do *Seminário 20* "A mulher não existe" e "Não há relação sexual" são as mais conhecidas. Mas também as considerações do psicanalista sobre ciência e verdade, por exemplo, são decorrentes disso.

Interessa-nos aqui enfatizar o distanciamento da influência hegeliana como decisivo na produção de Lacan. Em trabalho dedicado ao diálogo entre Lacan e Hegel, Zizek (1991) destaca que a introdução do Outro barrado na psicanálise relega a referência ao texto hegeliano ao segundo plano. O Outro barrado é, segundo esse autor, um "Outro anti-hegeliano por excelência" (p. 78-79). Isto porque ele inscreve a impossibilidade constitutiva de uma realização simbólica consumada, de uma significação concluída. O que, em termos da dialética de Hegel, implica a impossibilidade do saber absoluto pela interposição de um real-impossível – a falta de pelo menos um significante – que bloqueia a dialetização simbólica.

Gostaríamos de ressaltar a diferença entre essa formulação de Lacan e aquela outra até então desenvolvida. Como vimos, desde seus primeiros trabalhos, a dialética hegeliana tinha sido válida para que Lacan elaborasse a crítica à psiquiatria organicista de Henri Ey; ela continua lhe sendo útil ainda no ataque à psicologia do ego. Tomado nessa via crítica, Lacan reformula o vocabulário psicanalítico: prefere sujeito a ego e alienação a defesa ou a identificação. Porém, não se trata de uma simples substituição terminológica. A influência do pensamento dialético, hegeliano e marxiano, é muito presente em Lacan e fundamental na leitura que ele faz de Freud.

Como já dissemos acima, o ensino de Kojéve forneceu a Lacan o fundamento metodológico para a releitura de Freud.

Igualmente o diálogo com Hyppolite lhe forneceu as bases conceituais na quais a estrutura do pensamento de Hegel e Freud se entrecruzam. Nos primeiros seminários, conforme já indicamos, a leitura de Hegel incide no trabalho de Lacan atravessada pela influência de *Kojève*, *Hyppolite* e *Wallon*. De cada um desses autores, o psicanalista destaca para as suas elaborações as noções de *desejo*, *negação* e *psicogênese através de mediações dialéticas*, respectivamente.

Kojève (1947), em seus seminários sobre Hegel, destaca a figura do senhor e do escravo como interpretativa de todo processo em causa na *Fenomenologia do Espírito*. A questão principal estando situada na emergência do campo intersubjetivo e na dependência e rivalidade mútuas na relação de desejo. Se Lacan e Kojève pretenderam realizar o projeto comum de trabalhar Hegel com Freud é porque, pode-se supor, havia algo dessa estrutura do desejo em Hegel que Lacan identificava como muito próxima das elaborações freudianas. Pelo trabalho do psicanalista ao longo dos seminários, na apropriação que ele faz da teoria hegeliana para a psicanálise, sabemos que se trata das elaborações em torno da máxima: "o desejo do homem é o desejo do Outro". Efetivamente, tal formulação permite de imediato uma aproximação entre a estrutura da relação senhor-escravo e a dialética que rege as relações entre Eu e inconsciente, conforme Freud.

Pode-se ler, em textos como "Função e campo da fala e da linguagem" (Lacan, 1953), "Variantes do tratamento-padrão"

(Lacan, 1955) ou ainda "Intervenção sobre a transferência" (Lacan, 1951), a forma como Lacan comenta o texto freudiano, valendo-se não apenas da terminologia hegeliana, mas também da estrutura do pensamento dialético. Em todos esses textos, como em vários outros, a noção de desejo em Freud é retomada a partir de uma leitura hegeliana do desejo. No primeiro desses textos, por exemplo, a interpretação de Lacan da abordagem freudiana do sonho enganador – o sonho da paciente que busca contradizer a tese de que o sonho é uma realização de desejo – busca demonstrar que a chave interpretativa utilizada por Freud é de que "o desejo do homem encontra seu sentido no desejo do outro". Assim, segundo Lacan (1953), se o sonho enganador não desmente a tese do sonho como realização de desejos é porque, justamente, para Freud o primeiro objeto do desejo "é ser reconhecido pelo outro" (p. 269).

Já Hyppolite segue mais diretamente a letra hegeliana, ocupando-se, sobretudo, no diálogo com Lacan, da estrutura do processo dialético. Sua mais conhecida intervenção no seminário do psicanalista vai portar justamente sobre a releitura do texto de Freud "A negação". No comentário que faz, Hyppolite destaca do texto de Freud a palavra dialética de Hegel: *Aufhebung*. "A denegação – diz Hyppolite (1966) citando Freud – é uma *Aufhebung* do recalque" (p. 895), isto é, uma negação, uma supressão, mas também uma conservação. Em uma palavra: uma suspensão.

Como vimos acima, Hyppolite ajuda Lacan a ler Freud com Hegel a partir, justamente, da análise desse operador da linguagem que ocupa ambos os autores alemães: a negação. Se para Freud ela é uma figura privilegiada da linguagem para dar conta das mediações entre consciente e inconsciente, para Hegel é o ponto onde língua e estrutura se encontram, transmitindo, uma à outra, tensão e movimento.

Por fim, Wallon, que dá corpo à dialética hegeliana incluindo o elemento psicológico essencial para que o psicanalista pudesse apropriar-se de conceitos da filosofia para a prática da psicanálise. A referência à psicogênese de Wallon é dupla: por um lado, é ela que permite a Lacan valer-se da dialética hegeliana para a crítica ao eu da psicologia do ego e a formulação da sua própria concepção do eu/sujeito (*moi/je*); por outro, o psicanalista opõe-se igualmente à concepção walloniana do eu como função sintética. No texto "Variantes do tratamento-padrão" (Lacan, 1955), ele enuncia a ambiguidade de sua relação com Wallon, no contexto da crítica à psicologia do ego. Sem nomear o alvo de sua crítica, Lacan menciona a ingenuidade dos psicólogos que denominam de função sintética do eu essa formação imaginária que "se insere na dialética alienante do Mestre/Senhor e do Escravo" (p. 347).

De qualquer modo, a influência do hegelianismo de Wallon na sua formulação do estágio do espelho é de fundamental importância. Efetivamente, nesse texto, Lacan serve-se do trabalho de Wallon – novamente sem nomeá-lo

–, a fim de demonstrar a construção do eu como efeito de mediações dialéticas.

Ao tratar da influência do psicólogo nas proposições de Lacan, Roudinesco (1988) destaca a originalidade de suas contribuições que, ao contrário da tradição francesa, introduz na psicologia o modelo hegeliano da formação da consciência. Além disso, em Wallon também encontramos, escreve a historiadora, "a prova do espelho [que] especifica a passagem dialética do especular ao imaginário e do imaginário ao simbólico" (p. 161).

Em síntese, na primeira apropriação psicogenética da dialética, Lacan elabora o processo de constituição do sujeito pautado pela dialética intersubjetiva. Ela se suporta em uma teoria da significação que parte da suposição de completude do universo discursivo. Isto é, tal como formulado no seminário *As psicoses*, Lacan identifica no significante do Nome-do-pai – e, posteriormente, no significante fálico – um representante, constituído pela via da metáfora, que seria suficiente para dar suporte à significação do sujeito.

Nesse momento do trabalho de Lacan, a análise corresponderia, conforme ao modelo freudiano, a uma *travessia* do fantasma, a ser entendida no sentido de redução ao complexo significante que ele condensa. O rumo de tal travessia visaria ao esvaziamento imaginário à mínima unidade significante. O significante a ser alcançado nesse processo é o da falta do Outro, isto é, o significante que, recalcado, significaria ao sujeito o seu Ser no mundo – determinado pela falta a ser do Outro –, condicionando, assim, o seu gozo no sintoma. Esse significante, que Lacan chama de fálico, representa e significa o desejo do Outro – o casal parental – ao qual o sujeito – o filho – encontra-se alienado. Nesse tempo das elaborações de Lacan, trata-se de supor no fantasma a resposta alienada que o sujeito elabora à questão que o desejo do Outro lhe coloca, sendo esta resposta um efeito de construção da psicogênese.

A referência hegeliana na construção dessa ideia nos parece bastante evidente. O falo seria, nesse contexto, o significante operador da *Aufhebung* na dialética intersubjetiva da demanda e do desejo. É o operador de uma *Aufhebung* particular: aquela que suporta a significação do sujeito a partir da intervenção do Nome-do-pai como interditor do desejo da mãe. Operação também designada por Lacan como sendo a da metáfora paterna.

No importante texto "A significação do falo", Lacan (1958) expressa a ideia segundo a qual:

> Na doutrina freudiana, o falo não é uma fantasia, [...] tampouco um objeto, [...] menos ainda o órgão que simboliza. [...] O falo é um significante cuja função, na economia intrasubjetiva da análise, levanta, quem sabe, o véu daquela que ele mantinha envolta em mistérios. Pois ele é o significante destinado a designar, em seu conjunto, os efeitos de significado, na medida em que o

significante os condiciona por sua presença de significante. (p. 696-697)

A introdução do significante fálico é, pois, o suporte necessário para assegurar ao sujeito uma significação. A estrutura da proposição de Lacan é idêntica àquela da dialética do reconhecimento em Hegel. Trata-se de supor a emergência de um significante que assegure ao sujeito a saída do embate imaginário, isto é, de um significante que produza um efeito de *Aufhebung*, no sentido da dupla negação que comporta a alienação e o retorno a si. O significante fálico, para Lacan, deve ser entendido como homólogo a *Entausserung* da consciência de si: é ele que garante que a externação (a *Ausstossung* freudiana) do sujeito em direção ao Outro – ao campo do discurso – retorne como ganho em termos de significação.

Nesse ponto, se de fato Lacan não subscreve a ontologia hegeliana – em relação à qual ele desde o início se situa, tal como Heidegger, criticamente – ele a transforma em uma teoria da significação. O texto "A significação do falo" parece-nos exemplar dessa questão. Sua definição do significante fálico segue diretamente a *letra* hegeliana: "O falo é o significante privilegiado dessa marca, onde a parte do *logos* se conjuga com o advento do desejo [...]. O falo é o significante dessa própria *Aufhebung* que ele inaugura por seu desaparecimento" (p. 699).

No seminário *Os quatro conceitos fundamentais da psicanálise*, contudo, há uma diferença importante na abordagem dessa questão. Para compreendermos essa passagem, situaremos uma leitura do texto "Subversão do sujeito e dialética do desejo" como reveladora da transformação da abordagem lacaniana da alienação. Isto porque, nesse texto, Lacan (1960) retoma o trabalho e elaboração da influência que a filosofia hegeliana teve sobre sua leitura de Freud. Ele esclarece que o recurso a Hegel lhe permitiu estabelecer a via por onde introduzir o rigor lógico na abordagem do inconsciente freudiano. A dissonância entre a psicanálise e a filosofia hegeliana é, no entanto, enunciada desde o início: não há, do ponto de vista da psicanálise, encontro possível entre verdade e saber, tal como propõe a utopia hegeliana do saber absoluto. Tal é a diferença essencial entre a consciência infeliz (Hegel) e o mal-estar na cultura (Freud). Enquanto a primeira é uma figura de contradição superável pelo exercício da racionalidade, o mal-estar na cultura retrata os avatares de uma disjunção estrutural, efeito das incidências da pulsão (sexo e morte) sobre o sujeito (p. 808).

Efetivamente, se o sujeito hegeliano é alienado ao desejo do Outro, cabe indagar pelo que do sexual está implicado nesse desejo. A função sexual, descoberta por Freud, situa o desejo em uma dialética outra que não a da lógica da racionalidade – o *logos* ao qual o significante fálico está referido –, que implica uma clivagem do sujeito impossível de ser surassumida (*Aufhebung*). "A psicanálise, diz Lacan, implica o real do corpo e o imaginário de seu esquema corporal" (p. 818). Assim, se a alteridade em causa na consideração do desejo inconsciente tem de ser pensada a partir dos termos da lógica significante elaborada por Hegel, ela deve ser articulada na referência ao sexo e à morte, isto é, ao movimento pulsional.

Um dos méritos da dialética está na consideração da diferença e da contradição em sua lógica. É nesse sentido que ela faz metáfora do sexual, tal como a referência significante ao falo. Mas podemos nos interrogar até que ponto o pulsional é aí levado em consideração. Concordamos com Jean Allouch (2001), quando ele destaca que os avanços no trabalho de Lacan coincidem com suas elaborações em torno do *objeto a* como objeto pulsional, tal qual ele o considerará no *Seminário 11*. É a invenção do *objeto a*, escreve Allouch, que conduz Lacan a tomar distância em relação ao hegelianismo, seu modelo dialético e os efeitos normatizantes de sua importação para a psicanálise (p. 136-137).

Para Lacan, tratar-se-á, no texto "Subversão do sujeito e dialética do desejo" e no *Seminário 11*, de articular a referência a duas lógicas que não se subsumem uma à outra: a do discurso e a da pulsão. Do lado do discurso, o psicanalista reconhece em Hegel o recurso que lhe permite sublinhar em Freud a sobredeterminação do sujeito à estrutura da linguagem. Na dialética do senhor e do escravo, notadamente, encontramos a ilustração básica do que Lacan (1969-70) designará como estrutura do discurso do mestre. É com base nesse discurso que ele formula a máxima "um significante representa um sujeito para outro significante", sendo, portanto, o sujeito escravo da cadeia significante, pois, como veremos a seguir, ele aí aliena seu Ser em troca de Sentido.

Porém, ao observar essa proposição do ponto de vista da organização pulsional, impõe-se a questão dos efeitos de gozo que tal escravidão comporta. Nesse ponto, Lacan abandona Hegel, aproximando-se de Marx. Ele corrige a dialética do senhor e do escravo, propondo que, ao contrário do que pensa Hegel, o escravo para preservar a vida não renuncia ao gozo. Justamente, a escolha pela submissão o coloca, tal qual explicita Marx, na relação com um gozo Outro: a mais-valia. Lacan denomina a mais-valia, dentro da terminologia psicanalítica – como já indicamos no primeiro capítulo –, de *mais de gozar*, isto é, esse gozo a-mais que a renúncia ao objeto exigida pelo acesso à lógica fálica comporta.

No *Seminário 13* (Lacan, 1965-66), encontramos essa interessante passagem:

> De onde buscar as leis dessa singular dialética, pela qual seria suficiente de renunciar ao gozo para perdê-lo? Mas vocês não conhecem as leis do gozo! É provavelmente o contrário; é mesmo certamente o contrário. É do lado do escravo que o gozo permanece, e, justamente, porque ele renunciou. É porque o mestre aborda seu desejo que ele vem, sobre as margens do gozo chegar. (apud Allouch, 2001, p. 49)

Pode-se concluir, assim, com Lacan – e contra Hegel – que não há composição estrita entre a dialética fálica e a lógica pulsional: a *Aufhebung* promovida pelo falo não é completa[4]. Pelo contrário: o exercício da lógica fálica, como princípio absoluto do desejo, comporta um gozo próprio que escraviza o sujeito à condição de objeto do desejo do Outro. Fato esse, diga-se de passagem, já destacado por Freud, quando da análise do princípio moral "Ama ao próximo como a ti mesmo". Conforme vimos no capítulo anterior, a indignação de Freud com os enunciados morais da cultura, com a condição de submissão do homem que eles convocam, deriva para a aproximação desses enunciados com a constrição que a universalidade da língua provoca na enunciação dos desejos. Freud, portanto, já indicava que a construção fantasmática expressa a conjunção de uma lógica discursiva universalista e uma organização pulsional que resiste a se deixar enunciar.

Mas, antes de avançar nesse sentido, retomemos Lacan. Se ele afirma, com Hegel, que o desejo do homem é o desejo do Outro é bem porque o homem ganha sua significação enquanto tal da alienação constituinte ao tesouro dos significantes, lugar lógico do Outro. Alienação, aqui, significa esse efeito de representação, de produção de sujeito, que a escansão no Outro, no encadeamento metonímico de significantes, produz. O verdadeiro mestre é o significante, porém

---

[4] No *Seminário 20* (*Mais, ainda*), Lacan enuncia ironicamente: "a *Aufhebung* é um desses bonitos sonhos de filosofia" (Op. Cit., p. 115).

não um significante qualquer, mas aquele que representa o desejo do Outro: o falo. Na dialética hegeliana temos a função significante da morte; para Lacan, a morte representa a necessária perda do objeto que o significante fálico suprassume como efeito de significação. Em uma palavra: a renúncia do objeto materno é metaforizado pelo significante do Nome-do-pai, produzindo, como efeito de retorno, a inclusão do sujeito na significação fálica. Conforme a fórmula da metáfora paterna (Lacan, 1955-56b, p. 563):

$$\frac{\text{Nome-do-Pai}}{\text{Desejo da Mãe}} \bullet \frac{\text{Desejo da Mãe}}{\text{Significado para o sujeito}} \rightarrow \frac{\text{Nome-do-Pai}}{\text{(Falo)}} \frac{\text{(A)}}{}$$

Até esse ponto a dialética fálica funciona. Porém, acrescenta Lacan (1960) na *Subversão do sujeito e dialética do desejo*, o sujeito que interessa à psicanálise é aquele que se subtrai à cadeia significante, descompletando-a. Enquanto puro sujeito do significante, isto é, alienado ao lugar do Outro, temos o sujeito do saber absoluto, sujeito ideal do conhecimento, mas não o sujeito de carne e osso da experiência analítica. A disjunção entre saber e verdade promulgada pela psicanálise se inscreve igualmente como clivagem entre Simbólico e Real, pela qual o sujeito jamais encontra no discurso do Outro, no Seu desejo, a significação última do seu Ser.

"Não há Outro do Outro", enuncia Lacan (1960, p. 833) propondo a consideração do campo do discurso como não-todo, fadado ao deslizamento metonímico infinito da significação. O ponto de basta, Nome-do-pai no discurso, consiste numa espécie de astúcia do neurótico, fruto das determinações singulares que a encarnação do Outro em sua vida lhe proporcionam. É dessa encarnação que se deduz, por um lado, a efetividade do recorte pulsional do corpo – sua erogeneidade – pelo qual o prazer limita o sem-fim do gozo do Outro. Por outro lado, o cálculo significante pelo qual o traço do sujeito da enunciação (I) – decorrente da disjunção entre o lugar da fala e seu endereçamento – se materializa como condição da impossível (*objeto a*) satisfação desse mesmo gozo.

Nesse sentido, reduzir a condução de uma análise à conclusão da dialética fálica é ser condizente com a saída neurótica, a opção pelo gozo do escravo; é esbarrar na rocha da castração. O fantasma, como resposta neurótica à suposta demanda do Outro, tira seus efeitos da sobreposição entre o traço que suporta a posição do sujeito da enunciação e o objeto enquanto guardador de lugar do impossível. Essa sobreposição deve-se, justamente, ao significante fálico que, ao fazer metáfora do gozo, produz significação, confundindo o impossível da satisfação pulsional com o traço que suporta o sujeito da enunciação.

Lacan interpreta, desse modo, a doutrina freudiana quando se refere ao impasse do pai morto como guardador de lugar do sujeito neurótico. Preso à significação que o ato assassíno lhe outorga – ato pelo qual ele é conduzido simbolicamente à condição de herdeiro – o sujeito renuncia ao gozo ao preço de contar-se sempre como escravo desse Pai. Sujeito castrado, onde *castração* significa, ao mesmo tempo, ser sujeito do desejo e objeto da demanda do Outro.

O texto da *Subversão do sujeito e dialética do desejo* conclui, assim, indicando a via comum de superação da lógica hegeliana e dos impasses de Freud. O que o neurótico não quer, o que ele recusa encarniçadamente até o fim da análise – escreve Lacan (1960) aventurando-se no além da rocha da castração –, é sacrificar sua castração ao gozo do Outro, deixando-o servir-se dela. "Que o Outro não existe, continua o psicanalista, não impede que o neurótico se recuse a oferecer a castração como resposta a um demanda suposta. Isto porque se porventura (Ele) existisse, gozaria com ela" (p. 841).

Alienação/separação: um conceito psicanalítico

A forma como Lacan (1964) aborda, no *Seminário 11*, a questão da alienação é resultado do trabalho, que situamos acima, sobre o encontro de duas lógicas: a do discurso e a da pulsão. A definição do inconsciente como discurso do Outro, discurso esse estruturado como uma linguagem, o situa como uma espécie de *a priori* da experiência humana, definição de um campo no qual um sujeito pode ou não advir. Para a emergência de um sujeito – de uma função de representação entre significantes – é preciso que se pague com o próprio corpo. Isto é, para que a palavra aceda a seu estatuto significante há que se renunciar ao gozo do objeto, é preciso poder perdê-lo. A inclusão no discurso implica, pois, do lado da pulsão, que o objeto seja considerado como perdido.

Esse encontro entre inconsciente e pulsão, Lacan o representa na fórmula do fantasma como $ ◊ a, sendo o primeiro termo – $, S barrado – a cifra da máxima "um significante representa um sujeito para outro significante", e o segundo termo – objeto pequeno *a* – o representante da condição pulsional, do recorte do objeto enquanto perda de gozo.

Inconsciente: $ ◊ a: Pulsão

Nessa fórmula do fantasma, o operador (◊), a punção, é chamado de *vel da alienação*. Lacan vai trabalhar a ideia de que a alienação em psicanálise – diferentemente do seu uso corrente, com o qual ele ironiza – é a propriedade da linguagem pela qual Ser e Sentido se interpenetram, não podendo se conceber um sem o outro. O autor exemplifica essa propriedade recorrendo ao uso do operador *ou* no caso de uma escolha forçada: "a bolsa ou a vida", escolhendo a bolsa perde-se a vida, isto é, perdem-se ambos; escolhendo a vida, temos a vida amputada da bolsa. Não há, pois, verdadeiramente uma escolha; ela é predeterminada pela estrutura e implica que sempre há algo que se perde.

Tal é a relação entre $ e *a*: "não há sujeito barrado, clivado pelo discurso, sem *objeto a*". Se escolhe ficar com o objeto, não perdê-lo, é a própria condição de sujeito que é perdida e, com ela, qualquer possibilidade de acesso à dimensão do gozo, de acesso a uma satisfação pulsional possível. Já a escolha pela perda do objeto e, portanto, pela clivagem que o desejo opera, torna o *falasser* (*parlêtre*) órfão de uma satisfação miticamente projetada. O *objeto a* na fórmula do fantasma representa, pois, a cifra do gozo perdido, decorrente da inscrição do sujeito no discurso e na significação fálica. Ele indica o sentido, a direção, para o qual o sujeito se dirige na busca da satisfação, e que assegura um sentido, uma razão de ser, para o seu ser de sujeito. Dessa forma, Lacan assinala o quanto a formulação fantasmática responde a uma condição estrutural, sendo a alienação – isto é, essa escolha forçada onde "**não há** desejo **sem** perda de gozo" é homóloga a "**não há** ser **sem** sentido" – o operador que a organiza.

A partir dessa estrutura lógica, a única escolha possível, diz Lacan, é a da **reunião**. Valendo-se da teoria dos conjuntos, o autor a situa como a opção por aqueles elementos que pertencem a ambos os conjuntos – o do Ser e do Sentido – simultaneamente, isto é, a escolha pelos elementos que realizam em-si a forma lógica da alienação. Porém, tal encontro só é possível pela mediação da negação. Isto porque o que os enlaça é o compartilhamento de suas faltas, a inscrição do que, para cada conjunto, comparece como negatividade.

Em termos de Ser e Sentido, o elemento negativo correspondem justamente ao *não-senso*. Na linguagem, a figura do não-senso é o lugar onde Ser e Sentido se realizam de forma negativa, por um efeito do encontro da dupla negação. Dito de outro modo: o *não-ser do sentido* e a *falta de sentido do ser* se cristalizam simultaneamente na mesma figura: o *não-senso*. Essa figura presentifica Ser e Sentido, $ e *a*, sujeito e Outro, pela incidência mútua da negação que o efeito da reunião, da sobreposição, promove.

Em síntese, se a **reunião** é a forma lógica do *vel alienante*, fruto do encontro do discurso do Outro (o inconsciente) com a pulsão, ela comporta a dimensão da *separação*. Isto porque a alienação comporta uma escolha cuja solução se formula pelo *nem um, nem outro*. Pois, justamente, o encontro só é possível na medida em que o que falta ao discurso, isto é, um significante que assegure *toda* a significação, é preenchido, na diacronia, pela inscrição pulsional do corpo. O que retorna do Outro como falta de significante da significação é representado pelo *falasser* (*parlêtre*) pela falta de objeto para a satisfação da pulsão.

Confrontados, por exemplo, com problemas na significação do seu ser – a insistência da questão o que o Outro quer de mim? –, é de um desejo insatisfeito ou de um desejo impossível que a histérica e o obsessivo vão, respectivamente, se queixar. Dessa forma, o neurótico representa no discurso, como ausência de um objeto imaginário $(-\phi)$ que poderia supostamente satisfazê-lo, aquilo que a pulsão comporta de impossibilidade de gozo (*objeto a*). Ele se defende assim, no recurso ao imaginário, da angústia de ver-se ele mesmo tragado como objeto para preencher a falta do Outro. Mas, sobretudo, defende-se da constatação de que o Outro não existe e que, portanto, não há nenhum desejo a ser satisfeito. Pois, nesse caso, a pulsão se apresentaria de forma direta, o objeto retornando no Real.

É dessa verdade que o fantasma neurótico, em última análise, se defende. Ele inscreve a pulsão na lógica fálica, na dialética da significação, pagando o preço da alienação do sujeito. Alienação aqui significa a sobreposição, produzida pela metáfora fálica, entre *objeto a* e $-\phi$; sobreposição pela qual a falta estrutural do discurso – o significante da significação – e da pulsão – o objeto de gozo – se recobrem. As proposições lacanianas "o simbólico é caracterizado por sua incompletude", "tudo não se pode dizer", "não existe Outro do Outro", "não se pode dizer o verdadeiro sobre o verdadeiro", são indicados por Millot (1989) como formas de expressar essa estrutura furada do inconsciente. Porém, destaca esta autora, o enunciado "não há relação sexual" (Lacan, 1972-73) é, talvez, o que de mais próximo Lacan pode dizer acerca da alienação estrutural. A impossibilidade de escrever a relação entre os sexos situa o real no campo próprio do discurso inconsciente. O real, em psicanálise – escreve Millot – é a forma como se designa o limite interno a qualquer sistema simbólico; tratando-se do inconsciente esse discurso remete ao real do sexo, à impossibilidade de inclusão do corpo sexual no discurso, da produção de uma significação sexual que seja toda (p. 71).

Observe-se aí a dimensão da *separação* inerente ao recobrimento das duas faltas. Pois, uma vez que se trata da inclusão do *impossível* na consideração do inconsciente, a colmatação entre discurso e pulsão deixa um resto insubssumível à reunião; resto mais-a-gozar, excluído do universo da representação, ao qual o sintoma vem tentar fazer suplência. Daí a proposição freudiana de que "os sintomas são a vida sexual dos neuróticos". Pois efetivamente é nesse lugar, no lugar do que falta à relação entre os sexos, que o sintoma se escreve (Lacan, 1972-73).

A separação consiste, justamente, na inclusão do sujeito no resto decaído. Lacan (1964) o exemplifica na fantasia infantil da própria morte. "Pode ele me perder?" é a questão da criança ao enigma que lhe chega do Outro. Igualmente, as fantasias de autoengendramento se tecem nesse interstício pelo qual o sujeito se faz de Outro do Outro. Fantasias essenciais que incluem sujeito na hiância aberta pelo encontro faltoso entre pulsão e discurso.

***

Lacan estende a aplicação desse processo de alienação/ separação, aproximando-o das considerações freudianas sobre a negação. Ele traduz a sua proposição em termos freudianos, recorrendo aos *círculos de Euler*. Encontramos no

Seminário 11 o esforço do autor de representar graficamente esses processos (Lacan, 1964, p. 227).

Na explanação dessa leitura de Freud, Lacan indica que o objeto exterior que compõe o campo do prazer (*Lust*) é que impede, refreia no Eu (*Ich*) sua tendência à homeostase, à morte. É no espelhamento do eu no objeto, fruto da reflexividade na gramática pulsional, que Lacan situa o narcisismo como defesa contra o gozo mortífero. Pelo suporte do espelho, o *objeto a* é cifrado $-\phi$, objeto imaginário. A solução do narcisismo implica, pois, a inclusão do objeto externo no campo do sujeito, de forma que o Eu equivalha ao $-\phi$, objeto imaginário do Outro (p. 227).

Se retomarmos as proposições freudianas avançadas em "O mal-estar na cultura", lembraremos a forma como Freud retoma o trabalho da negação na análise do Sentimento oceânico. O fundamento freudiano do trabalho de Lacan acerca da alienação é a proposição do juízo de atribuição, em que o universo representacional se funda na exclusão do desprazer como não-eu, objeto mau. Segundo acrescenta Lacan, na sequência dos argumentos anteriores, o *Unlust*, ao contrário, é o que resta inassimilável, irredutível, ao princípio do prazer. Ele é a gênese do não-eu, do mau objeto. Lacan designa aí a função do *objeto a*, inassimilável à lógica fálica. E é nesse termo novo, acrescenta o autor referindo-se aos objetos a – seios, fezes, voz e olhar: "objetos que não podem servir para nada" –, que vige o ponto que introduz a dialética do sujeito enquanto sujeito do inconsciente (p. 228-229).

O psicanalista propõe, então, que a distinção de um *Lust-Ich*, isto é, a representação do objeto de prazer no registro narcísico, implica o tombamento do *Unlust*. Ele permanece inscrito no aparelho psíquico, mas não se realiza sem que, nessa realização, o *Lust-Ich* esteja implicado. De fato, em Freud, o juízo de existência é, de certa forma, submetido ao juízo de atribuição. Nesse sentido, o desprazer só é percebido como existente na medida em que se encontra contido no universo representacional primeiro, no narcisismo originário. Ele precisa ser subjetivado e é a sua inclusão no fantasma, pela produção da metáfora fálica, que permite isso.

Já o fim de uma análise visaria, segundo Lacan, à descolagem entre *objeto a* e $-\phi$. Em certo sentido, isso implica a desmontagem da metáfora fálica, processo que o autor designa como sendo o da destituição subjetiva. Pois, se a referência ao falo permite, pelo efeito de alienação, uma representação do real no discurso, ele introduz conjuntamente a dimensão superegoica, isto é, de um pai ideal fetichizado ao qual cumpre pagar com o sintoma, com um gozo a-mais. A descolagem do *objeto a* da representação imaginária da falta implica situar o traço do objeto perdido na posição de causa de desejo, ou seja, indicar o impossível como direção, como vetorização de um sentido a ser produzido sempre mais a frente, e não fixado na significação mítica – fantasmática – de uma falta de outrora.

Acompanhamos, assim, Millot (1989):

> Essa distinção entre a falta e o desejo, ou seja, entre $-\phi$ e a, permite a Lacan colocar a hipótese de uma superação possível do impasse da castração freudiana graças ao 'passe', correspondente ao momento de disjunção entre $-\phi$ e a no fim da cura analítica. [...] O isolamento, pelo progresso da cura, da função do objeto a como célula reduzida do complexo de Édipo, permite sua resolução, tornando inoperante a função de bode expiatório do Pai ideal, cuja natureza fictícia se revela, ao mesmo tempo que o caráter fictício da culpa ligada à fantasia de seu assassinato. O sujeito pode então libertar-se do encargo de dar corpo a seu gozo, ou seja, à sua existência, através do seu sintoma. (p. 60-61)

Tal concepção de fim de análise implica, igualmente, que possamos imaginar a superação do registro do *Unlust*, como efeito da submissão do *objeto a* ao princípio do prazer. Ou seja, a desmontagem da metáfora fálica não implica um retorno ao narcisismo originário. Trata-se, antes, de um processo de dessubjetivação da pulsão, pelo qual o registro da falta no discurso é tornado independente da produção do gozo.

Alienação/separação na psicopatologia da adolescência e na clínica do laço social (Relato clínico II)

Se os alienados já foram os loucos, tão bem como os objetos de posse, outorgados a outrem para auferir algum ganho, a psicanálise demonstra – na esteira da filosofia política – sua condição constitutiva das relações entre sujeito e Outro. No percurso desenvolvido acima, não perdemos de vista o tema que nos ocupa: a posição dita *de exclusão* de alguns sujeitos no laço social, notadamente das crianças e adolescentes que moram em instituições públicas. Na busca de precisar qual a exclusão em causa, do ponto de vista da psicanálise – isto é, a partir de uma escuta clínica que tem por princípio ético a consideração do sujeito em sua singularidade –, foi preciso indicar os modos como na história da teorização psicanalítica, por Freud e Lacan, essas relações entre sujeito e Outro foram tratadas e conceituadas. Que um termo tão caro à filosofia política, como o de *Alienação*, tenha entrado diretamente nessa conceituação e ganho tanta importância no léxico psicanalítico não nos parece anódino, como procuramos demonstrar. Cumpre agora retornar à clínica e demonstrar no singular de um caso seu potencial interpretativo.

***

Vera tem 13 anos, quando é encaminhada para atendimento pela instituição onde mora. Os técnicos que dela se ocupam preocupam-se com seu comportamento depressivo e sua dificuldade de relacionar-se com outras meninas. Segundo eles, Vera demanda continuamente por sua mãe; ela tem muita dificuldade de suportar a separação. Do pai não há referências, Vera não sabe quase nada a seu respeito. Verbaliza apenas: "parece que ele vende flores".

Não faz muito tempo que Vera encontra-se na instituição. Seu ingresso foi decorrente de um período em que a mãe e ela passaram perambulando pelas ruas da cidade. Sem moradia fixa, sem frequentar escola e vivendo da caridade alheia, a jovem foi recolhida à instituição em função do estado de abandono moral em que se encontrava. A mãe, grávida do terceiro filho – Vera é a segunda –, é apresentada pelos técnicos como portadora de graves distúrbios mentais. No momento da internação de Vera, ela encontra abrigo na casa de sua própria mãe, com quem moravam anteriormente. Fora, justamente, em função de uma disputa familiar – entre a mãe e a avó da paciente, provavelmente em função da nova gravidez – que a mãe preferiu morar com a filha na rua.

No momento em que encontro Vera, ela mantém uma verdadeira paixão pela mãe, desesperando-se por estar longe dela, o que alimenta ainda mais a sua idealização. Sua relação comigo é, inicialmente, de desconfiança: todos parecem fazer parte do complô que visa a separá-la de sua mãe. A situação parece agravar-se para Vera, em função da gravidez materna, que lhe desperta ciúmes.

Acompanhamos Vera durante, aproximadamente, o ano e meio em que permaneceu na instituição. Ao longo desse período, ela foi paulatinamente sendo reintroduzida na convivência familiar. Primeiro, com visitas de finais de semana, até seu desligamento completo da instituição, que coincidiu com o término dos atendimentos.

As sessões que vamos relatar se seguiram à ocorrência da sua primeira menarca, que se fez acompanhar de queixas da instituição em relação à enurese noturna da paciente. Indagada sobre isso, Vera queixa-se das tias da instituição. Diz que elas acham que ela faz "por querer", mas que na verdade desde pequena tem "problema de bexiga". Conta que esse seu problema se deve ao fato de que pegava muita chuva porque tinha que ir pedir comida nas casas e ficava toda molhada, "que nem um pinto molhado". Diz, ainda, que não é sempre que mija na cama, apenas algumas vezes. Está sonhando e nem percebe, quando acorda já está toda molhada. Pergunto pelos sonhos, após um momento de hesitação, uma vez que "são apenas sonhos", ela me relata o seguinte:

"Eu estava em uma casa com minha mãe. Era uma casa abandonada e eu sabia que uma mulher tinha sido morta e enterrada embaixo da casa. O chão era de tabuão e saíam bichinhos de dentro. Eu deitei para dormir em uma cama que era pequena para mim, eu tive que dormir encolhida. Sonhei que eu ia até a janela, jogar fora uma casca de limão que tinha um cabelão

pendurado. Quando cheguei na janela para jogar a casca de limão, uma mão me puxou pelos cabelos. Eu não conseguia ver o rosto de quem era. Acordei assustada. Olhei para a janela e era igual a do meu sonho."

O impacto inicial na escuta do relato desse sonho é por ele ser contado de um modo em que há um indecidível entre o que é da ordem da fantasia e o que é da realidade, quase como um sonho dentro do sonho. Efetivamente, o desenrolar da análise confirmou que tal narrativa nos colocava diante da cena de um fantasma fundamental. À semelhança do sonho do homem dos lobos, relatado por Freud, as bordas da janela – espaço de abrangência da pulsão escópica – situam, na análise de Vera, a posição do sujeito em relação ao objeto da pulsão. De um lado da janela, Vera ejeta o objeto-dejeto; do outro lado da janela, ela é puxada, tragada, junto com ele.

Em um primeiro tempo de análise, pode-se perceber aí um enunciado fantasmático no qual Vera encontra-se identificada com esse objeto. À falta do Outro – a "mão-mãe *sem* rosto" que compõe o vazio situado no além das bordas da janela – ela responde com um pedaço do corpo: a urina. O risco, efetivamente, é cair inteira, ser o pedaço que falta ao Outro e ao qual o sonho desenha uma representação imaginária: a casca de limão com um cabelão pendurado. Nesse contexto, o sonho é produto de um trabalho de metáfora na qual, como efeito do reconhecimento da castração, o Outro é situado na posição da demanda. Na cena do fantasma o sujeito oferece-se ao seu gozo, a ser o objeto que falta ao Outro.

Assim, como nos revela o sonho, Vera encontra-se identificada com o objeto do Outro materno. A enurese é, ao mesmo tempo, a realização desse fantasma e seu impedimento. Ela oferece o objeto – "casca de limão com cabelo pendurado" – ao desejo do Outro. Porém, seu horror, sua queixa, é de, na manutenção dessa condição, ver-se reduzida a este resto do Outro, a sua urina – ser, ela mesma, "o pinto molhado" da mãe.

Através da análise da composição significante do sonho encontramos, pois, a posição de *alienação* de Vera no fantasma. A expulsão (*Ausstossung*) do objeto pela janela, no sonho, é análoga ao movimento motor de ejeção de urina, a micção. A escolha forçada situa-se entre entregar o objeto ou cair junto com ele: parafraseando Lacan, a urina ou a vida. Há, contudo, um elemento que nos permite circunscrever a posição do sujeito do inconsciente, propriamente dito: a condição de *separação*. Trata-se do relato final do sonho, o que provoca o susto que a desperta: "*eu não conseguia ver...*", duplicado na vigília pelo "*olhei... e era igual....*"

A borda que conduz Vera do sonhar ao acordar situa-se na referência ao objeto da pulsão escópica. Sua enunciação negativa – "*eu não conseguia ver*" – remete ao que a condição pulsional tem de irredutível a um enunciado de demanda. O real da pulsão retorna, nesse ponto, provocando a *âfanise* do sujeito que tem por efeito a passagem ao ato – o ato de acordar – pela transposição das bordas do sonho. Vera, poderíamos dizer, *acorda para olhar*. É um movimento de *separação* que se produz, no encontro com um real inassimilável à dialética da demanda e do desejo. Tal é o efeito de *non-sense* que a transposição da borda do fantasma produz no relato do sonho, indicando a posição do sujeito do inconsciente, seu lugar de enunciação: *eu olhei*.

Vemos emergir aí o significante da cena primária: o significante que indica a produção do mais-de-gozar do fantasma de exclusão, tal como situamos no penúltimo item do capítulo anterior. Assim, se na alienação fantasmática o sujeito encontra-se preso a uma lógica de mútua exclusão para com o objeto – *ou ele ou eu* – a manifestação sintomática dessa estrutura revela o verdadeiro motor da manutenção dessa condição de exclusão: o objeto mais-de-gozar que escapa à lógica estrita da alienação. Ele é situável apenas na separação, como emergência de um significante-estrangeiro (a *Entfremdung* hegeliana) – "eu olhei" – no qual o ato de enunciação se suporta.

É importante lembrar o momento no qual esse sonho foi produzido em análise. Tratava-se da duplicação entre menarca e enurese que conduziu, associativamente, à sobreposição entre sonhar estar fazendo xixi e fazê-lo de fato enquanto sonhava. O relato do sonho indica a posição fantasmática que sustenta a confusão entre a realidade (imaginária) e o real: quando a demanda do sujeito duplica a demanda suposta ao Outro, ele atua alienado à condição de objeto.

Porém, a condição sintomática – no sentido freudiano – de tal atuação indica o resto mais-de-gozar deixado de fora pela solução fantasmática. Trata-se do objeto olhar, como indicamos, e também do significante menarca, elementos aos quais a enurese tenta metaforizar e produzir enlace.

Deparamo-nos aí com questões tipicamente adolescentes. Conforme assinala Rassial (1997):

> [...] o adolescente deve modificar o valor e a função do sintoma que, para seguir Lacan, o *sinthoma* é o signo, não elevável à qualidade de significante, do desejo recalcado, cujo fantasma é a fórmula lógica. De sintoma que era no desejo dos pais e, sobretudo, da mãe, ele deve tornar-se proprietário de um sintoma que toma, a partir de então, todo seu impulso intersubjetivo (*sinthoma-ele* ou *sinthoma-ela*) para transformar-se em sintoma sexual, quer seu lugar seja genital, corporal, linguageiro, comportamental ou outro. (p. 40)

Segundo esse autor, a adolescência é o momento em que ocorre um esvaziamento das instâncias imaginárias do Outro. Diante disso, a angústia promovida pelas transformações pubertárias do corpo é incrementada pela emergência dos objetos voz e olhar fora do recorte fantasmático que a infância tinha delineado. Para a menina, refere Rassial, o olhar é particularmente importante como assinalando a diferença na posição sexuada de seu corpo (p. 17). A reedição do estágio do espelho na adolescência atesta que, a partir dessas modificações do corpo e do Outro, um novo encontro entre o discurso e a pulsão se produz. A fantasmática adolescente deve ser entendida dentro desse contexto peculiar de modificação nas condições de alienação/separação do sujeito.

No caso de Vera, a pane das instâncias imaginárias do Outro é correlativa de um excesso do corpo feminino. Seja na representação da mulher morta do sonho, seja pela mãe amada e idealizada, seja pela sua própria menstruação, trata-se para a jovem paciente de reinscrever o corpo e sua relação com o Outro, ambos, agora, sob o signo do feminino. Como veremos a seguir, nesse ponto ao menos, a posição adolescente de Vera é exemplar.

No que diz respeito à particularidade do caso, a passagem pela rua e o ingresso na instituição compõem, de certo modo, a figuração da transição do lar familiar – sobretudo do Outro materno – ao Outro social. É neste último que o sexual entra em jogo diretamente, lançando o sujeito ao encontro de uma "relação genitalizada ao outro do Outro sexo" (Rassial, 1997, p. 40), sem o efeito do recalque próprio às relações familiares. As alterações do corpo e do discurso são, portanto, elaboradas pela paciente na mudança de casa e de referência parental. Ao que se acrescenta a modificação no corpo materno pela gravidez como correlativa da alteração da posição de Vera na ordem da filiação.

Na sessão seguinte à narrativa do sonho anterior, Vera chega dizendo que havia sonhado novamente. Tivera dois sonhos que relata em sequência:

Primeiro sonho: *"Eu estava grávida e a minha mãe também. Ela me perguntava quem era o pai, mas eu não sabia. Eu tinha esquecido."*

Na sessão, a ausência de associações que pudessem dar conta de responder à questão "quem era o pai?" lhe remetem a um outro sonho. Neste, a transformação metonímica do Outro (avó – mãe – mulher – Febem[5]) é narrada em clima de perseguição, sendo acompanhada de uma similar derivação metonímica de objetos (carros – faca – arames farpados – cabelos – chinelos).

"Eu estava na casa de minha avó quando minha mãe chegou. Eu fui atrás dela mas ela correu. Tinha um portão na casa. Eu ia até lá, atrás dela. De repente, a mãe dobra uma esquina onde passavam uns carros e some. Uma mulher vem com uma faca e me dá uma facada. Eu gritava para que a mãe me levasse para a FEBEM. Saí correndo e passei por uns arames farpados. Fiquei presa. Consegui me desvencilhar, mas alguns cabelos ficaram. Coloquei uns chinelos em uma janela mas alguém pegou e trocou por outros."

A riqueza de elementos trazidos por esse sonho não nos permite desvelar a polissemia dos significantes que carrega. Na sessão, indago-lhe pela facada, lembrando que

---

[5] Instituição onde Vera está abrigada.

ela contara que a mãe lhe batia com um facão. Ela conta que uma vez a mãe lhe batera por todo o corpo com uma faca, só parou porque ela sangrava. Vera ficou dias de cama, com febre, se recuperando da surra. Motivo: havia mijado na cama. Lembra, em seguida, uma cena na qual assistira o cunhado bater na sua irmã, quando esta estava grávida. Ela era pequena e ficou sentada no sofá da casa, olhando.

Digo-lhe que, segundo o dito popular, as mulheres quando ficam grávidas têm mais vontade de fazer xixi. Vera concorda, dizendo que quando as mulheres ficam grávidas "não podem se apertar", elas têm que fazer xixi quando têm vontade. Lembra, então, quando sua irmã, grávida, estava deitada na cama e arrebentou a bolsa. Ela molhou toda a cama com água e sangue.

Na sessão seguinte, Vera pede para desenhar. Desenha uma menina com uma coroa na cabeça e diz: "*essa é a filha do rei. Ela é parecida com a mãe, mas o jeito, este é do pai.*"

A construção ficcional dessa última sessão é bastante distinta da produção fantasmática narrada por intermédio dos sonhos. Ela conclui uma mudança na posição do sujeito a partir do atravessamento de um fantasma infantil, isto é, uma descolagem entre falta no discurso (*o que sou*) e objeto da pulsão (*o que quero*). Dentro do universo representacional colocado em cena pelos sonhos, destacamos a análise da fantasia de gravidez como expressando uma sobreposição identitária entre mãe e filha, ambas grávidas no sonho. Poderíamos, pois, dizer – nesse nível da análise

– que a enurese noturna de Vera é a expressão deformada de um desejo de ser (grávida) como a mãe, isto é, de ter ela também o falo.

Porém, em tal sonho de gravidez mútua observa-se, igualmente, a figuração de uma questão tipicamente adolescente: a emergência do corpo e do desejo feminino enquanto questionador da lógica fálica infantil. Para a criança, a fantasia da maternidade encontra-se alicerçada na figura da mãe fálica, isto é, aquela que possui o bebê/falo. Na lógica fálica infantil, feminino e materno não se diferenciam. A significação do feminino – ou melhor, a ausência de significação, falta de um significante que diga *A mulher* – não se apresenta para a criança; ela é significada pelo materno, ao qual a lógica fálica dá suporte. Dito de outro modo: à questão "o que quer uma mulher?", a criança elide pela sobreposição de uma outra: "o que o Outro (materno) quer?". Já na adolescência a constatação do que há de propriamente feminino – isto é, além do falo – no desejo materno e em um Outro, além da mãe, é situado como abertura a uma outra lógica, não regida pelo significante fálico (Lesourd, 2002, p. 62).

A mãe, enquanto Outro do infantil, é o agenciador do discurso para criança, o endereço da demanda e, portanto, o lugar da alienação primária. Na adolescência, ele é substituído pelo Outro sexo – o feminino, tanto para meninos quanto para meninas; o que implica a constatação da sexualidade materna, à qual se deve, muitas vezes, os momentos de angústia do púbere. Em termos de lógica discursiva, tal modificação no Outro produz efeitos de perda de bússola, de deriva metonímica dos significantes e dos objetos, tal como observamos no sonho de perseguição de Vera. Conforme Rassial (1997):

> [...] ele [o adolescente] deve agora aceder imaginariamente, além do fálico, a uma relação genitalizada ao outro do Outro sexo, apropriar-se do olhar e da voz, objetos parciais que, atribuídos à mãe no lugar do falo, quando da fase do espelho, haviam-no assegurado de sua existência. (p. 40)

Podemos pensar que o encontro do feminino na adolescência é um dos motivos para a construção ficcional do romance familiar (Freud, 1909). No caso de Vera, ao menos, é no contexto da descolagem entre mãe e mulher – sobrepostas na fantasia infantil – que a formulação ficcional da "filha do rei" se apresenta. No romance familiar, como Freud o indicou, o sujeito desloca o enigma sobre o sexo para alhures, fora do âmbito de suas relações primárias. As tendências incestuosas e hostis das pulsões podem, assim, se realizar de forma deslocada, sem afetar demasiadamente os pais reais, de resto, já bastante denegridos pelo adolescente.

Em carta a Fliess, de 20 de junho de 1898, Freud faz uma das primeiras menções a tal fantasia adolescente. Ele escreve:

> Todos os neuróticos criam o denominado romance familiar (consciente na paranoia), que por um lado serve à necessidade de autoencobrimento, por outro ao rechaço do incesto. [...] Além disso, essa parte do romance familiar serve como vingança contra a severa senhora mamãe [...] No romance familiar, como no conto, é a mãe que é surpreendida, desmascarada e condenada. (p. 3604-3605)

No próximo capítulo, desenvolveremos mais detidamente o tema das construções ficcionais da adolescência e sua relação com os mitos da cultura. Pelo momento, gostaríamos de destacar, através da exposição do caso clínico, a hipótese de que *no romance familiar o adolescente constrói uma versão da cena primária, sem dispensar o que nela tem de irrepresentável. Isto é: não se trata de uma substituição metafórica, de uma superação do enigma do real do Outro sexo, mas a invenção de uma outra forma de circunscrever o que não cessa de não se escrever, o impossível da relação sexual.*

Para Vera, a *coroa* na cabeça da menina – gíria pela qual os adolescentes designam pai e mãe: *o coroa e a coroa* – é o representante sígnico da filiação; é o traço a partir do qual o sujeito se conta. Ela faz, portanto, função de Nome-do-Pai.

Tal representação, mais pictórica que verbal, tem valor de traço unário. Ela condensa e substitui dois elementos fundamentais do fantasma: a posição da mãe/mulher como *objeto causa do desejo* (e, por isso, está sempre na cabeça, como uma ideia obsedante), e a elaboração da função identificatória ao pai ideal, o pai-rei. Nessa construção ficcional, o pai é, efetivamente, reduzido a um traço: o jeito, *traço de caráter*, que é transmitido e que permite que reconheçamos sua função. Lembremos que, conforme as últimas elaborações de Lacan (1974-75) acerca da função do pai: "Um pai não tem direito a respeito, senão ao amor, mais que se o dito, o dito amor, o dito respeito está *père-versement* [pai-versamente] orientado, quer dizer faz de uma mulher objeto *a* que causa seu desejo" (lição de 21/01/75).

Trata-se, pois, para Vera, do início de um processo de elaboração da identificação com o pai – pai este que, na realidade, ela não conheceu mas que nem por isto não esteve presente como função – e da perda da mãe como objeto da pulsão. Conforme vimos acima, a passagem adolescente consiste justamente na travessia do fantasma infantil e na operacionalização da função do Nome-do-pai. Não pela normalização do sujeito, sua conformação ao registro fálico, mas pela possibilidade de invenção de uma ficção que singularize a posição do sujeito na cadeia significante, isto é, uma *père-version* (pai-versão, perversão).

***

O que os elementos destacados acima, através da análise do caso clínico, podem nos ensinar sobre a clínica do laço social?

Em "O mal-estar na cultura" – que, segundo Rassial (1999, p. 46), é *o texto* de Freud sobre a adolescência – encontramos, efetivamente, a seguinte passagem que se tornou paradigmática do pensamento psicanalítico acerca da adolescência: "O desprendimento da família chega a ser para todo adolescente uma tarefa cuja solução lhe é, muitas vezes, facilitada pela sociedade mediante os ritos de puberdade e de iniciação" (Freud, 1930, p. 3041).

Tal definição da adolescência, como proposto por Freud, foi cunhada por Jean-Jacques Rassial (1997) na sua designação como tempo de *passagem* da família ao laço social. Nessa passagem, como enfatizamos no capítulo anterior, o adolescente encontra-se diante da dificuldade que comporta uma *transliteração*. O que para o sujeito encontra-se no registro do primário, do infantil, deve, ao longo da operação adolescente, ser transliterado para o Outro social. Conforme a definição de Allouch (1995):

> A terceira forma [as outras duas são a tradução e a transcrição] de realizar esse estreitamento [entre o imaginário da fala e o simbólico da escrita] se chama transliteração. Ela regula o escrito, não mais sobre o sentido ou o som,

> mas sobre a letra [...]. A transliteração é o nome dessa maneira de ler promovida pela psicanálise com a prevalência do textual: ela é esta própria prevalência, ela a designa, a especifica, e a dá pelo que é, a saber, uma operação. (p. 62)

A incidência do trabalho sobre a *letra* é o que aproxima a passagem adolescente do passe esperado em um fim de análise, conforme proposição de Rassial (2000). Tal operação, que visa à reinscrição do lugar do *eu* (*je/moi*) – sujeito da enunciação e do enunciado – na referência ao campo do Outro, reatualiza o processo de alienação/separação realizado na infância. O adolescente busca uma reinscrição de suas experiências infantis – um reordenamento da *letra* – que lhe permita ter consistência como sujeito a partir de uma nova forma de alienação/separação.

Em parte, seu trabalho é de produzir uma nova formulação fantasmática, condizente com aquilo que no discurso social se produz como mito. Nesse sentido, seu trabalho é, também, de *tradução*, isto é, uma alteração de língua que mantenha intacto o sentido (Allouch, 1995). É a partir desse lugar fantasmático que o sujeito poderá contar-se como *um* entre outros, isto é, fazer sintoma (laço) social.

As diferentes produções adolescentes testemunham esse momento de passagem. Os diários adolescentes têm sido objeto de estudos de pesquisadores em psicanálise. Também os ritmos musicais, os hábitos de vestuário e os costumes da moda caracterizam o hibridismo dos elementos em curso de *tradução*. O adolescente – podemos pensar – é tanto tradutor como inventor; seu assujeitamento ao laço social não é passivo. Ele se aliena ao estabelecido, ao mesmo tempo alterando as suas margens, incluindo e eliminando novos elementos. Trata-se aí de um exercício de *transcrição*: a passagem de um som (real) – os objetos da puberdade – ao registro (simbólico) da escritura – o reposicionamento dos ideais do adolescente. Nesse processo, o adolescente é produtor de objetos e de mitos para a cultura. Movimento de separação no qual o traço coletivo se singulariza na produção de um nome e de um corpo próprio.

Essas tarefas que lhe cabem, no entanto, não são fáceis de ser realizadas. Elas se constroem no próprio ponto em que o laço social padece do mal-estar na cultura. Assim, se a cada adolescente que as transpõe podemos identificar o sucesso relativo na produção de uma nova versão ao mito individual do neurótico, o que resta de tal operação também é significativo. A questão do adulto será de lidar com as sobras não representáveis – *letras perdidas* – de sua experiência infantojuvenil. Restos de um gozo Outro – além do gozo fálico – que asseguram para o sujeito a possibilidade de um exercício pulsional não restrito ao universo do discurso. Na clínica psicanalítica, a insistência desses elementos se apresenta como busca de uma forma de escrita – de tradução, transcrição e transliteração – e invenção, isto é, um *sinthoma* onde o sujeito possa encontrar guarida.

Os adolescentes habitantes de instituição pública confrontam-se com essa mesma tarefa. No entanto, a peculiaridade de sua posição no laço social, onde eles são identificados como *figuras de exceção*, os constrange a responder de um lugar de marginalidade. A dificuldade consiste em que a elaboração de uma versão singular do mito individual deve ser acompanhada, nesses casos, de uma *recusa* radical ao lugar que o discurso social lhes outorga. Por isso, a sua produção – de cada um desses adolescentes – é normalmente acolhida como portando a marca do *transgressivo*.

Pode-se argumentar que a transgressão não é estranha a nenhum adolescente, na medida em que seu trabalho comporta, como dissemos acima, uma alteração inesperada das margens do discurso. Porém, o que complica para adolescentes habitantes de instituição pública é que eles mesmos compõem uma *figura mítica*, uma alegoria daquilo que insiste como irrepresentável no nosso laço social. Assim, a alienação em causa tende a dispensar o sujeito e a se produzir mesmo à sua revelia. Os discursos institucional e social falam pelo adolescente e o dispensam do trabalho subjetivo necessário para a apropriação e produção de uma singularidade.

Há, pois, uma repetição da experiência infantil em que é interditado ao sujeito falar em nome próprio. A história política e social do Brasil e suas Instituições e discursos assistencialistas respondem do lugar que, na infância, correspondia aos pais. Porém, aí também, a desencarnação de tal discurso, em alguns casos desde a mais tenra infância, dificulta ao adolescente habitante de instituição o exercício de desafio que seu trabalho comporta.

A posição de exclusão alienante resiste à produção ficcional de um *eu* (*je*) singular. O excluído aí é o mítico por excelência; ele desenha as bordas dos impossíveis a partir dos quais um determinado laço discursivo se compõe. Mas o excluído enquanto tal não é externo a esse laço; pelo contrário, ele é aí o alienado e, a partir desse lugar, ele se mantém na exterioridade diante de seus atos. Ele suporta o que *não cessa de não se escrever* (Lacan, 1972-73) no discurso social. A questão para o psicanalista é, então: como produzir diferença, singularidade, nesse ponto de exclusão sem consentir com o gozo da alienação, ou seja, sem tentar normatizá-lo, aliená-lo? Nossa proposição é que um primeiro passo é reconhecer, justamente na condição de exclusão do discurso que a figura de todo adolescente condensa – exclusão no sentido da separação, isto é, de suporte enunciativo do fantasma que organiza, como ponto cego, o mito constituinte da cultura – a potencialidade de invenção de um novo olhar. O que, aliás, a condição de marginalidade própria à produção de objetos de arte já demonstrou há muito tempo.

3.

MITO DE ORIGEM E FANTASMA ORIGINÁRIO NA PSICOPATOLOGIA DA ADOLESCÊNCIA E NA CLÍNICA DO LAÇO SOCIAL

A *narrativa das origens: possíveis e impossíveis na constituição do sujeito*

Fazer uma análise é, em sentido amplo, recontar sua própria história. Recontar, pois, o próprio processo de evocação da memória pressupõe um distanciamento no tempo do acontecimento; pressupõe que a história já tenha, real ou fantasisticamente, acontecido. Porém, em uma análise, a história não é apenas narrada, mas revivida. A transferência, enquanto constituinte do endereço da narrativa, e a compulsão à repetição, como atualização constante e necessária (a *Ananke* freudiana) do recalcado, são os dispositivos psicanalíticos que permitem o trabalho com o sujeito ou, mais precisamente, com o processo de subjetivação daquele que se reconta. Assim, a análise não visa propriamente à *história*, mas ao *sujeito* que é, dessa história, ao mesmo tempo o autor e seu produto.

A obra de Freud nos permite acompanhar a constituição do método analítico *vis-à-vis* da evolução de sua compreensão do funcionamento psíquico. Os textos que testemunham os primeiros anos de seu trabalho com a clínica das neuroses demonstram a importância que teve a pesquisa sobre a etiologia dos sintomas[1]. De fato, um dos aspectos mais predominantes nos textos de Freud é o tema das origens, do ponto de partida tanto dos sintomas de seus pacientes como do funcionamento mental[2]. Poderíamos formular a hipótese de que essa dúvida, quase cartesiana, quanto às questões *de princípio* tenha sido o motor da curiosidade de Freud, que permitiu aos seus pacientes a reconstrução da história de seus sintomas e, consequentemente, de seu próprio processo de subjetivação.

Em relação ao tema das origens, são bem conhecidos os problemas com que Freud se deparou ao tentar delimitar o estatuto de realidade das cenas evocadas pelos seus pacientes. Sabe-se que, durante toda a sua obra, ele não

---

[1] Em especial, os artigos de Freud publicados entre 1896 e 1898, contemporâneos à invenção do método psicanalítico, como: "A etiologia da histeria" (1896), "A hereditariedade e a etiologia das neuroses" (1896), "Minhas teses sobre o papel da sexualidade na etiologia das neuroses" (1896), "A sexualidade na etiologia das neuroses" (1898), entre outros. O tema da etiologia manteve-se presente ao longo de toda obra freudiana.

[2] As questões de origem do funcionamento mental encontram-se referidas nos textos metapsicológicos de Freud, em especial, no conceito de recalcamento originário.

abandonou a discussão que contrapõe o estatuto de realidade dos acontecimentos da primeira infância ao de fantasias de desejo, originárias, também, desse momento da vida[3]. Os paradoxos com os quais Freud se deparou, as soluções que encontrou, bem como as contradições que permaneceram em sua teoria foram muito bem relatados por autores como Laplanche e Pontalis (1988) e Rand e Torok (1995).

Através do testemunho que os textos de Freud nos legam do seu trabalho, e dos escritos desses comentadores, podemos vislumbrar suas dificuldades em encontrar um ponto de apoio, ou na realidade material, ou no desejo, para a história narrada por seus pacientes. As coisas se passam como se houvesse alguns pontos nessa história em que fosse impossível de responder pela procedência das cenas evocadas. O rigor intelectual de Freud o levou a isolar e indicar esses pontos. Assim, em seus escritos encontramos referência a três fantasias originárias, a saber: cena primária, fantasia de sedução e fantasia de castração (Freud, 1915c, 1915-17c, 1918).

Conforme Laplanche e Pontalis (1988), essas fantasias seriam a forma como a criança responde aos seus principais enigmas, respectivamente, a origem do indivíduo, a origem da sexualidade e a origem da diferença sexual. Qual a base material para a formulação dessas fantasias? Qual o papel

---

[3] A primeira referência de Freud a esse problema encontra-se na sua "Carta a Fliess de 21 de setembro de 1897". Porém, ao longo de toda sua obra, essa discussão permanece.

que ocupam realidade e desejo na elaboração das cenas que visam a preencher esses "espaços de impossível saber" (Leclaire, 1968, p. 174)? Estas são questões que permanecem presentes na psicanálise. Em parte, a forma de considerá-las responde pelas diferenças doutrinárias das escolas pósfreudianas. Elas situam, também, o ponto principal da discordância que opõe a epistemologia científica à psicanálise. Trata-se, em uma palavra, da consideração dos critérios de verdade de que se vale um psicanalista em seu trabalho; sua colocação em causa na transferência é que definirá a direção da cura de uma análise, seu fim e sua finalidade.

Assumimos, com Lacan, a premissa de que a consideração psicanalítica da verdade se suporta na relação do sujeito com o significante: "Eu, a verdade, falo", proposição a ser considerada juntamente com aquela que define a impossibilidade de que a verdade seja dita toda. Essa proposição de Lacan (1955, p. 410), avançada no texto "A coisa freudiana", é retomada no seminário A *lógica do fantasma* (Lacan, 1966-67). Ele a enuncia aí a propósito do caso do Homem dos lobos, caso no qual a discussão entre realidade e desejo atinge, na obra de Freud (1918), o mais alto grau.

O que Lacan propõe, para a consideração dos fundamentos de uma epistemologia propriamente psicanalítica, é a disjunção estrutural entre saber e verdade, decorrência necessária do trabalho com o sujeito do inconsciente. Se o inconsciente é estruturado como uma linguagem é bem porque, como a descoberta freudiana o indica, ele é efeito do descompasso entre real e representação, clivagem atinente à dupla moradia do homem na linguagem. Em Freud, a bipartição do aparelho psíquico entre os sistemas pré-consciente/ consciente e inconsciente já coloca essa disjunção em causa desde suas primeiras elaborações. Ela retorna, em vários momentos da sua obra e muito particularmente na distinção metapsicológica entre recalcamento originário e recalcamento propriamente dito. No texto "O recalcamento", Freud (1915a) escreve:

> Temos, pois, fundamentos para supor uma primeira fase da repressão, uma repressão primitiva, consistindo em que se vê negado o acesso à consciência à representação psíquica [*der psychischen (Vorstellungs-) Repräsentanz*] da pulsão. Essa negativa produz uma fixação, ou seja, que essa representação [*Repräsentanz*] perdura imutável a partir desse momento, ficando a pulsão ligada a ela [...] A segunda fase da repressão, ou seja, a repressão propriamente dita, recai sobre ramificações psíquicas da representação reprimida [*psychische Abkömmlinge der verdrängten Repräsentanz*], ou sobre aquelas séries de ideias procedentes de fontes distintas, mas que entraram em conexão associativa com dita representação. (p. 2054; Freud, 1948b, p. 250)

Destacamos, na citação acima, os termos empregados por Freud no original, em função da importante discussão que teve lugar na psicanálise francesa em torno de sua tradução e que tem incidência sobre a forma de interpretação da obra freudiana. Para Laplanche e Pontalis (1981, p. 289) *Vorstellungsrepräsentanz* deve ser traduzido por *représentant-représentation*, para Lacan (1964) *représentant de la représentation* seria a tradução mais adequada.

Em Freud mesmo, como destacam Laplanche e Pontalis (1971), não encontramos um rigor conceitual na aplicação desses termos. Porém, Lacan fará dela o "cavalo de batalha" de sua teoria do significante. No *Seminário 11*, ele aborda essa discussão no contexto da fundamentação do processo de alienação/separação. Lá, ele faz coincidir o *Vorstellungsrepräsentanz* freudiano com o significante binário – S2 – do par significante S1-S2 que se encontra na origem do sujeito. Ele seria o lugar de desaparecimento do sujeito, efeito de sua alienação primeira ao Outro. Lacan (1964) escreve:

> Podemos localizá-lo em nosso esquema dos mecanismos originais da alienação, esse *Vorstellungsrepräsentanz*, nesse primeiro acasalamento significante que nos permite conceber que o sujeito aparece primeiro no Outro, no que o primeiro significante, o significante unário, surge no campo do Outro, e no que ele representa o sujeito, para um outro significante, o qual outro significante tem por efeito a *afânise* do sujeito. Donde, divisão do sujeito – quando aparece em algum lugar como sentido, em outro lugar se manifesta como *fading*, como desaparecimento. Há

> então, se assim podemos dizer, questão de vida e de morte entre significante unário e o sujeito enquanto significante binário, causa de seu desaparecimento. O *Vortellungsrepräsentanz* é o significante binário. (p. 207)

Segundo a proposição de Lacan, o significante binário – S2 – é aquele que produz efeito de sentido em um significante unário – S1 – que surge no campo do Outro, no universo discursivo, como designativo de um sujeito, seu Ser. O sentido provoca a afânise do sujeito ao mesmo tempo que institui a sua qualidade própria: a divisão – $ –, ou, em outros termos, sua alienação.

Trata-se de uma interpretação de Lacan da teoria freudiana do recalcamento originário. O recalque, propõe o psicanalista francês, é efeito da produção de sentido, isto é, do movimento de alienação do sujeito, sua captura no fechamento do discurso em uma significação. A separação, por sua vez, é o retorno ao S1, na reabertura do que sua inscrição implica de enigma, de sem-sentido. Na relação com o Outro primordial – a mãe –, ilustra o autor, trata-se de interrogar sobre seu desejo para além do que ela diz, além daquilo que, ao ser dito, se precipita como sentido. "É nesse ponto de falta", diz Lacan, "que se constitui o desejo do sujeito" (p. 207). Como indicamos no capítulo anterior, tal ponto de falta, o psicanalista designa como sendo objeto *a*.

No seminário *A ética da psicanálise*, Lacan (1959-60) detêm-se na elaboração do termo freudiano de *Vortellungsrepräsentanz* de uma forma que nos interessa particularmente. Sem ter ainda, nessa época, uma teoria do objeto *a* bem desenvolvida, Lacan retoma a expressão freudiana *als Ding*, apresentada na elaboração do complexo do próximo (*Komplex des Nebenmenschen*), no *Projeto de uma psicologia científica*. Retomamos aqui a referência de Freud (1895), já citada no primeiro capítulo:

> [...] o complexo do próximo [*der Komplex des Nebenmenschen*] se divide em duas partes, uma das quais dá a impressão de ser uma estrutura constante que permanece coerente, como uma coisa [*als Ding*], enquanto que a outra pode ser compreendida [*verstanden*] por meio da atividade da memória, isto é, reduzida a uma informação sobre o corpo próprio do sujeito. (p. 240; Freud, 1948a, p. 426-427)

Conforme a leitura de Lacan, o *als Ding* do complexo do próximo é o fundamento do objeto perdido, do objeto que a inscrição significante da pulsão – a *Vorstellung* – exclui. Nesse sentido, ele não é identificável ao bom ou ao mau objeto abordados por Freud (1925) no texto sobre a negação. Ambos já participam do universo da representação, encontram-se referidos ao princípio do prazer. *Das Ding* é o elemento ejetado do discurso pela incidência do recalcamento originário. Ele é, enuncia Lacan (1959-60): "o elemento que é, originalmente, isolado pelo sujeito em sua experiência do *Nembenmensch* como sendo, por sua natureza, estranho, *Fremde*" (p. 68). E, um pouco mais adiante, ele complementa: "*Das Ding* é originalmente o que chamaremos de fora-do-significado" (p. 71). É também este, poderíamos acrescentar, o elemento recusado na experiência do sentimento oceânico (Freud, 1929).

No trabalho que desenvolve em torno dessa questão, Lacan (1959-60) destaca, a partir da leitura de Freud, que essa Coisa que resta da operação do recalque originário é, também, o Outro absoluto da criança (a *fremde Hilfe*, de Freud), "o Outro pré-histórico impossível de esquecer, do qual Freud afirma a necessidade da posição primeira sob a forma de alguma coisa que é *entfremdet*, alheia a mim, embora esteja no âmago desse eu, alguma coisa que, no nível do inconsciente, só uma representação representa" (p. 91-92). O paradoxo que, então, se apresenta é que esse Outro primário, esse S1 originário, é, ao mesmo tempo, a mãe do incesto, o objeto interditado e o representante do Bem supremo, o fundamento de toda moral. Em uma palavra: Deus, esse Outro que – segundo o dizer de Lacan (1972-73) – não existe mas tem corpo, isto é, é Real.

Lacan (1959-60) indica aí o ultrapassamento por Freud de todo discurso pautado por uma lei moral:

> [...] o passo dado por Freud, no nível do princípio do prazer, é de mostrar-nos que não há Bem Supremo – que o Bem Supremo, que é *das Ding*, que é a mãe, o objeto do

incesto, é um bem proibido e que não há outro bem. Tal
é o fundamento, derrubado, invertido, em Freud, da lei
moral. (p. 90)

Lacan demonstra, assim, o caráter ambivalente do Outro primordial: ao mesmo tempo, *hilfreiche Individuum* ('pessoa de segurança', segundo Freud) e objeto do incesto, ou seja, fonte do horror do sujeito. Trata-se, para o autor da *Ética da psicanálise*, de ressaltar o que de Real – *das Ding* – está situado nesse Outro, no tempo da inscrição do S1; o que do Real, originalmente excluído, permanece incrustrado no significante unário.

Acreditamos encontrar aí a base da leitura que viemos fazendo do mal-estar na cultura. Não seria o *das Ding* o elemento cultural indicado por Freud na origem – sempre presente – da cultura e da humanidade? A Coisa que sobra, que cai sob a operação do recalcamento originário, a partir da inscrição do traço unário é modelo do objeto que a cultura se ocupa sempre de reinventar, ao mesmo tempo que reinscreve seus traços. Conforme Lacan (1959-60):

> [...] o que chamamos de humano não poderia ser definido de outra maneira senão por aquela com a qual defini, há pouco, a Coisa, ou seja, o que do real padece do significante [...]. Trata-se do fato de o homem modelar esse significante e introduzi-lo no mundo – em outros termos, de saber o que faz modelando o significante à imagem da

Coisa, enquanto que esta se caracteriza pelo fato de que nos é impossível imaginarmo-la para nós. (p. 157)

A ficção metapsicológica formulada por Freud sobre as origens do aparelho psíquico – a fixação dos traços mnésicos como correlativa da operação de recalque – encontra-se aí com a ficção de uma origem para a cultura – a inscrição de um ato originário pela sua proibição. Ambas trazem, em sua constituição, a marca dessa produção em dois tempos: uma produção de representações que constitui um real *après-coup*. Segundo nosso entendimento, a manutenção de resquícios da teoria do trauma ao longo da obra do fundador da psicanálise é fruto dessas considerações segundo as quais o inconsciente – sujeito da psicanálise – é o sujeito desse real: o sujeito excluído de uma cena primária em que o pai da horda possui todas as mulheres.

A uma das faces do encontro entre real (*das Ding*) e sujeito, Freud denomina realidade psíquica. Assim, por exemplo, ao final de "Totem e tabu" – no "Retorno ao totemismo na infância" (Freud, 1913) – o autor aproxima a fantasia infantil das vivências reais dos primitivos, construindo nesse interstício o valor de realidade – realidade psíquica – da fantasia expressa pelos neuróticos. A nosso ver, na preocupação freudiana com o estatuto de realidade das fantasias – isto é, a preocupação com saber se o que o sujeito conta em análise aconteceu de fato ou não – é já dessa realidade primitiva, do

Real do acontecimento que se trata, e não de uma suposta definição objetiva dada pela ciência.

Nas "Lições introdutórias à psicanálise", Freud afirma que os acontecimentos imaginários criados pelo indivíduo têm a mesma importância, na neurose, do que se eles fossem reais. A realidade psíquica tem tanta força de realidade quanto a realidade material. Freud (1915-17c) acrescenta que isto é especialmente verdadeiro para as três fantasias originárias mencionadas acima – a assistência ao coito parental, a fantasia de sedução e a ameaça de castração. Segundo o psicanalista, "seria um erro supor que não se trata aqui senão de coisas imaginárias, sem nenhuma base real" (p. 2352-2353).

Partimos, pois, da consideração da realidade psíquica como critério de verdade do discurso produzido em transferência. A narrativa de um sujeito em análise deve ser entendida como produção de representações (S2) que colocam em causa a alienação do sujeito ao Outro (Discurso da histérica). A direção da cura, por outro lado, é pautada pelo retorno dessa produção ao lugar da verdade, posição do sujeito na enunciação (Discurso do analista). Além disso, como indica Certeau (1987), a construção ficcional é a condição de todo discurso de *produção* de um real, de circunscrição de uma margem ao *impossível* de ser incluído no universo representacional. Podemos remeter nossa proposição ao esquema dos discursos de Lacan (1969-70), apresentados no seminário *O avesso da psicanálise*:

Discurso da Histérica   Discurso do Analista

$\dfrac{\$}{a}$ $\rightarrow$ $\dfrac{S1}{S2}$ (produção) $\dfrac{a}{S2}$ $\rightarrow$ $\dfrac{\$}{S1}$ (produção)

$\downarrow$ $\downarrow$

(impossível)   (impossível)

Como demonstra Certeau, em *História e Psicanálise*, a oposição entre história e ficção, proposta por uma concepção positivista de história, é uma falsa questão. Ela pretende a construção de uma narrativa que corresponda a uma suposta realidade histórica. Isso só é possível, no entanto, ao elidirem-se as condições de produção de uma tal narrativa. Dito de outro modo, ao corresponder real e representação, a ciência exclui o sujeito que é autor dessa história. Segundo Certeau (1987), "as representações são autorizadas a *falar* em nome do real apenas na medida que elas fazem *esquecer* as condições de sua fabricação" (p. 64).

Conforme Foucault (1966), as condições da produção de saber na modernidade não nos permitem desconsiderar que entre as palavras e as coisas há o sujeito. É a este, igualmente, que visa a escuta analítica. Trata-se, contudo, na psicanálise, de uma consideração antes ética do que epistêmica. Se a ciência positiva denega o sujeito, é preciso que se diga, ela o faz consciente do seu ato, em nome de um *saber universal*. Já a condução de uma análise suporta-se de um outro pressuposto ético: a ética do bem-dizer (Lacan, 1993). *Bem-dizer não de um puro real, impossível de ser dito, mas do encontro do sujeito com a verdade de sua posição enunciativa, que define as condições de produção de uma dada ficção do si mesmo*, conforme feliz expressão de Costa (1998).

Não nos é dado desconhecer, no entanto, as condições que delimitam e autorizam a produção de uma ficção enquanto versão possível de um saber sobre o real. De que forma um sujeito *recheia* sua narrativa para que a ficção construída possa ter valor de verdade, é uma questão que interessa ao psicanalista. Ela encontra ressonância, mais uma vez, em uma concepção hegeliana da história, pautada pela tensão entre o espírito absoluto e suas figurações. Conforme Ana Costa (1995):

> Ao depararmo-nos com a história por vezes entregue à ficção de quem narra, não podemos desconsiderar que a escolha da versão recheia a narração de uma determinada relação ao saber [...]. Desde Freud, a psicanálise tem se ocupado com essa aparente equivalência entre o contador e o contado, entre o espírito e a figura que o encarna, entre o significante e o mestre, entre o pai e sua versão. (p. 5-6)

Em relação às fantasias de origem de que nos ocupamos, podemos nos indagar sobre o que constitui limite à veracidade das narrativas ficcionais produzidas. Também não podemos deixar de nos interrogar sobre as precondições do

Outro no estabelecimento do lugar do sujeito na narrativa. Isto é, em que medida as condições de alienação/separação estão implicadas na produção de uma narrativa que coloca em cena uma fantasia originária?

Essas questões apoiam-se em um dado clínico preciso: a dificuldade, observada na clínica, dos adolescentes habitantes em instituição de constituirem uma narrativa histórica particular. Tratando-se de um trabalho com base na clínica psicanalítica, essa questão desliza, inevitavelmente, para a sua atualização transferencial. Sem dúvida, somos sensíveis à necessidade de abordar tal tema no contexto de sua emergência, a neurose de transferência. É mesmo nesse sentido que propomos como questão uma das caracteríticas transferenciais próprias dessa experiência clínica: o efeito injuntivo da demanda de que esses adolescentes falem de suas histórias familiares.

No quadro das entrevistas preliminares das análises dos adolescentes habitantes de instituição emergia, de forma mais ou menos explícita, o mal-estar decorrente do dispositivo próprio ao método analítico, isto é, narrar sua história. Ora, é de domínio público, e portanto de conhecimento também das instituições que encaminham adolescentes para atendimento, que uma análise tira seus efeitos do relato autobiográfico daquele que pede ao analista um apaziguamento do seu sofrimento. À demanda de cura, o analista se abstêm, promovendo, no lugar da esperada supressão do sintoma, a produção da palavra. Ao contar-se, o paciente põe-se a produzir (e reproduzir) uma história que, ao ser narrada, como demonstramos acima, revela as articulações significantes inconscientes que marcam o lugar do sujeito no discurso.

Sabemos que com crianças e adolescentes há um trabalho a mais a ser feito. Em ambos os casos, de modo geral, a demanda de atendimento provêm não do sujeito, mas daqueles que dele se ocupam, os pais ou, no caso, os técnicos da instituição. Há, pois, de esperar-se o tempo, que pode advir ou não, da formulação pelo sujeito de sua própria demanda. Este seria um pré-requisito indispensável para o início de qualquer trabalho analítico.

A especificidade da situação de vida desses adolescentes, no entanto, comporta algumas peculiaridades na produção narrativa. Limitamo-nos por hora a indicar, por exemplo, o baixo nível cultural e educacional desses jovens que sustentam, em referência ao universo simbólico da cultura, uma relação significativamente empobrecida. Por outro lado, e associado a tal condição, tanto o movimento de ruptura com o ambiente familiar como a inserção institucional desestabilizam os suportes de referência, imaginários e simbólicos, no Outro. Acrescente-se, ainda, seu próprio momento de vida, a adolescência, que problematiza a instalação de uma relação transferencial pautada pela confiança, seja com a instituição, seja com o clínico.

Assim, o início do trabalho de análise era marcado, de forma mais ou menos acentuada, dependendo do caso, pela reprodução *ipis-literis* do discurso institucional. Era da instituição também que provinha a demanda de falar da família, que para muitos adolescentes tomava o lugar de um imperativo. A família, no entanto, a ser falada era aquela dos prontuários, como um historial clínico, uma anamnese, mas sem sujeito.

Com o passar do tempo e o concomitante esvaziamento do discurso mimético, paralelo ao início do estabelecimento de uma relação transferencial, o jovem decidia – podemos dizer agora, no *après-coup* – sobre a continuação ou não do trabalho terapêutico. Caso o trabalho se mantivesse, constatava-se, de forma mais ou menos proeminente, a dificuldade – diríamos mesmo impossibilidade, por vezes – do sujeito estabelecer uma narrativa.

São bem conhecidos, desde os primeiros trabalhos de Freud com a histeria, os efeitos de apagamento da memória dos primeiros anos da infância decorrentes do recalque da sexualidade infantil. As narrativas ficcionais produzidas em análise são necessariamente formações secundárias, lembranças encobridoras do passado infantil. Como vimos acima, é justamente essa produção ficcional que traz a marca da presença do sujeito. O recalque tem o efeito paradoxal de apagamento do traço de um acontecimento e de inscrição de uma nova versão no seu lugar. Por isso, como assinala Lacan, o recalcamento vem sempre acompanhado do retorno do recalcado. A versão secundária ou ficcional inclui o sujeito. Ela indica aquilo do qual o sujeito não quer saber nada, seu lugar de sujeito do inconsciente.

O que estamos indicando aqui, como dificuldade da constituição de uma narrativa pelos adolescentes habitantes de instituição, não se refere à amnésia infantil, a um efeito do recalque. Nem de uma rebeldia de efeitos denegatórios sobre as origens familiares. Trata-se, antes, de uma particular dificuldade de simbolização do real, de inclusão do sujeito na sua experiência, isto é, uma dificuldade na constituição da realidade psíquica. Obviamente não pretendemos generalizar tal situação. Porém, sua recorrência foi particularmente notável para que ela tenha se apresentado para nós como uma questão de pesquisa.

Além dos casos em que essa dificuldade se apresentou de forma mais radical – acompanhando a possibilidade do estabelecimento de um diagnóstico diferencial de psicose –, nos demais havia sempre a ultrapassagem desse momento difícil na transferência em que a constituição de uma formulação fantasística sobre as origens se colocava. O que nos surpreendia, então, era da ordem de uma dificuldade do sujeito situar-se entre a versão histórica da instituição e a sua própria versão ficcional. Como se houvesse algo que desautorizasse que a realidade psíquica fosse reconhecida como uma versão possível dos fatos.

A título de ilustração, tomaremos um recorte autobiográfico de um ex-interno. Trata-se do fragmento de um livro, resultado de uma dissertação de mestrado em educação, que tem por tema a experiência institucional dos meninos internos entre os quais o próprio autor, Roberto da Silva (1997). Ele inicia seu livro com um depoimento autobiográfico:

> Até por volta de 16 anos, sempre que alguém me perguntava sobre quem eram meus pais, invariavelmente eu respondia: o Governo. É óbvio que eu não tinha clareza suficiente para entender quem era esse meu pai nem o que ele fazia, mas isso ficou mais fácil quando tive de entender quem era então minha mãe: a Febem. (p. 12)

Silva era interno da instituição desde os cinco anos de idade. Desprovido de qualquer possibilidade de acesso a seus dados pessoais – nome dos pais, data de nascimento, cidade de origem etc. – Silva formula dessa forma seu mito de origem. Não é nossa pretensão aqui fazer uma análise do autor. Tomamos apenas essa passagem autobiográfica como ilustrativa da problemática de muitos dos adolescentes com os quais nos deparamos em nossa prática clínica. Confrontados com a dificuldade de estabelecer uma narrativa das origens, era bastante habitual entre os adolescentes que escutamos o relato do mal-estar decorrente da denominação social que lhes é, correntemente, atribuída: "menino(a) da instituição X".

Segundo nossa leitura, esses enunciados revelam um tipo peculiar de conflito decorrente das circunstâncias de vida desses adolescentes que provocam uma "pane do sujeito" (Rassial, 1999b). A nossa hipótese é que esse conflito pode ser assim situado: primeiro, a necessidade de substituição de um suporte referencial familiar por outro, institucional, e a decorrente necessidade de apagamento do primeiro pelo segundo, uma vez que eles vêm a ocupar o mesmo lugar; segundo, as dificuldades próprias do estabelecimento de uma narrativa quando as condições do Outro – pautado pelo discurso do saber técnico-científico – se suportam da recusa do desejo e, portanto, do Real que o causa; e, terceiro, a posição de exceção delegada ao sujeito pelo Outro – que assume aqui a voz superegoica – situando esses adolescentes, em relação ao laço social, como *figuras míticas da alteridade* – como já foram, e ainda em parte o são, as mulheres, os loucos e as crianças (Costa, 2002).

Já desenvolvemos, nos capítulos anteriores, parte dos argumentos que nos permitem sustentar esses três aspectos do problema que nos ocupamos. A seguir, apresentaremos outros desdobramentos da questão, tentando situar a função da narrativa na psicopatologia da adolescência e na clínica do laço social, a partir de nossa experiência clínica com adolescentes habitantes de instituição pública.

As origens na modernidade: entre a família e o discurso da ciência

Complexo paterno: instituição pública e parentalidade

No livro *Abandonarás teu pai e tua mãe*, Phillipe Julien (2000) propõe caracterizar a modernidade a partir de uma forma particular de distinção entre o espaço público e o espaço privado. Retomando desenvolvimentos de Hannah Arendt, e reinterpretando-os à luz da psicanálise, o autor desdobra esses conceitos nos de parentalidade e conjugalidade. Segundo Julien, é no mundo moderno que ocorre uma dissociação entre esses dois termos, ficando o primeiro – a parentalidade – restrito ao campo público e o segundo – a conjugalidade – ao campo privado.

A disjunção entre esses dois tipos de ordem, típica da organização social moderna, inscreve uma forma peculiar de formação do laço social e da transmissão. Por um lado, na *conjugalidade*, espaço de constituição de novas alianças, o que rege é o foro íntimo. O espaço de escolha do parceiro amoroso é, *cada vez mais*, resultado de uma decisão pessoal. A lei que organiza esse campo – a interdição do incesto – é unicamente restritiva e não prescritiva. Por outro lado, em relação à *parentalidade* o movimento é inverso. O desenvolvimento da cultura ocidental moderna vem acompanhado de formas sociais de controle parental. Assim, a responsabilidade pela criação e educação das crianças é, *cada vez menos*, uma questão privada, submetida ao arbítrio dos pais. Sistemas sociais regulamentam e substituem as funções parentais, exercendo sobre os genitores uma ação prescritiva. Dessa forma, é a sociedade, o campo público, que define o que é ser um bom pai e uma boa mãe; é ela também que delega aos genitores a assunção dessas funções, podendo – quando se fizer necessário e tendo em vista o bem-estar da criança – destituí-los.

A análise de Phillipe Julien nos ajuda a abordar o lugar e a função das instituições públicas de acolhimento de crianças e adolescentes. Gostaríamos de analisar quais são os efeitos, ou, ao menos, alguns de seus invariantes, produzidos pelo acolhimento institucional de adolescentes. É preciso que se tenha em conta o fato de que o ingresso nesse modelo de instituição de abrigagem que estamos tratando implica a destituição temporária ou permanente da guarda familiar. A instituição de abrigagem é investida pelo poder judiciário a assumir as funções parentais, devido à impossibilidade (permanente ou momentânea) da família de servir de suporte à sua vocação dita natural (Brasil, 1998). É o caso, por exemplo, de crianças/adolescentes que são vítimas de maus-tratos, de abuso sexual ou de abandono físico e/ou moral. Há ainda situações de orfandade, apesar de mais raros.

Assim, muitas das crianças e adolescentes que moram na instituição têm uma família – mãe, irmãos, avós. Porém, são famílias que não conseguem dar à criança o que Winnicott (1995) chama de "quadro de referência", condição necessária para que a criança possa expressar seus desejos, seus impulsos, sem correr o risco de romper os laços familiares que a sustentam. Em geral, quando chegam a ingressar na instituição, isto significa que, de alguma forma, esses laços foram rompidos. Assim, estar na *instituição* significa, para muitas das crianças e adolescentes que lá se encontram, a falência da estrutura familiar. Curiosamente, isto se faz acompanhar, em muitos casos, da ausência da figura paterna real.

Sabemos que o fenômeno do abandono de crianças não é novo na história da humanidade. Já na Antiguidade, crianças eram depositadas nos templos e entregues à própria sorte. Como a assunção ou não das funções parentais era uma decisão de foro íntimo, o pai – figura soberana no poder familiar – decidia sobre o reconhecimento ou não da filiação. Na Grécia antiga, por exemplo, as crianças que não eram reconhecidas pelos pais eram expostas, abandonadas à morte. Tal ato não constituía crime, pois as leis tinham vigor apenas em relação aos cidadãos. Como a criança não estava inscrita em um registro de filiação, ela não existia enquanto cidadã. A condição da vida humana estava estritamente ligada a esse reconhecimento.

É em vista desse contexto que Soulé (1980) nos convida a reler a peça de Sófocles Rei Édipo. Segundo o autor, quinze anos antes da sua premiada encenação, Atenas tinha aprovado uma lei que permitia às crianças ilegítimas outro destino que não a morte. O dispositivo consistia na exposição dessas crianças diante do *Ágora*, possibilitando a sua adoção por famílias que assim o desejassem. No momento da apresentação da peça de Sófocles, as famílias atenienses se interrogavam sobre o destino das famílias adotivas e seus filhos. Segundo Soulé, o personagem Édipo, filho adotivo que retorna às origens para realizar seu trágico destino, traz à cena o temor das famílias diante das novas formas de estabelecimento de laços de filiação.

O exemplo de Édipo Rei é bastante ilustrativo. Podemos constatar que as questões relativas ao estabelecimento de regras de filiação não constituem mero dado jurídico ou antropológico. Elas compõem uma das bases sobre a qual o sujeito se apoia para suas elaborações fantasmáticas. Mesmo a expressão artística – que Freud interpreta como uma derivação das produções fantasmáticas – como é a de Sófocles, tem aí uma importante fonte de inspiração. Assim, o contexto histórico-social das leis de filiação é como um *resto diurno* à disposição das pulsões. Mas, mais do que isso, indica a forma como em um dado grupo se organizam as relações dos seus membros entre si e com as insígnias do ideal. As questões contextuais, quando entendidas amplamente como formas historicamente circunscritas de produção de enlaces coletivos, são determinantes da condição humana e da sua forma de se representar no mundo.

Seguindo esse raciocínio, podemos supor, a partir do que a psicanálise nos ensina, que com o surgimento da religião monoteísta se dá uma importante modificação nas regras de inscrição e reconhecimento do sujeito em uma filiação. Em "Totem e tabu", Freud (1913) assinala a importância histórica desse momento em que o animal totêmico é substituído pela representação de um deus. A crença em uma paternidade divina única – que aglutina em sua representação as insígnias do ideal – e em radical ruptura com as suas encarnações imaginárias[4], coloca todos os atos humanos como submetidos a sua lei.

---
[4] A proibição de produzir imagens de Deus é um dos pontos de ruptura do monoteísmo com o politeísmo.

No contexto do monoteísmo, o reconhecimento da paternidade deixa de ser uma questão referida exclusivamente ao arbítrio do *pater familias*. O pai da família, pai real – segundo a designação de Lacan (1956-57), no seminário *A relação de objeto* – está sujeito a um outro pai, simbólico, responsável primeiro do engendramento do novo ser. Assim, desde o momento da fecundação, o ato de dar a vida é, sobretudo, um ato simbólico, que inscreve a criança em uma comunidade religiosa. Não obstante, as religiões estabelecem rituais de confirmação pós-natais.

Ainda em relação à clivagem entre pai simbólico e pai real, Julien lembra a passagem bíblica em que Yahvé recusa o sacrifício de Isaac por Abraham, seu pai. O que se coloca em causa aí, na história da religião judaica, é a força da palavra divina contra o poder físico do pai. Mais uma vez, observa-se como o Deus da religião monoteísta representa um limite ao poder delegado ao pai real, instaurado pelo patriarcado antigo.

Contudo, com o cristianismo, instaura-se na cultura a decadência da representação de onipotência do pai simbólico. O assassinato de Jesus, seu apelo ao pai – "Por que tu me abandonaste?" – é interpretado pela religião não como maldade de Deus, mas como impotência sua diante do livre arbítrio dos humanos. É assim que, segundo Julien, com a religião cristã estabelece-se na cultura o luto do pai ideal e seu rebaixamento a uma versão imaginária do pai.

É no contexto de uma cultura judaico-cristã bem estabelecida – a sociedade vitoriana – que Freud formula a hipótese do complexo de Édipo, segundo o qual seria desejo de toda criança a superação do pai e a assunção do seu lugar junto à mãe. Lacan (1938), no texto sobre "Os complexos familiares", foi o primeiro a assinalar que a análise de Freud devia-se a uma situação particular de anomia social. Seguindo a tese durkheiniana da contração da família, o psicanalista identificava nas proposições de Freud a interpretação de um conflito interno à cultura ocidental moderna: o declínio da imago paterna.

Em um importante trabalho, *Lacan e as ciências sociais*, Zafiropoulos (2001) recorta na produção do psicanalista francês, de 1938-1953, o destino dessa tese. Amplamente difundida entre analistas lacanianos, ela não encontra a mesma ressonância na sequência do trabalho de Lacan. Zafiropoulos demonstra como, já no período inicial de suas elaborações, Lacan abandonará tal proposição, substituindo o diálogo que mantinha com Durkheim por Lévi-Strauss. Efetivamente, a própria formulação de Durkheim torna-se caduca nas ciências sociais, onde se demonstra o infundado de sua tese sobre a contração familiar.

Porém, mesmo que importante, esse diálogo com as ciências sociais não nos parece suficiente para a adequada avaliação da pertinência ou não da tese do declínio da imago paterna. Na comunidade analítica lacaniana, as análises sociais são, frequentemente, permeadas pela tese de um declínio da função paterna. Contudo, elas não são consensuais. Segundo nosso entendimento, o debate em torno dessa questão é de fundamental importância para situar a função dos psicanalistas no trabalho com o mal-estar na cultura. Neste trabalho, tentamos dar a nossa contribuição ao debate, sem sermos contudo conclusivos em torno desse tema, pois a nossa preocupação se situa em outro lugar.

Como já analisamos no primeiro capítulo, Freud busca suporte na religião totêmica para explicar os fundamentos da civilização. É com base no sentimento de culpa pelo assassinato do pai que os irmãos erigem, ao mesmo tempo, a religião e a sociedade civil, estabelecendo-as sob a mesma lei. Em sinal de respeito ao totem – substituto simbólico do pai morto – os homens se interditam o acesso às mulheres. Dessa forma, a interdição do incesto, formulada como proibição de trocas sexuais com mulheres do mesmo totem – princípio da exogamia –, se institui como tabu e expiação da culpa pelo ato cometido. O respeito a essa lei primeira seria, segundo Freud (1913), a condição mínima para o estabelecimento de um laço social qualquer. As organizações sociais e os ritos religiosos são substitutos destinados a guardarem os traços desse momento primitivo da humanidade. São representantes que têm dupla vocação: ao mesmo tempo prestar homenagem ao pai morto e reinscrever o ato de sua superação pelos filhos.

Freud não deixa de indicar, como vimos acima, a importância da passagem da religião totêmica ao monoteísmo, mas não são menos relevantes, em sua obra, as diferentes formas que o dito complexo paterno adquire na sociedade civil. Ainda em "Totem e tabu", ele faz uma breve referência a como os Reis podem ocupar o lugar de deuses e mesmo tornarem-se a sua representação. Mas, poderia uma instituição social, como o são os abrigos para crianças e adolescentes, apresentar-se legitimamente como representante do pai simbólico? Nesse ponto, a resposta freudiana nos conduz à análise das instituições enquanto grupos sociais – família, massas artificiais ou Estado – formadas por alianças fraternas. Conforme o psicanalista, esses grupos se constituem a partir da relação com o pai, o líder ou a norma - encarnações do ideal do eu, respectivamente – representantes do complexo paterno.

O ideal do eu representa, para Freud, a identificação primitiva com o pai, fruto da herança filogenética transmitida através das gerações[5]. No indivíduo, ele será confirmado pela experiência familiar através da passagem pelo complexo de Édipo. Em relação às formações coletivas, ele é o representante do pai ideal, de quem depende o laço afetivo que mantém os membros de um grupo unidos. Assim, o ideal do eu é uma formação ao mesmo tempo social e individual: é o substituto do complexo paterno que une os indivíduos entre si. Segundo Freud (1923), o ideal do eu:

---

[5] Voltaremos a esta questão mais adiante, no item "Da transmissão e autenticação do *Nome-do-Pai* ou o Real em Freud".

Contém, em qualidade de substituição da aspiração ao pai, o nódulo do qual partiram todas as religiões. A convicção da comparação do eu com seu ideal dá origem à religiosa humildade dos crentes. No curso sucessivo do desenvolvimento, fica transferido aos mestres e professores, e a aquelas outras pessoas que exercem autoridade sobre o sujeito, o papel do pai, cujos mandatos e proibições conservam sua eficiência no eu ideal e exercem agora, na qualidade de consciência, a censura moral. [...] Os sentimentos sociais repousam em identificações com outros indivíduos baseados no mesmo ideal de eu. (p. 2715)

Já nos detivemos no texto "Psicologia das massas e análise do eu", em que Freud (1921) propõe que a constituição de uma massa consiste na substituição comum do ideal de eu por um mesmo objeto, o líder. Não devemos esquecer que, de acordo com Freud, o modelo da constituição dos grupos é o da horda primitiva. O líder é o ideal do eu dos integrantes de um grupo, assim como o pai da horda o era para seu clã. À necessidade de que todos sejam igualmente amados pelo líder corresponde o temor comumente partilhado pelo pai primitivo.

Como vimos no primeiro capítulo, trata-se do líder da encarnação de um ideal do eu coletivo, o que só é possível pelo repúdio fetichista da morte do pai. A referência coletiva a um ideal do eu compartilhado se realiza através de uma *substituição* (Enriquez, 1991) do mesmo – isto é, de um traço seu, um elemento discreto – por um objeto presente. Isto só é possível na medida em que a composição do ideal do eu coletivo mantém um hibridismo representativo – entre traço e significante – que se revela, nas massas, pelo retorno à qualidade sígnica do traço unário. O que é demonstrado, igualmente, pelo valor de fetiche dos ideais – sua função de recusa da morte do pai – que pauta e regula as relações sociais.

Já Freud (1905) indicava, diretamente, o fetichismo presente na encarnação do ideal do eu:

> O substituto do objeto sexual é, em geral, uma parte do corpo muito pouco apropriada para fins sexuais (os pés ou o cabelo), ou um objeto inanimado que está em visível relação com a pessoa sexual, e expecialmente com a sexualidade da mesma (roupa íntima, roupa branca). *Este substituto se compara, não sem razão, com o fetiche no qual o selvagem encarna a seu deus.* (p. 1.183; grifo da autora)

No livro *Da Horda ao Estado: psicanálise do vínculo social*, Enriquez (1991) destaca, na interpretação que faz do texto "Psicologia das massas e análise do eu", a perversão estrutural que se observa no fundamento dos grupos sociais. Ela se deve à relação unívoca que se estabelece com a entidade paterna – ao princípio fálico – ao preço da exclusão de toda outra forma de gozo. Segundo Enriquez, é nesse sentido que Freud estabelece a homossexualidade masculina como modelo da relação entre os membros de um grupo. Ela se pauta pela valorização da palavra e busca do amor paterno, sendo excluída qualquer consideração pelo feminino, que é recusado. Podemos facilmente localizar a verdade dessa asserção pela posição de exclusão social que, efetivamente, as mulheres historicamente ocupam.

Conforme Enriquez:

> A mulher, enquanto mulher, não tem lugar no *socius*. Pelo contrário, é mesmo possível considerar que a mulher contrapõe-se ao processo civilizador. De fato, ela que aparecia como o grande ausente do discurso social de Freud ressurge então, mas *em negativo*. Se o texto freudiano só fala de chefe, de pai, de filhos, de irmãos, é que o grupo, a massa, a organização, a civilização, são negócios de homens. Essa afirmação é pouco enfatizada em seus trabalhos. (p. 63)

Trazemos aqui essas considerações, pois elas nos permitem avançar na precisão da função do complexo paterno nas relações sociais. Podemos, pois, partir da premissa que, segundo Freud, um dado grupo social se organiza em torno de dois princípios:

- a encarnação do ideal do eu no pai (família), no líder (massa) ou na norma (Estado) que passam a ter a função de objeto fetiche;

- a recusa da inclusão das mulheres, ou mais precisamente, da feminilidade, isto é, a recusa da castração própria ao encontro com o Outro sexo.

Em "O mal-estar na cultura", Freud diferencia os grupos sociais da especificidade do grupo familiar. A diferença se estabelece, sobretudo, pelo fato dos grupos sociais se pautarem pelo desvio da satisfação da pulsão sexual – a pulsão coartada de sua finalidade – enquanto a família, ao contrário, se estabeleceria com base na realização dessa satisfação pelo casal parental. Além disso, Freud indica na família o lugar das mulheres, por oposição à civilização como sítio dos homens. Isto porque as mulheres seriam inclinadas à defesa do amor e do indivíduo, enquanto os homens se pautariam pelos ideais culturais e pela sublimação.

No próximo item retomaremos, de forma crítica, a análise psicanalítica da família. O que gostaríamos de ressaltar, neste momento, é que a oposição indicada por Freud merece uma precisão. Em certo nível de análise, ela é apenas aparente. Tanto a família, como as massas, como o Estado são, conforme Freud, retornos do recalcado da família primitiva, a horda primária. Nesse sentido, as mulheres, na família, são o modelo do objeto desejado e interditado: a mãe que pertencia apenas ao pai da horda. No nível do elemento cultural – fantasma da horda subjacente às organizações sociais – não há espaço para o feminino: as mulheres aparecem aí, invariavelmente, no lugar da mãe almejada e proibida.

Mais ainda: se a pregnância do elemento fantasmático subjacente ao complexo paterno conduz à recusa do feminino é porque a mãe é aí representada como um duplo do pai da horda, é a mãe com pênis. Conforme Rosolato (1969):

> É preciso observar a proximidade que Freud sugere entre essa imagem [o pai da horda primitiva] e a forma social do matriarcado; este confirma um outro traço do Pai Idealizado: de ser uma imagem composta onde, sob a dominância do Pai, pode se revelar a imagem da mãe--com-pênis. (p. 63-64)

Na família, a cena primária é o fundamento fantasmático que estabelece e mantém esse elo dos indivíduos entre si e com o complexo paterno. Nesse sentido, os laços familiares são representantes da manutenção e re-instauração do fantasma da horda primitiva no seio de uma sociedade. Eles interpretam e realizam, para cada indivíduo, o fantasma comum a todas as demais formações sociais, pois também as instituições e o Estado estão assentados sobre a fantasia da cena primária. Não se trata de apor nisso um juízo moral: Freud parte do pressuposto de que o antigo pai da horda tem de reencarnar ao longo da história da humanidade, para que o pacto social possa ser re-fundado pelos irmãos. As diferentes instituições sociais, entre as quais a família, seriam reencarnações da mesma estrutura suportada pelo mito coletivo da horda primitiva. Seriam formas de atualização do elemento cultural ou do que chamamos de fantasma de exclusão.

O outro aspecto que nos interessa ressaltar na diferença estabelecida por Freud entre família e demais formações sociais situa-se na aposta de que as organizações sociais possam encontrar uma solução melhor ao impasse colocado pelo fantasma. Que possam encontrar uma outra forma de situar o lugar do terceiro, que não seja nem a exclusão nem a recusa. Neste ponto, segundo nossa interpretação, nada parece se contrapor à degradação imaginária do pai simbólico do complexo paterno. Pelo contrário: como a clínica da adolescência nos ensina, é ela que permite a elaboração do luto pelo ideal. Freud mesmo não expressa ressentimento por esse destino do pai na civilização; ele parte de um fato dado: o pai está morto. Trata-se de administrar os efeitos do ato de assassinato. Mais ainda: para Freud, a direção da cura das neuroses implica a superação do complexo paterno, em poder fazer-se o luto do pai.

Na mesma direção de análise, Zafiropoulos (2001) dirige esse reproche aos psicanalistas saudosos do pai:

> [...] os especialistas do século XIX, assim como os psicanalistas herdando de sua produção 'romanesca', trabalharam no sentido de reconduzir a um tipo de idealização de um 'tempo de antes', respondendo ao sentimento de exílio crônico que manifesta a subjetividade neurótica. De onde esta queixa generalizada [...] 'Pai, porque me

abandonaste?' Resta que não se trata na experiência freudiana de confortar este fantasma de abandono paterno mas antes de obter sua queda. (p. 238)

Assim, retornando à nossa questão sobre parentalidade e instituição pública, vale lembrar que, segundo Freud, a sociedade é, em última análise, a administração comum pelos irmãos da responsabilidade pelo assassinato do pai. O pai morto pode se presentificar aí de duas maneiras: ou bem pela encarnação do ideal do eu em uma pessoa, ou em um princípio normativo. A fetichização de tal suporte paterno representa e atualiza o elemento cultural que sustenta os laços sociais. Ou bem, pelo rebaixamento imaginário do pai ideal, o que significa a manutenção da clivagem entre pai simbólico e pai real. Esta última é a solução da neurose, e, portanto, do sintoma. Segundo Didier-Weill (1989): "[...] a neurose será o efeito da não articulação entre pai simbólico e pai real, entre desejo simbólico da mãe pelos ascendentes e desejo sexual desta mesma mãe pelo seu homem" (p. 56).

Resta saber se haveria alguma particularidade moderna que situaria uma especificidade nessa atualização. Como veremos a seguir, os desenvolvimentos teórico-práticos da psicanálise sobre as crianças sem família podem nos auxiliar a situar a forma discursiva a partir da qual o complexo paterno se apresenta no laço social hoje. O que demonstra igualmente que a psicanálise e seus praticantes não são simples intérpretes do sintoma social, mas que estão aí incluídos.

Psicanálise, família e complexo de Édipo

Desde que Lacan elaborou a crítica ao drama edípico freudiano, reduzindo-o a sua função de estrutura, a adequada consideração psicanalítica da família permanece em suspensão. Entre os analistas pós-freudianos de tradição anglo-saxônica – cuja grande contribuição para o campo analítico foi justamente a invenção e desenvolvimento da psicanálise de crianças – as relações familiares ganharam em importância. Seja como cenário fantasístico, em Melanie Klein, seja como o sítio de ação para a profilaxia das neuroses, em Anna Freud, a família é, para ambas, insubstituível em sua função. Para os analistas lacanianos, o diálogo com a antropologia e as ciências sociais se colocou, desde o início[6], no fundamento do trabalho com essa questão. Mas o risco aí é, nos parece, o de confundir-se a posição de análise, transferindo o estudo e crítica sociológica das estruturas sociais diretamente ao discurso analítico.

Em relação à temática do abandono familiar e as consequências psíquicas nas crianças e adolescentes que padecem dessa experiência, tanto Anna Freud como Winnicott desenvolveram trabalhos específicos. Também René Spitz é reconhecido expoente na consideração científica dos efeitos psíquicos do abandono. Todos esses autores formularam suas descrições e teorias, sobretudo a partir da vivência das duas

---

[6] Situaríamos o texto de Lacan *Les complexes familiaux dans la formation de l'individu* (1938) como fundador dessa abordagem no campo lacaniano.

grandes guerras mundiais, que geraram um contingente significativo de crianças órfãs.

Esse é o caso, por exemplo, do estudo desenvolvido por Anna Freud e Dorothy Burlinghan (1958), e publicado em livro sob o título *Meninos sem lar*. Nessa obra, as autoras salientam a importância de desenvolver estudos comparativos, em psicologia do desenvolvimento, entre crianças criadas no seio familiar e aquelas que, tendo suas famílias sido destruídas pela guerra, são acolhidas em instituições públicas. Segundo a observação das autoras, pautada pelo método científico, há vantagens e desvantagens em ambas as situações. Se, por um lado, do ponto de vista físico parece haver um certo ganho no desenvolvimento de crianças acolhidas em instituições, do ponto de vista do desenvolvimento do caráter o meio familiar parece ser indiscutivelmente mais propício. Trata-se, para as autoras, de estabelecer – segundo os critérios da ciência positiva – uma relação de causalidade que possa ser observada e mensurada: *se* abandono familiar, *logo* prejuízo no estabelecimento do caráter.

Nesta mesma linha de raciocínio, encontramos a obra *Privação e delinquência*, de Donald Winnicott (1995). Em um dos capítulos dedicados justamente ao cerne do argumento do livro expresso em seu título, o autor demonstra a necessidade de que se compreendam os atos antissociais – pequenos roubos, mentiras, enurese etc. – produzidos por crianças e adolescentes como consequência de uma privação, vivida precocemente pela criança, de um quadro de referência familiar. Winnicott é, contudo, mais sutil em sua abordagem, deixando perceber seu gênio clínico. Ao falar em quadro de referência familiar, o psicanalista não está se referindo, necessariamente, à ausência de família. As crianças que padecem de tal privação não são, necessariamente, crianças órfãs. São, antes, vítimas de negligência familiar, isto é, crianças cujos pais, por uma série de circunstâncias sociais, políticas, econômicas, não tiveram ou não têm a condição psicológica de assumir a sua função parental diante do filho. Por quadro de referência, o autor entende a condição da família de servir de espaço e de suporte para que a criança possa experenciar seus impulsos e seus limites.

A direção de análise desse trabalho de Winnicott consiste na demonstração, amparada por sua longa experiência clínica, dos efeitos subjetivos promovidos por intervenções junto à criança ou à sua família que indiquem o verdadeiro sentido de seus atos delinquentes. Ou seja, mais do que medidas restritivas e punitivas, caberia indicar que a ação da criança é movida pela sua necessidade de encontrar um quadro de referência familiar que lhe foi privado. Nesse sentido, a análise do psicanalista inglês é igualmente prescritiva: *se* delinquência juvenil, *logo* há falta de um quadro de referência familiar.

Entre os autores que realizaram trabalhos de relevância acerca dos efeitos subjetivos do abandono familiar, não se pode deixar de mencionar o nome de René Spitz (1993) e seu livro sobre *O primeiro ano de vida*. Nessa obra, o autor busca demonstrar a importância da relação com a mãe no primeiro ano de vida da criança. Parte de sua tese é sustentada na observação de crianças que, desprovidas dessa relação, desenvolvem quadros psicopatológicos de carência afetiva que comprometem parcial ou totalmente o seu desenvolvimento psicológico e físico, podendo inclusive levá-las à morte. A esses quadros psicopatológicos Spitz denominou, respectivamente, *depressão anaclítica* e *hospitalismo*.

A depressão anaclítica – ou seja, o comprometimento parcial do desenvolvimento em decorrência da carência afetiva vivida pela criança abandonada em instituição pública – pode, de acordo com Spitz, afetar o desenvolvimento em diferentes graus e funções. Entre estas, inclui-se a aprendizagem que, apesar de não ser objeto de estudo nas observações do autor, ganha ao final do livro um apêndice específico de análise – escrito por W. Cobliner (1993). A questão posta, então, é de uma certa crítica ao sistema de Piaget, por este não considerar, ou considerar pouco, o papel da afetividade no processo de desenvolvimento das estruturas cognitivas.

Entre os argumentos de Cobliner, salientamos aquele que afirma a impossibilidade de desenvolvimento da noção de objeto permanente, com base unicamente em estímulos desprovidos de afeto. Assim, conclui esse autor, um bebê que não possui um objeto de investimento afetivo permanente – caso das crianças abandonadas – não conseguiria, por melhores que fossem os recursos pedagógicos para tal fim, adquirir a noção cognitiva de objeto permanente. Como se pode notar, para ambos os autores, Spitz e Cobliner, trata-se também de circunscrever cientificamente os critérios de normalidade e patologia que a presença ou ausência de uma família produz. Por família entendam-se aí os laços afetivos primários: é sobretudo a presença ou ausência de uma relação primária com a mãe que é salientada pelos autores.

Entre os psicanalistas lacanianos, a abordagem do tema família parte da diferença de posição da mãe e do pai em relação à criança[7]. Enquanto o pai introduz a dimensão significante e metafórica do falo, a mãe é responsável pelo assujeitamento primeiro da criança ao seu desejo, a sua *falta-a-ser*. A família, nessa concepção, corresponderia à estrutura mínima a partir da qual pode se produzir um sujeito. Ela situa o cenário onde o interjogo de posições subjetivas – S1, S2, objeto *a* e falo – recorta as diferentes funções familiares em relação às quais a criança emerge, primeiro, como sintoma (Lacan, 1969a; 1969b).

A dificuldade entre os analistas lacanianos será a de precisar a importância da passagem da função ao personagem. Assim, por exemplo, se o pai é um significante – significante que produz afânise e metáfora do desejo materno – em que *a pessoa do pai*, digamos assim, é aí concernida? Não há, nesse ponto, consenso entre os herdeiros de Lacan. Assim, por exemplo, Neuter (1991), ao trabalhar a difícil questão clínica do incesto realizado, escreve em tom de desabafo:

---

[7] Ver, por exemplo, o estudo de Jenny Aubry, *Enfance abandonnée:* la carence de soin maternels (1983).

> [...] ouve-se falar nos nossos meios que 'o pai real é aquele do qual não se pode dizer nada' ou ainda 'aquele que é necessário supor na origem da humanidade' e também que 'o verdadeiro pai é o pai morto'. Repete-se frequentemente que 'o essencial do devir da criança depende da estrutura, da linguagem ou da sua relação com o Simbólico, o Édipo freudiano não sendo senão a tradução imaginária desta relação com a linguagem'. [...] Estas afirmações seguramente freudianas e lacanianas, são contudo utilizadas de tal maneira que a função do pai real encontra-se aí como que esvaziada, contrariamente àquilo que foi a posição de Lacan sobre este assunto. (p. 184)

Já em relação ao lugar da mãe, o Outro primordial, todos parecem de acordo em assinalar a importância do suporte corporal – pulsional, especular e significante – que a mesma produz na relação com seu rebento. Nesse ponto, os psicanalistas lacanianos enfatizam a importância da relação primária com a mãe na definição da estruturação subjetiva e na escolha do sintoma. Pois, diferentemente do pai, a mãe não seria substituível; há um elemento corporal que antecede o jogo significante e mesmo a inscrição especular[8].

As análises de psicanalistas lacanianos a respeito da importância da família tendem, pois, em síntese, a compartilhar com os demais analistas a ênfase na importância da

---

[8] Bergès e Balbo falam da *mãe pré-especular* (Bergès, J. e Balbo, 1994).

presença da mãe, do estabelecimento da relação materna primordial. O pai, enquanto função simbólica, é introduzido, sobretudo, por intermédio da palavra da mãe. Resta em aberto a discussão sobre a adequada consideração do pai real, que se apresenta, por princípio, clivado entre genitor, pai da realidade e significante. Curiosamente, é entre esses analistas que se estabeleceu mais fortemente, na França (sobretudo entre os anos 2001-2003), a discussão sobre as propostas de alteração das leis, no que concerne às novas formas de parentalidade e de transmissão do patronímico. Isto porque, tendo em vista a definição do pai como uma função simbólica, seu exercício estaria na dependência do que é estabelecido pelas leis que regulam as relações sociais. A divergência está, nos parece, entre aqueles que veem nas alterações propostas uma mudança no estatuto da palavra paterna, que passaria a ter menos valor, e os que consideram que, pelo contrário, os deslocamentos sociais do lugar do pai são, antes, salutares e desejáveis ao exercício da função. Tal discussão teve, a nosso ver, o mérito de trazer para o debate questões problemáticas, há muito tempo caladas na comunidade analítica.

O livro *A família em desordem*, de Elisabeth Roudinesco (2003), faz um percurso no contexto desse debate. Nosso interesse por esse trabalho está na postura crítica que a autora assume em relação à definição de um modelo ideal de família que, muitas vezes, a abordagem psicanalítica das relações familiares produz. Ela propõe estabelecer um diálogo entre a história social da família e sua abordagem no interior da doutrina psicanalítica, notadamente em Freud. A hipótese que ela sustenta é que a novela edípica freudiana não apenas interpreta, mas inventa uma nova concepção de família: "[...] um modelo psicológico capaz de restaurar uma ordem familiar normalizante na qual as figuras do pai e da mãe seriam determinadas pelo primado da diferença sexual" (p. 87).

Segundo essa leitura, o complexo de Édipo freudiano seria uma formulação mítica capaz de dar conta do fato histórico-social que introduz o desejo sexual no interior da dupla lei de aliança e filiação. Mais ainda: ele fornece o suporte trágico – na figura do desejo culpado – que concilia a *vontade de poder* de um filho rebelde (republicano), e a manutenção da norma, pela internalização superegoica da autoridade paterna (encarnada pelo rei-soberano). A autora salienta, assim, o complexo de Édipo como uma proposição freudiana, mais do que uma interpretação. A sua enunciação tem a função de produzir um suporte de representação aos impasses do sujeito na modernidade. O que significa, por outro lado, fazer do modelo moderno de família o palco dos fantasmas originários – dos objetos e dos ideais.

Conforme indica Roudinesco, tal pressuposto não é propriamente uma versão narrativa exclusiva da psicanálise. A ideia de que a humanidade compõe uma grande família é o organizador mítico da cultura ocidental, o paradigma básico da tradição judaico-cristã. O recalque moderno das instituições religiosas não anula a pertinência deste mito; pelo contrário. Os principais fundadores da estrutura política moderna valem-se igualmente dessa versão de laço. Podemos ler em Rousseau (1762b):

> A mais antiga de todas as sociedades e a única natural é a da família. [...] A família é, pois, se se quiser, o primeiro modelo das sociedades políticas; o chefe é a imagem do pai, o povo é a dos filhos, e, tendo nascido todos igualmente livres, não alienam a sua liberdade senão em proveito da própria utilidade. Essa diferença consiste em que, na família, o amor do pai pelos filhos é recompensado com o cuidado que estes lhe dedicam, enquanto, no Estado, o prazer de mandar substitui esse amor que o chefe não sente para com os seus súditos. (p. 26-27)

Porém, para Roudinesco, Freud mesmo não assume uma posição prescritiva em relação à família. Citando "O mal-estar na cultura", a autora afirma que, se o psicanalista sustentou a lei do pai, foi para nela introduzir a ideia de que era a própria condição para o amor (p. 92). Isto é, a norma que interessa a Freud preservar é a de Eros como condição da vida em comum. A forma como ele alcança tal solução de compromisso é estabelecendo, via Édipo, a aliança entre a liberação social do desejo sexual e a manutenção da culpa no interior do indivíduo, isto é, a relação de submissão do sujeito ao ideal do eu.

Nesse sentido, a psicanálise não seria conservadora em termos de estrutura familiar; pelo contrário, ela seria responsável pela eclosão de novas formas de parentalidade, pois contribui para a realização do desejo humano de dissociação entre amor/filiação e sexo. Na obra de Freud, o verdadeiro perigo para a civilização é deslocado do sexo para o poder da crueldade humana – expressão do superego. Segundo Roudinesco, tal passo freudiano vai de par com o movimento da civilização ocidental que, no decorrer do último século, acompanhou a concomitante liberação da expressão da sexualidade feminina e os atos atrozes perpetrados pelas guerras mundiais.

Assim, os argumentos de Roudinesco avançam, na análise da abordagem psicanalítica da família, da relação entre pais e filhos para a consideração da diferença entre os sexos. No seu livro, ela descreve a história da família a partir da evolução nas formas de representação do feminino. Nesse percurso, encontramos novamente a psicanálise freudiana indicada como inovadora. Em psicanálise consideramos, esclarece a autora, não uma essência própria aos homens e outra às mulheres, mas uma sexualidade masculina e outra feminina, relativas aos diferentes registros da pulsão e da castração. Ela escreve:

> Na perspectiva freudiana, e mais amplamente na da psicanálise, a questão da diferença sexual só pode ser focalizada em referência a um vivido existencial. É que

a ordem do desejo, no sentido freudiano, é heterogênea
ao sexo e ao gênero. Ao mesmo tempo, subverte as
categorias habituais da antropologia e da sociologia. (p.
128-129)

Roudinesco busca retomar a dimensão trágica presente
nas considerações da diferença sexual para o sujeito freudiano. Nesse sentido, como ponto de apoio de sua interpretação, encontramos a famosa paráfrase feita por Freud:
a anatomia é o destino. A origem dessa frase deve-se a uma
conversa de Napoleão com Goethe onde, desmerecendo o
valor das tragédias de destino da Antiguidade, o primeiro
afirmava que o destino é a política. Segundo a autora, Freud
indica por essa frase que a diferença sexual é o ponto em
torno do qual se encena o drama do sujeito moderno. Assim,
se, como esclarece Roudinesco, a desigualdade anatômica
para Freud não se reverte em assimetria política – até porque, como vimos, em Freud, o que dirige o discurso político
é, exclusivamente, a ordem fálica, o masculino –, há uma
tentativa de sua parte de pensar a realidade a partir desse
ponto de desencontro. Ou seja, de incluir o feminino na
consideração da realidade. Esse ponto é retomado de diferentes formas pelos pós-freudianos, das variantes míticas do
corpo materno, de inspiração kleiniana, à impossível relação
sexual, formulada por Lacan.

Para a psicanálise não se trata, pois, de pensar homem e
mulher em termos de hierarquia. Porém, por outro lado, os

psicanalistas não são alheios aos fatos sociais. A expansão do movimento feminista após a Segunda Guerra, por exemplo, é interpretada por Roudinesco como reação às pretensões totalitárias de exclusão das figuras da alteridade, que tem, historicamente, nas mulheres seu representante principal. Nesse sentido, acompanhamos com Roudinesco os belos, e poderosos, argumentos de Simone de Beauvoir denunciando o recalcado em Freud. A autora escreve, a propósito de Beauvoir: "O destino, dizia ela em substância, *não é* a anatomia, pois o sexo das mulheres é uma questão política" (Roudinesco, 2003, p. 141).

Para Beauvoir, assinala a autora, tratava-se de dar voz a uma nova construção do feminino, impensável nos tempos de Freud, que permitisse separar radicalmente o *desejo de feminilidade* do *desejo de maternidade*. O elemento heterogêneo que se adiciona aí, e que nos permite considerar conjuntamente diferença anatômica e modelo familiar, é a introdução da ciência e a revolução que ela realiza no campo da reprodução.

Os métodos anticoncepcionais e as novas formas de concepção que dispensam o ato sexual têm efeitos antagônicos. Por um lado, permitem que as mulheres se liberem do jugo milenar que as relacionava diretamente com a função reprodutiva. Torna também possível a casais até então excluídos da norma familiar – como os homossexuais – a demandar sua inclusão. Por outro – e é nesse ponto que, segundo Roudinesco, reside o verdadeiro risco – parece dar lugar a um discurso que dessexualiza a sexualidade, propondo uma assepsia das relações familiares.

Dessa forma, a autora desloca o eixo do debate entre psicanalistas sobre destinos da família. O declínio da potência paterna, tratado pela autora como progressiva abstração da função paterna, a liberação das mulheres da função exclusiva da maternidade e a inclusão dos casais homossexuais no modelo de família contemporânea demonstram e renovam a força do desejo de família na cultura ocidental. Trata-se, podemos pensar, dos efeitos de um trabalho psíquico da cultura – fruto da interpretação psicanalítica – que tem permitido a inclusão, no laço social, da heterogenidade própria à *feminilidade*. A autora convoca, também, a que os psicanalistas, sendo responsáveis com a sua ética e com os pressupostos teóricos elaborados desde sua origem, não fiquem alheios à pertinência de tais modificações.

Resta, como verdadeiro problema, a tentação totalitária da ciência, que permitiria excluir a alteridade outorgando ao poder único de um corpo materno dessexualizado a capacidade de engendramento de novos seres humanos. É também, propõe a autora, a tentação totalitária que continua a assombrar os destinos da psicanálise, quando seus praticantes tomam-se na defesa de um discurso da nostalgia do pai; discurso religioso que nada mais é do que a verdade recalcada da ciência.

Das Ding: *ciência moderna e religião judaico-cristã*

Nas instituições de acolhimento de crianças e adolescentes, sejam elas de vocação religiosa – as antigas casas de roda do Brasil colonial – ou modernas estatais – como são os abrigos de acolhimento – podemos observar a mesma estrutura das massas artificiais, analisada por Freud. Porém, se nas instituições religiosas é Deus/Cristo que assume a função do ideal do eu, nas instituições públicas o discurso dominante é o técnico-científico. Em consonância com os ideais que regulam a ciência – ideais de objetividade e precisão – o que vigora aí como norma é o bom funcionamento da máquina institucional.

Nesse ponto, encontramos, efetivamente, uma particularidade própria da organização social moderna. Trata-se da proeminência do discurso da ciência, discurso pautado pela exclusão do sujeito e no qual uma realidade asséptica e dessexualizada ocupa o lugar do ideal. Conforme Lebrun (1997), o discurso da ciência pauta-se pela recusa do lugar de enunciação do sujeito: a realidade é objetivamente definida, é o reino do enunciado. Nenhum espaço, pois, à consideração de uma realidade psíquica.

Sabe-se que Lacan situa o sujeito da psicanálise como tributário do sujeito da ciência. Ele faz da experiência cartesiana – *penso, logo sou* – a expressão da forma como o recalque originário incide na cultura moderna. Sobretudo, o psicanalista desenha na esteira de Descartes a divisão entre saber e verdade, ficando aquele a cargo da racionalidade científica, na medida em que esta é de responsabilidade divina. Dito de outro modo: a ciência moderna, segundo a interpretação de Lacan da filosofia cartesiana, estabelece seu campo de ação e sua forma de funcionamento – a racionalidade científica – pela manutenção da religião no domínio da verdade. Segundo Erik Porge (2000):

> Ao remeter a Deus o encargo de garantir a verdade última do saber, 'Descartes inaugura as bases de partida de uma ciência na qual Deus não tem nada que ver'. Ao colocar que as verdades eternas dependem de Deus, a ciência pode progredir como acumulação de saber sem se entulhar com os fundamentos das verdades. Há foraclusão da verdade como causa. Deste fato, há o retorno disto que é rejeitado, retorno da verdade separada do saber. Esta faz retorno no sintoma ou, mais exatamente, no real sexual do gozo do sintoma. Este retorno justifica a psicanálise e explica que o sujeito sobre o qual nós operamos é o sujeito da ciência. (p. 260-261)

Cumpre, pois, reconhecer no discurso da ciência moderna a manutenção da referência religiosa ao pai. Na própria medida em que a verdade divina é foracluída do campo científico, mas permanece como sua garantia última, pode-se afirmar que é o discurso da ciência que coloca Deus como *Nome-do-pai* no Real. Nesse sentido, o complexo paterno que a ciência funda eleva-o a categoria de *das Ding* da cultura moderna. Conforme afirma Lacan (1959-60), no *Seminário VII*:

> Assim como na arte, em que há um *Verdrängung*, um recalque da Coisa – como na religião talvez haja uma *Verschiebung* –, é propriamente falando de *Verwerfung* que se trata, no discurso da ciência. O discurso da ciência rejeita a presença da Coisa, uma vez que em sua perspectiva se delineia o ideal do saber absoluto, isto é, de algo que estabelece, no entanto, a Coisa, não a levando ao mesmo tempo em conta. (p. 164)

Em termos de laço social, os sistemas políticos totalitários são a demonstração exemplar do retorno do pai no Real – o *führer* – forcluído pela ciência. É nesse sentido que entendemos a função subversiva da psicanálise de – no dizer de Lacan – trazer o Nome-do-pai para a consideração científica[9]. Os desenvolvimentos do psicanalista a respeito da função fálica se encaminham, igualmente, nessa direção. Como já desenvolvemos no primeiro capítulo, Lacan (1972-73) propõe que a função fálica se estabelece a partir de uma exclusão: existe ao-menos-um que escapa à castração. O

---

[9] "[...] reconhecemos que a psicanálise é essencialmente o que reintroduz na consideração científica o Nome-do-Pai [...]" (Lacan, 1966, p. 889).

autor indica aí a necessidade lógica do pressuposto do pai da horda, do mito freudiano.

Reencontramos o dispositivo perverso como princípio da cultura. Como mito cultural ou fantasma individual, ele suporta uma idealização do pai da horda, um princípio de mitificação da potência paterna: ele foi o único a ter escapado à castração. Na figuração mítica e religiosa, ele é aquele, o Outro, que sabe como gozar. O neurótico, por sua vez, é o eterno filho culpado que, no lugar do gozo do pai, produz sintoma. Isto é: ele oferece ao Outro, como vimos nos capítulos anteriores, um gozo-a-mais. Neste contínuo oferecimento é que os neuróticos se encontram e fazem laço social pelo compartilhamento do prejuízo (Assoun, 1999).

O mito da horda, como Freud (1913) mesmo o reconhece, é darwinista. Ele assegura ao cientista da teoria da evolução o princípio necessário para o estabelecimento da lei da seleção natural: a partir desse ato inaugural, estabelece-se a consonância entre a lei do mais forte e a evolução histórica. Assim, o universo representacional colocado em jogo pela ciência não é diferente daquele estabelecido pelo recalque originário: o sujeito da psicanálise é o sujeito da ciência. Efetivamente, conforme a proposição de Lacan (1969-70), o discurso da ciência é o discurso do mestre moderno. O superego será, justamente, a instância na qual o Real da forclusão primeira faz função de traço de identificação ao pai, retornando como saber, na ferocidade da consciência crítica e da culpa.

O ultrapassamento dessa condição está, como veremos mais adiante, na possibilidade de sobre o Real produzir-se mito, isto é, um saber que não dispense o sujeito que o enuncia. A nossa hipótese é que a construção de uma narrativa ficcional no lugar do puro exercício da lógica fálica é o elemento necessário para o apaziguamento do sadismo superegoico. Isto implica, necessariamente, não fazer a economia de uma certa fetichização da função do pai, mas de relativizá-la pela multiplicidade de versões, de *père-versions*.

Discurso da ciência e instituição de abrigagem

> Houve outrora na Boêmia uma indústria florescente, que parece ter se deteriorado. Pegavam crianças, fendiam-lhes os lábios, comprimiam-lhes o crânio e as fechavam dia e noite numa caixa para que não crescessem. Com esse tratamento e outros da mesma espécie, faziam delas monstros muito divertidos e que davam excelente lucro. Para Genet, usaram um processo mais sutil, porém o resultado foi o mesmo: pegaram uma criança, fizeram dela um monstro por razões de utilidade social. Se, nesse caso, quisermos encontrar os verdadeiros culpados, devemos voltar-nos para as pessoas honestas e perguntar-lhes por que estranha crueldade elas fizeram de uma criança o seu bode expiatório. (Sartre, 2002, p. 35)

Nas instituições de abrigagem de adolescentes, podemos observar a vigência radical do princípio fálico, ordenado pelo discurso da ciência. Não há dúvida de que as equipes de técnicos – salvo exceção – visam ao bem-estar dos internos; eles são pautados pela moralidade superegoica. Contudo, como a maioria das instituições sociais reguladas pelo saber técnico-científico, a direção do trabalho consiste na normatização dos sujeitos – sua adequação ao ideal fálico social – que conduz à eliminação das idiossincrasias, entendidas como sinais de patologia, sob o crivo da nosologia psiquiátrica. No limite de tal preceito, chega-se ao apagamento dos dados de origem, à eliminação de significantes que singularizariam, como aconteceu durante o período de vigência do regime militar no Brasil.

O relato autobiográfico de Roberto da Silva (1997), citado anteriormente, é exemplar. Tendo vivido da primeira infância à maioridade em uma instituição pública, no exato momento em que o país vivia, sob regime de exceção, uma ditadura militar, Silva descreve e analisa o trágico destino dos meninos de sua geração que, como ele, foram criados sob a tutela do Estado. Ele os chama de *filhos do governo*. O que o autor interroga são as causas da sua inabilidade em adaptar-se ao mundo de fora da instituição. O fato digno de nota é que um terço desses meninos foram re-conduzidos, quando adultos, à vida institucional. Dessa vez, porém, a instituição em causa era a prisão. Citamos o autor:

> [...] entendo que os filhos do governo, pela própria natureza de suas experiências de vida, incorporam um *modus vivendi* que é a própria negação do comportamento socialmente aceito. (p. 133)

E, mais adiante, ele acrescenta:

> [...] o processo de institucionalização deu lugar ao fenômeno mais grave da prisionização, e a multirreincidência [no crime] fechou o ciclo da formação da criminalidade, consolidando a estigmatização como fator adstrito à identidade social do indivíduo e a exclusão social como fator adstrito à identidade real, pela dimensão jurídica nela implícita. Uma impede a plena (re)integração do indivíduo à sociedade e a outra impede ao indivíduo o pleno exercício da cidadania. (p. 188)

Silva nos conta que até sua adolescência não teve acesso aos seus dados básicos de identificação pessoal: data de nascimento, nome de família, nome dos pais e irmãos etc. Nessa época conseguiu, por meio de um ato infracional – o primeiro que cometeu – infiltrar-se na sala de arquivos onde descobriu sua identidade familiar. A usurpação realizada pela instituição operou um apagamento da herança significante que não há como ser sem consequências. Ela denuncia uma organização social fundada na recusa e exclusão dos traços portadores de diferença, como o é, normalmente, uma organização totalitária. Na falta dessa herança significante, os internos ficavam presos ao signo do eterno-retorno – esta é a tese de Silva – à necessidade de reencontro da posição de objeto a serviço do gozo do Outro.

Felizmente, esse tipo de instituição no Brasil terminou junto com a ditadura militar. Porém, ainda hoje, a vivência institucional de crianças e adolescentes traz verdadeiros impasses, tanto aos governantes quanto às equipes técnicas. Também na França, encontramos preocupações semelhantes acerca da acolhida e do destino de crianças e adolescentes em instituição. O trabalho de Sartre (2002) sobre o escritor Jean Genet, citado em exergo, ilustra bem uma das direções desse questionamento: qual a utilidade social desse ordenamento discursivo que culmina na produção de bodes expiatórios? A pergunta, ao que parece, já contém a resposta. Como psicanalistas, preocupa-nos, igualmente, os seus efeitos sobre os sujeitos que ocupam esse lugar.

No trabalho clínico, tivemos ocasião de escutar o quanto se colocava para os adolescentes moradores de instituição a questão da fuga. Efetivamente, à medida que a análise avançava, a necessidade de reencontrar os significantes de origem se apresentava de forma imperiosa aos adolescentes. Era bastante habitual que ela viesse acompanhada do desejo de fugir da instituição. Aos poucos, fomos compreendendo que *fugir da instituição* significava retornar à família. Recontar sua história implicava, pois, para esses adolescentes, re-integrar o corpo familiar. A radicalidade da mútua exclusão se fazia ato: era a instituição OU a família.

Em se tratando de adolescentes, a inscrição da instituição no lugar da função parental problematiza a realização da operação que seu momento de vida convoca. Ao ter na instituição um substituto parental, a alienação do sujeito aos significantes desse Outro comporta um apagamento do primeiro registro familiar. Não se trata da substituição simbólica ou do deslocamento de um referente como, podemos pensar, costuma acontecer na relação do adolescente com a escola, com os pares ou mesmo como uma comunidade profissional. Nesses casos, não há uma substituição excludente da função da família e das instituições, como acontece com a instituição de abrigagem. Mesmo que a escola e os grupos tenham uma função de corte, de ruptura, na relação do adolescente com seus parentes, elas guardam um lugar social que visa a prolongar a função socializante da família. Em outras palavras, não há necessidade de *recusar* o seu lugar na família para ingressar na escola ou no grupo.

O ingresso dos adolescentes na instituição de abrigagem os coloca, pois, diante de uma clivagem difícil, por vezes impossível de sustentar. O julgamento social diante de situações de desestruturação familiar é imediato: destitui a guarda da família e a acusa de displicência para com a sua prole. Isto significa que o ato de internação da criança ou do adolescente é registrado como falha moral. Também em nossa prática observamos que muitos adolescentes, ao falarem de suas famílias, assumiam ou bem a posição acusatória pela sua situação, ou então a necessidade imediata de fugir da instituição para reencontrar os laços familiares que se sentiam culpados de ter abandonado. A alternância entre essas posições – verso e reverso da mesma questão: posição de acusação e culpa – era o mais habitual. A passagem ao ato era, então – em resposta ao imperativo superegoico – inescapável: fugir da instituição, voltar à família.

Voltando à análise de Julien (2000) no livro *Abandonarás teu pai e tua mãe*, referido anteriormente, é na família, na relação de amor, desejo e gozo que une um casal, que se encontra o princípio da transmissão de uma filiação. Nesse ponto a filiação familiar seria insubstituível, pois apenas ela pode fundar a transmissão da lei do desejo. Segundo o autor:

> [...] só a família de onde se vem e que se abandona *pode* transmitir essa lei do desejo e assim dar o poder de efetuá-lo por uma aliança conjugal. [...] a família de origem não deve ser fundada sobre a parentalidade, mas, ao inverso, é a conjugalidade de um homem e de uma mulher que funda a parentalidade. (p. 46)

Conforme o autor, é a transmissão da lei do desejo que vai tornar possível que a nova geração possa romper seus laços familiares primários – abandonar pai e mãe – e dirigir-se à cultura para fundar uma nova unidade familiar. Concordamos plenamente com a posição de Julien, com a ressalva de que não se faça aí uma apologia de um ideal familiar que termina tendo o efeito inverso do que pretende. *Propomos denominar família, nesse contexto, o suporte – real, simbólico e imaginário – que um ou mais indivíduo(s) dá a outro para a realização singular da operação de alienação/separação*. Trata-se, para Lacan, da função necessária do outro/Outro: *a função do Tu*, da qual trataremos a seguir.

Em síntese, a clínica com adolescentes em instituição nos permite reconhecer que é na singularidade de uma relação intersubjetiva – isto é, que implique um *eu* e um *tu* reais – que a transmissão do desejo é possível. Isto porque, como veremos a seguir, desde a tematização por Freud da herança filogenética sabe-se que, para que o Real – *das Ding* – opere como realidade psíquica, é preciso que haja um significante que o nomeie. O que só é possível através do suporte de um outro/Outro que empresta seu corpo, seu lugar e seu nome, para que a autenticação de uma versão singular do Real seja possível.

Da transmissão e autenticação do Nome-do-Pai *ou o Real em Freud*

Intrigado com a base material das fantasias de seus pacientes, Freud é conduzido à formulação da hipótese filogenética. Se não é possível encontrar na experiência infantil traços de realidade que fundamentem a expressão sintomática de uma fantasia originária, é porque isto deve provir de outra fonte. Assim, Freud argumenta que aquilo que o indivíduo não viveu pessoalmente na realidade lhe teria sido transmitido hereditariamente como memória de um tempo arcaico. Seriam fragmentos de fatos reais, contemporâneos às origens da civilização. Dessa forma, as fantasias originárias – cena primária, fantasia de sedução e fantasia de castração – seriam lendas-tipo, compostos simbólicos prévios ao surgimento do sujeito em questão, e que constituem a proto-história do indivíduo. No caso do "Homem dos lobos" (Freud, 1918), o autor enuncia diretamente essa questão:

> Quiséramos saber se a cena primária foi uma fantasia ou uma vivência real; mas o exemplo de outros casos análogos nos mostra que, em último termo, não é nada importante tal decisão. As cenas de observação do coito entre os pais, de sedução na infância e de ameaças de castração são, indubitavelmente, um patrimônio herdado, uma herança filogenética, mas podem constituir também uma propriedade adquirida por vivência pessoal [...] Vemos, pois, na história primordial da neurose, que a criança recorre a essa vivência filogenética quando sua própria vivência pessoal não se apresenta como suficiente. Preenche as lacunas da verdade individual com a verdade pré-histórica e substitui sua própria experiência pela de seus antepassados. (p. 1994-1995)

Com base no mesmo argumento, Freud acredita que alguns conflitos psíquicos infantis são resultado de uma inadequação entre experiências de vida singulares e as fantasias hereditariamente transmitidas. Ele assinala que há casos nos quais as vivências não correspondem ao esquema herdado, sendo função da fantasia elaborar essas experiências. Tais situações de conflito demonstram igualmente, indica o psicanalista, a prevalência da herança sobre a experiência e a sua existência independente.

Tal é o caso do "Homem dos lobos", na fantasia alucinatória em que vê seu dedo cortado. Segundo Freud, o paciente havia sido alvo da ameaça de castração enunciada pelas mulheres que se dedicavam aos seus cuidados. Porém, a ausência de um pai ameaçador na realidade apresentou-se para ele de forma alucinatória, no corte do dedo. Com a atividade imaginativa, ele completou a parcela do complexo paterno que lhe havia faltado na experiência infantil. A alucinação do dedo cortado fez função de traço de realidade, preenchendo a exigência do esquema que lhe fora transmitido pela herança filogenética.

Apesar do apego de Freud aos pressupostos biológicos da teoria da evolução, é na história da cultura e do simbolismo próprio à linguagem que ele vai fundamentar a transmissão do patrimonio filogenético. Segundo o autor, o caráter universal de algumas fantasias e símbolos, que a análise dos processos primários revela, constituem uma espécie de língua fundamental. Nessa língua fundamental, termo tomado emprestado de Schreber, estariam guardados os acontecimentos históricos fundadores da civilização, sob a forma de uma relação simbólica.

Freud menciona duas vezes, na sua obra, tal analogia entre inconsciente e a língua fundamental. Primeiro nas "Lições introdutórias de psicanálise", no capítulo dedicado ao "Simbolismo do sonho" (Freud, 1915-17a), ele propõe que as relações simbólicas que podem ser observadas no sonho, como resultado da elaboração onírica, também estão presentes em produções culturais, tais como os mitos, fábulas, cantos, provérbios e poesias. O simbolismo presente nessas produções seria, avalia Freud, um resquício de formas primitivas de expressão. E ele complementa: "lembro, nesse ponto, a fantasia de um interessante alienado que chegou a imaginar a existência de um 'idioma fundamental', do qual todas essas relações simbólicas eram, a seu juízo, sobrevivências" (p. 2224).

Igualmente no texto "A significação ocultista do sonho", de 1925, Freud afirma, novamente tendo por referência os processos oníricos, que o simbolismo ultrapassa essa produção psíquica. Ele associa-se ao tema mais amplo do pensamento arcaico, isto é, segundo as palavras de Freud (1925a): "nossa 'linguagem fundamental', segundo a acertada expressão do paranoico Schreber" (p. 2887). Presente de forma dominante nos mitos e rituais religiosos, diferencia-se da elaboração onírica unicamente pela particularidade, desta última, de dissimular, sobretudo, a importância do sexual.

Essas análises de Freud demonstram que, segundo o autor, é na história da cultura que encontramos os pressupostos filogenéticos das fantasias originárias que se expressarão nos sonhos de um indivíduo, bem como nas fábulas, nos mitos e nos rituais religiosos. Para Freud, em todas essas manifestações se encontraria a mesma estrutura simbólica: uma língua fundamental. Esta, conforme Schreber, é a língua falada por Deus, uma língua arcaica, diferente daquela falada ordinariamente. Além disso, seria uma língua universal, que desconhece as particularidades dos idiomas nacionais. Segundo Freud (1939):

> Vemo-nos obrigados a concluir que os sedimentos psíquicos daqueles tempos primordiais se converteram em uma herança, que em cada nova geração somente precisa ser reanimada, mas não adquirida. Adotamos tal conclusão tendo presente o exemplo do simbolismo, sem dúvida alguma inato, que data da época em que se desenvolveu a linguagem, que é familiar a todos as crianças sem necessidade de terem sido instruídas sobre isso, *e que é um e mesmo em todos os povos, apesar de todas as diferenças idiomáticas.* (p. 3321; grifo da autora)

No seminário *As formações do inconsciente*, Lacan (1957-58) retoma essa analogia proposta por Freud entre a língua fundamental de Schreber e a língua do inconsciente. Ele assinala que na esperiência psicótica, como a de Schreber, a mensagem vem diretamente do Outro, como puro significante. Não há, nesse caso, a intermediação da dimensão da alteridade, do *Tu*, que permite que essa mensagem seja *autenticada* e entre, assim, em um registro de significação. Segundo suas palavras:

> A mensagem manifesta-se, aqui, na dimensão pura e rompida do significante como algo que só comporta sua significação para além de si mesmo, algo que, por não poder participar da autenticação pelo *Tu*, manifesta-se como não tendo outro objetivo senão apresentar como ausente a posição do *Tu*, onde a significação se autentica. (p. 161-162)

Nesse ponto, Lacan distingue o que seria carência paterna, isto é, um pai mais ou menos insuficiente em relação a sua função, da ausência do significante do Nome-do-pai. É tão somente nesse último caso que se observa a dificuldade de efetivar-se a *autenticação* destacada acima. Porém, nesse momento do trabalho de Lacan, ele designa por Nome-do-pai um significante que duplica no Outro o lugar do Outro, isto é, um Outro do Outro. Na mesma lição do seminário *As formações do inconsciente*, na sequência da citação anterior, o autor complementa:

> Creio lhes haver indicado suficientemente que a dimensão do Outro como lugar do depósito, do tesouro do

> significante, comporta, para que ele possa exercer plenamente sua função de Outro, que ele tenha também o significante do outro como Outro. Também o Outro tem, além dele, esse Outro capaz de dar fundamento à lei. Essa é uma dimensão que, é claro, é igualmente da ordem do significante, e que se encarna em pessoas que sustentam essa autoridade. (p. 162)

Como vimos no capítulo anterior, em seminários posteriores Lacan revisa essa concepção, afirmando que não há Outro do Outro, que o universo discursivo é, para neuróticos e psicóticos, não-todo. O que seria, nesse contexto, a *função do Tu* como autenticador do discurso?

Se aproximarmos a formulação de Lacan daquelas de Freud, trata-se de interrogar por qual mecanismo a língua fundamental do inconsciente passa a ser legitimamente representante da experiência singular de um sujeito, tendo, por um lado, efeitos de *significação* sobre o mesmo e, por outro, conferindo *autenticação* a essa experiência. Na psicose algo falha nesse processo e a língua fundamental apresenta-se sob a forma de um inconsciente a céu aberto – conforme a fórmula freudiana para as expressões psicóticas.

A partir da formulação do processo de alienação/separação e do objeto a, conforme nossa interpretação, há a proposição de que é no espaço aberto pela falta de um significante no Outro $S(\cancel{A})$ – a ausência estrutural de um significante que assegure a significação do sujeito – que a dimensão da alienação (S2) se coloca. Dessa perspectiva, a significação é apreendida pela resposta singular que um *falasser* (*parlêtre*) dá à questão *o que o Outro quer de mim?*. Isso implica que o efeito de *significação* deve-se à posição do sujeito em relação à demanda do Outro: o fantasma é a construção de uma resposta a uma demanda suposta.

Assim, o que o psicanalista francês chama de *autenticação*, no seminário *As formações do inconsciente*, seria a produção de uma *significação*, efeito do reconhecimento da inscrição do sujeito no campo fálico. Dentro da proposta do processo de alienação/separação, é de outra coisa que se trata, na *autenticação*. Nesse contexto, propomos designar por esse termo o efeito de sujeito que o retorno ao S1 – pelo processo de separação – produz. Trata-se da possibilidade de *nominação* de um sujeito ao real, isto é, de reconhecimento da validade na produção de uma versão, de uma ficção das origens. Tal seria o passe necessário a um fim de análise e também, como propõe Rassial (2000), ao final da adolescência. Cumpre considerar, pois, que há *nominações* que podem ser autenticadas e outras não; ou seja, há uma dimensão do nome que não é arbitrária, ele deve, em alguma medida, consistir com o real que representa.

Em relação à *função do Tu*, tal proposição de *autenticação* de uma versão das origens implica, diferentemente da *significação*, o esvaziamento das instâncias imaginárias do outro/Outro. Não se trata de seu apagamento, mas tampouco de suportar-se na sua demanda. O outro é aí necessário enquanto suporte do objeto causa do desejo e guardador de lugar do significante. Conforme ensina Lacan (1968-69), no seminário *De um Outro ao outro*:

> Na abordagem que comecei a trilhar, o *Eu* [*je*] aparece inicialmente diante do Outro como permitindo delimitar uma carência lógica, como lugar de uma falha de origem transposta para a fala [*parole*] como algo que poderia responder.
>
> O *Eu* [*je*] aparece primeiramente como assujeitado, como *assujeito*. Escrevi essa palavra em algum lugar para designar o sujeito, na medida em que ele nunca se produz senão dividido no discurso. Se o animal falante não pode abraçar-se com o parceiro senão inicialmente assujeitado, é por já ter sido falante desde sempre, e porque, na própria aproximação desse abraço, só pode formular o *Tu és* matando a si mesmo [*s´y tuer*]. Ele "outrifica" [*autrifie*] o parceiro, faz dele o lugar do significante. (p. 78)

Lacan retoma aqui o jogo de palavras já utilizado no texto "Subversão do sujeito e dialética do desejo" entre tu és, matar e situar (*s'y tuer*) (Lacan, 1960, p. 814-815). Ele busca significar aí, segundo nosso entendimento, a função do semelhante como suporte do objeto *a*, do real: o *als Ding* freudiano do complexo do próximo. Em outras palavras, é preciso que o semelhante seja suporte do furo estrutural engendrado pelo recalcamento originário, constitutivo do universo discursivo. Na proposta interpretativa que estamos fazendo, o trabalho de Freud com a filogênese é herdeiro dessa sua primeira intuição, atinente à Coisa no complexo do próximo.

Como vimos acima, Freud refere que as experiências individuais que não condizem com a estrutura mítica da língua fundamental tendem a ser problemáticas, promotoras de conflitos. Porém, o psicanalista evoca ainda uma outra dificuldade, segundo ele, mais importante. Ao final do historial clínico do "Homem dos lobos", ele assinala a existência de um segundo problema relativo ao descompasso entre a filogênese e experiência singular. Trata-se do fato de que esse patrimônio inato, que cada indivíduo possui e que constitui a herança da espécie em relação aos processos da vida sexual, buscaria no inconsciente a matéria que o "protegeria de ser suprimido pela evolução posterior" (Freud, 1918, p. 2008).

Também em "Totem e tabu", Freud (1913) demonstra a preocupação de como manter assegurada a transmissão intergeracional das experiências:

> Tal continuidade fica assegurada, em parte, pela herança de disposições psíquicas, as quais precisam, entretanto, de certos estímulos na vida individual para desenvolver-se. Nesse sentido, é como teremos, talvez, que interpretar as palavras do poeta: 'Aquilo que herdastes de teus pais,

conquista-o para possuí-lo'. O problema se mostraria ainda mais intrincado se pudéssemos reconhecer a existência de fatos psíquicos suscetíveis de sucumbir a uma repressão que não deixasse a menor pegada. (p. 1848-1849)

Nesse momento de sua formulação, Freud afirma que não há como perpetrar-se um tal apagamento, pois os rituais da cultura e a tradição encarregam-se de manter vivo, a cada geração, os eventos anteriores. Trata-se talvez de um momento de raro otimismo de Freud. As experiências políticas totalitárias na cultura e as psicoses individuais demonstraram justamente o contrário. Igualmente pela experiência psicanalítica percebe-se que é possível produzir-se um apagamento do real – da herança filogenética – de forma que ele seja excluído da possibilidade de acesso a uma nominação significante. É nesse sentido que entendemos a proposição de Erik Porge (2000) – interpretando a problemática do Nome-do-Pai em Lacan –, segundo a qual "a forclusão do Nome-do-Pai não seria, então, a forclusão de um significante único, mas de uma rede de ao menos três significantes" (p. 141). Ou seja, o que é forcluído não é um significante, mas o próprio complexo paterno. É esse esquema filogenético que, segundo nossa interpretação, a última abordagem do termo lacaniano *Nome-do-Pai* designa.

Segundo a chave interpretativa que o processo de alienação/separação nos fornece, podemos concluir que, no caso da foraclusão do Nome-do-Pai, não é o significante da significação – S2 – que falta. São as precondições para que uma versão significante das origens se produza que estariam fora do campo de transmissão do sujeito. Claro que, a partir daí, o próprio processo de alienação e produção fantasmática da *significação* é afetado. Mas o fundamental nas formas singulares ou plurais de psicose diz respeito à impossibilidade de produção de uma nominação originária, da *autenticação* de uma versão singular ao Nome-do-Pai.

Também na clínica das neuroses, é dos impasses relativos à *autenticação* dos Nomes-do-Pai que se trata. O neurótico é aquele que, conforme a terminologia freudiana, teve acesso ao seu quinhão da herança. Contudo, ele ficou preso à fixidez da versão que a metáfora paterna lhe outorgou na infância – a versão fálica edípica – e sobre a qual ele estabeleceu sua fantasia fundamental. Na adolescência, as modificações corporais e discursivas do sujeito e do Outro vêm fazer ruir a significação construída na infância. Contudo, na maior parte das vezes, o neurótico adulto mantém sua versão de pai apoiada sobre o fantasma infantil. Ele passa pela adolescência e encontra ancoragem na normopatia, que nada mais é do que a versão social da metáfora fálica.

Lacan (1975-76) propõe o jogo significante *père-version*[10] para expressar o que na neurose se apresentaria como possibilidade de ultrapassagem do complexo de Édipo. Segundo seus termos: "a psicanálise, ao ser bem-sucedida, prova que

---
[10] Perversão (*perversion*) e pai-versão (*père-version*).

podemos prescindir do Nome-do-Pai. Podemos sobretudo prescindir com a condição de nos servirmos dele" (p. 132), isto é, segundo nossa interpretação, uma apropriação dos significantes que o discurso lhe oferece sem precisar pagar o preço da alienação fantasmática ao gozo do Outro.

O adolescente, o poeta e o herói

Em vários momentos de sua obra, Freud aborda o tema da oposição entre neurose e cultura. A neurose, diz o autor, faz fracassar a intenção cultural, qual seja, a repressão das pulsões sexuais, necessária para a inclusão do indivíduo nas relações sociais. Porém, ele também reconhece que tal fracasso é fruto dos excessos da opressão imposta pela sociedade que mais não faz do que dificultar a tarefa do indivíduo, produzindo neurose. No texto "A moral sexual cultural e a neurose moderna", Freud (1908) afirma:

> [...] a neurose, seja qual for o indivíduo a que ataque, sabe fazer fracassar, em toda a amplitude de seu raio de ação, a intenção cultural, executando assim o trabalho de forças anímicas inimigas da cultura e por isso reprimidas. Deste modo, se a sociedade paga com um incremento da neurose a docilidade a seus preceitos restritivos, não poderá falar-se de uma vantagem social obtida mediante sacrifícios individuais, senão de um sacrifício totalmente inútil. (p. 1261)

No primeiro capítulo deste trabalho, buscamos precisar essa aparente contradição, situando-a na diferença entre neurose e perversão, como correlativa da distinção entre sociedade e cultura. Nesse sentido, a oposição observada por Freud é concebível pela resistência que a fantasia do neurótico faz à inclusão de terceiros na qual se baseiam as relações sociais. Não é, pois, propriamente falando, a neurose que se opõe ao trabalho da civilização, mas o fantasma que é estruturalmente perverso. A neurose, propriamente dita – isto é, sua qualidade de formação de compromisso – é, pelo contrário, resultado da intenção cultural, da repressão da pulsão. Trata-se aí da neurose como sintoma e, nesse sentido, ela trabalha na mesma direção que o laço social. Ambos procuram reintegrar, fazer laço, pela inclusão do terceiro que fica do lado de fora, excluído da cena fantasmática.

Ao longo do trabalho que viemos desenvolvemos, vimos que é na obra de Lacan que vamos encontrar uma elaboração mais aprofundada sobre essa difícil dialética entre neurose e cultura. Conforme assinala esse autor, a cultura produz, e reproduz incessantemente, a Coisa, *das Ding*. Podemos pensar que o modelo do terceiro excluído, que retorna na elaboração imaginária da cena primária, é subsidiário dessa produção. O trabalho da neurose é de tentar integrá-lo a um circuito de gozo. Porém, como o gozo ao que o neurótico se dedica é o da perversão de seu fantasma, ele invariavelmente fracassa em sua missão: produz mais um objeto, um *objeto-a-mais* ali onde um laço significante – a formação do sintoma – vem ocupar lugar.

É preciso que se diga que a solução apontada pela psicanálise não é nem o êxito do sintoma, nem a realização – enfim sem culpa – do gozo fantasmático. Trata-se, como indicamos ao final do capítulo 2, da manutenção da clivagem entre significante e objeto, o que implica a invenção constante, e singularmente construída, de uma versão – realidade psíquica – do pai (em posição de ideal) e do objeto (como causa de desejo). Denominar tal invenção de *père-version* indica que se trata da invenção, ao mesmo tempo, de um suporte ao traço do ideal e de um circuito de gozo possível. A tarefa do analista é, nese sentido – como o indica Lacan (1964) ao final do *Seminário XI* – o de guardador de lugar da separação entre traço e objeto. Segundo suas palavras: "pois a mola fundamental da operação analítica é a manutenção da distância entre o *I* e o *a*." (p. 258)

Para Freud, os mitos e lendas são a realidade psíquica de um povo, isto é, uma versão que uma dada civilização constrói para o complexo paterno. A cultura ocidental moderna, orientada pelo discurso da ciência, baseia-se na desconsideração da mitologia, identificando-a com uma falsificação da realidade. Efetivamente, a ciência positiva se estabelece com base na crença em uma verdade factual que se define por oposição à interpretação literária ou religiosa. Como vimos acima, essa definição científica da verdade se pauta na exclusão do sujeito da enunciação, que passa a ser o suporte Real necessário para a elaboração dos enunciados científicos. Nesse sentido, a ciência moderna mantém a definição religiosa do pai. Autores como Eliade (1989) já salientaram a consonância da ciência moderna – pela oposição entre verdade factual e mentira mítica – com a versão cristã do complexo paterno. O trabalho de Freud na análise da cultura consistiu, em grande medida, na recuperação do valor do mito, da sua inclusão na consideração científica. Nesse sentido, ele representa uma ruptura com a univocidade da versão da paternidade, tal como estabelecida pela tradição judaico-cristã.

Freud atribui ao poeta a função de renovação dos mitos e lendas. Enquanto indivíduos, os poetas realizam, de forma subliminar, os anseios de superação da subserviência do eu ao ideal. Na sua elaboração individual do mito, o poeta pode se investir da função que no complexo paterno se delegava ao pai, isto é, representar-se como criador do mundo, nominador dos objetos. Por outro lado, a leitura freudiana nos leva a considerar que a autenticação do trabalho do poeta por seus pares, no laço social, implica reconhecê-lo como o herói, isto é, em supô-lo a reencarnação do pai morto (Freud, 1921).

A partir dessas considerações, poderíamos dizer que *o adolescente é o poeta da modernidade*. É dele a tarefa de formular novos mitos que correspondam às prerrogativas assinaladas acima. Contudo, ele mesmo – *O adolescente* – é uma invenção ficcional da modernidade, uma versão do pai construída pelo sujeito contemporâneo. Entendemos, assim, a análise de Calligaris (2000) que, no livro *A adolescência*, demonstra a construção mítica que a cultura ocidental construiu em torno da figura do adolescente. Ela o fez de suporte de seus ideais de autonomia, liberdade e transgressão. O adolescente é, pois, o protótipo do herói moderno.

Hoje diríamos verdadeiramente não mais a criança, mas *o jovem é o pai do homem*, numa adaptação contemporânea da frase que constituiu a versão dezenovecentista do complexo paterno. Segundo Calligaris:

> A infância é um ideal comparativo. Os adultos podem desejar ser ou vir a ser felizes, inocentes, despreocupados como crianças. Mas normalmente não gostariam de voltar a ser crianças. Com a adolescência que hoje toma lugar da infância no ideário ocidental, a coisa muda. O adolescente não é só um ideal comparativo, como as criancinhas. Ele é um ideal possivelmente identificatório. Os adultos podem querer ser adolescentes. (p. 69)

É preciso, pois, que se considere na clínica de adolescentes a função da adolescência como mito. Como veremos a seguir, Freud e Rank já o indicavam. Entre os mitos e lendas compartilhados pela cultura ocidental, a análise do complexo paterno coloca particularmente em causa o mito do nascimento do herói. Ele seria o substituto ficcional do mito da horda primitiva. A análise dos primeiros psicanalistas a este respeito nos interessa particularmente, pois, como veremos, a origem mítica do herói é o *abandono familiar*.

O mito do nascimento do herói e o Romance familiar

Em 1909, Otto Rank publicou o *O mito do nascimento do herói*, livro recebido com entusiasmo por Freud e, conforme seu testemunho, escrito sob sua influência. A obra é composta de três capítulos: 1) onde Rank confronta as diferentes teorias sobre a interpretação dos mitos e a explicação psicanalítica; 2) resumo de alguns dos principais mitos de heróis; 3) desenvolvimento da interpretação psicanalítica do mito do herói. Neste último capítulo encontra-se o texto de Freud (1909) "O romance familiar", escrito especialmente para compor o livro.

O propósito de Rank (1909), apresentado de início, é de propor uma interpretação psicanalítica que justifique a constante presença do mito do herói nas diferentes culturas. Ele assinala que, nas suas diferentes versões, encontram-se elementos comuns, "sobretudo a história do nascimento e da juventude destes super-homens que parece dotada de traços fantásticos" (p. 31). Para Rank, trata-se de fornecer uma explicação psicológica para esses mitos, assim como Freud o fez com os sonhos. O mito é, segundo sua bela expressão, "o 'sonho coletivo' do povo" (p. 39).

São vários os mitos escolhidos por Rank para análise. Entre eles, encontram-se Édipo, Hamlet, Jesus Cristo, Moisés e Lohengrin. Não nos deteremos nessas narrativas, ademais bastante conhecidas de todos, mas na análise proposta por Rank dos seus invariantes. Podemos enumerá-las esquematicamente como segue:

1) O herói tem pais eminentes, geralmente reis;
2) Dificuldades precedem seu nascimento, normalmente um mau presságio;
3) Quando recém-nascido, o herói é destinado à morte ou à exposição;
4) Ele é salvo ou por animais ou por pessoas de baixa condição social;
5) Através de suas aventuras, o herói reencontra seus pais nobres, se vinga de seu pai, é reconhecido e renomeado.

Rank enfatiza as relações conflituosas do herói com a sua família. Segundo ele, isto é compreensível, pois a concepção comum do herói indica um personagem cujas origens familiares são desconhecidas ou, então, que as tenha renegado em nome de sua missão. Os motivos que explicariam essa forma de conceber a relação do herói com seus pais se encontram na imaginação infantil, no complexo de Édipo. O mito do herói seria, assim, como o fantasma dos neuróticos, "a reprodução exarcebada dos fantasmas infantis" (p. 91). O herói, diz Rank, nada mais é do que o eu onipotente da criança e sua substituição pelo 'eu ideal' coletivo.

Na sequência da contribuição freudiana, "O romance familiar", Rank evidencia a duplicação do casal parental no mito: os pais reais, denegridos, e os pais idealizados da fantasia. No mito, como no romance familiar, opera-se uma inversão: os pais reais da criança são representados como denegridos e falsos, enquanto os pais nobres tornam-se fantasmaticamente os verdadeiros. Como se pode ler no texto de Freud, a distorção da fantasia obedece à ambivalência própria ao desejo inconsciente: desprezar os pais, sobrepujá-los – tendência hostil – e revalorizá-los na representação idealizada – tendência amorosa.

Em relação ao elemento da exposição do herói, presente em vários desses mitos, Rank o analisa como uma alusão alegórica ao ato do nascimento. Na versão distorcida do mito, no entanto, a participação da mãe é pequena. Em geral, a representação mítica restringe o papel da mãe ao de uma aliada do herói no seu embate com o pai. O elemento mais importante do mito é, efetivamente, o complexo paterno. O pai é o elemento hostil – é dele a ideia do abandono ou da tentativa de assassinato do filho. Para Rank, o mito opera dessa forma uma inversão de ordem paranoica. A representação do pai tirânico seria uma projeção da hostilidade do filho para com o pai, justificando seu posterior ato de vingança.

Ao final da "Psicologia das massas e análise do eu", Freud (1921) retoma essas proposições de Rank. Ele faz do poeta, criador dos mitos, o verdadeiro herói de um povo; ele é aquele que consegue através da criação do personagem-herói – representação do 'ideal do eu' – suplantar o pai. É através do recurso à imaginação criativa que o poeta consegue diferenciar-se da massa e assumir o lugar paterno. Assim, o poeta é o herói ele-mesmo, a primeira representação de uma divindade. Segundo as próprias palavras de Freud:

> [...] o mito constitui o passo com o qual o indivíduo se separa da psicologia coletiva. O primeiro mito foi seguramente de ordem psicológica, o mito do herói [...]. O poeta que deu esse passo e se separou assim, imaginativamente, da multidão, sabe, no entanto, encontrar na realidade, segundo outra observação de Rank, o retorno a ela, indo a relatar à massa os feitos que sua imaginação atribui a um herói por ele inventado, herói que no fundo não é senão ele mesmo. Deste modo, retorna o poeta à realidade, elevando seus ouvintes à altura de sua imaginação. Mas os ouvintes sabem compreender o poeta e podem identificar-se com o herói graças ao fato de compartilhar sua atitude, cheia de desejos irrealizados, com respeito ao pai primitivo. A mentira do mito heroico culmina na divinização do herói. (p. 2605)

Sabe-se como Freud aproxima, em uma série de textos, a atividade do poeta dos sonhos diurnos do homem comum. Em ambos, a atividade imaginativa vem substituir o aspecto lúdico do jogo infantil, por meio do qual a criança altera a realidade, de forma a torná-la condizente com a realização dos seus desejos. Na fantasia neurótica, assim como na produção criativa, trata-se da *mise-en-scène* das conflituosas relações entre eu e ideal do eu. A alteração da realidade, aqui, significa a inclusão do sujeito na consideração dos fatos ditos reais.

Assim, também os mitos e lendas de uma cultura são as versões populares, desprovidas de autor, da superação do complexo paterno pelo indivíduo. Eles oferecem à comunidade na qual são compartilhados o prazer de identificar-se com o personagem-herói. O poeta, igualmente, é aquele que detém a arte de deformar a sua fantasia, de forma a propiciar prazer ao espectador. Trata-se da mesma estrutura que organiza as relações entre uma plateia de espectadores e o drama apresentado no palco de um teatro (Freud, 1905-06):

> O herói é, a princípio, um rebelde contra Deus e o divino; e é do sentimento de miséria que a débil criatura se sente enfrentada com o poderio divino, de onde o prazer pode considerar-se derivado da satisfação masoquista e do gozo direto do personagem, cuja grandeza o drama tende, contudo, a destacar. Eis aqui, com efeito, a atitude prometeica do ser humano, que, animado de um espírito de mesquinha complacência, está disposto a deixar-se aplacar, pelo momento, com uma gratificação meramente transitória. (p. 1273)

Deduz-se do exposto uma das principais teses de Freud: a de que entre os mitos populares, as produções poéticas e os devaneios neuróticos há menos distância do que se imagina. Eles compõem, desde a mais tenra infância do sujeito, o processo elaborativo dos conflitos que opõe o desejo à sua realização. Tanto na infância como na puberdade, o tema principal em torno do qual vai girar a atualização do esquema presente no complexo paterno são as relações familiares. Conforme Freud (1909):

> Com efeito, tanto a essência mesma da neurose, como a de todo talento superior, tem por traço característico uma atividade imaginativa de particular intensidade que, manifestada primeiro nos jogos infantis, domina mais tarde, pela época pré-puberal, todo o tema das relações familiares. (p. 1362)

O romance familiar constitui a forma optativa que o dito complexo assume na puberdade. Ainda na infância, escreve Freud, ela se faria presente nos sonhos diurnos através da ideia de ter sido adotado por seus pais. Esse primeiro tempo da fantasia é uma reação ao sentimento de ser menosprezado pelos pais ou de não ter o mesmo lugar na sua estima que um irmão. A criança reage a esse sentimento de ciúmes, construindo a fantasia de que seus pais não são os verdadeiros.

Freud distingue essa primeira fase da fantasia da sua versão puberal. Na infância, a fabulação é consciente. A criança se vale dos materiais disponíveis na realidade para construir suas fantasias e estas podem corresponder mais ou menos aos dados da realidade. Já na puberdade, o elemento sexual presente na procriação e na relação entre os pais entra em jogo. O adolescente fantasia, então, mais facilmente com a dúvida em relação à filiação paterna do que materna; o desejo sexual da mãe por outros homens e a depreciação dos irmãos também são temas que compõe o romance familiar adolescente.

A finalidade, destacada por Freud, para essas fantasias que têm nas relações familiares o cenário principal é a constatação, feita pelo adolescente, da fragilidade real dos pais amados e idealizados da infância. Ele assinala que essa é uma das tarefas mais dolorosas a que o adolescente tem de se confrontar, a fim de subtrair-se da autoridade dos pais. O Romance familiar do adolescente visa, pois, à construção de um suporte fantasístico a essa transição, para que o(a) filho(a) possa abandonar seus pais e assumir um novo lugar na cadeia geracional.

Retomando o enlace entre mito cultural e fantasia neurótica, vale assinalar uma distinção entre a posição de análise de Freud e aquela de Rank. Na elaboração do tema do Romance familiar, Freud parece ocupar-se, primeiramente, de materiais clínicos provindos de sua experiência pessoal como analista. Nesse sentido, as construções fantasísticas em questão são produzidas por um indivíduo singular e endereçadas à transferência analítica. Já Rank trabalha com produções coletivas, cuja autoria é desconhecida. São textos coletivos, partilhados por uma comunidade. É certo que, como Freud assinala, há uma proximidade muito grande entre a estrutura narrativa de ambos. *Mas há um singular que concerne à fantasia e não ao mito.*

Na clínica com adolescentes habitantes de instituição há um particular interesse por essas questões. Enquanto figuras nas quais o mito coletivo reconhece a pregnância dos signos do herói – seja por serem adolescentes, seja por serem abandonados – eles tendem a ser absorvidos na alienação a essa posição. Como o sujeito pode construir uma saída singular dessa condição, é o que viemos tentando elaborar através do estudo textual e da narrativa de casos clínicos. Trata-se, nessa clínica, de considerar a interface entre mito coletivo e fantasia individual, no exato momento em que o indivíduo é convocado a fazer a ultrapassagem de seu lugar fantasmático primário, isto é, na adolescência. Também aí encontramos uma difícil dialética, na qual o processo de alienação/separação é o operador principal, como veremos a seguir.

Os tempos do sujeito e do Outro: narração, discurso e pulsão

*Inútil procurar a origem das narrativas no tempo,
é o tempo que se origina nas narrativas (Todorov, 1970, p. 133).*

No texto *Posições lacanianas sobre a adolescência, ontem e hoje,* Rassial (2000) faz um breve percurso sobre a noção de adolescência na psicanálise lacaniana. Do estado de exclusão a que o ápice da ortodoxia a relegou – sobretudo durante as décadas de 70 e 80, quando sua evocação lembrava a psicogênese da personalidade – ela alcançou na atualidade um lugar de proeminência na produção de psicanalistas lacanianos. Rassial propõe que, em uma leitura especificamente lacaniana, a consideração metapsicológica da adolescência permite avançar em relação aos temas conhecidos como sendo do "último Lacan", especificamente na questão do passe e fim de análise e na escrita do *sinthoma*. Nesse sentido, o autor destaca o trabalho de Lacan (1975-76) com Joyce, particularmente com a narrativa do *Retrato do artista quando jovem*, como um trabalho sobre a operação adolescente. Rassial assinala que se pode considerar que os desenvolvimentos de Lacan sobre o quarto nó - o *sinthoma* – dizem respeito à especificidade do trabalho psíquico do adolescente. Assim, além da descrição dos fenômenos pubertários e da crise psicológica adolescente, haveria uma especificidade estrutural, metapsicológica, da adolescência como *operação*.

O trabalho que viemos desenvolvendo busca se inscrever nessa vertente. A partir dessa noção de *operação*, podemos considerar que a adolescência é um tempo do sujeito, quase independente da idade cronológica de um indivíduo, dito *o adolescente*. Se não é *totalmente* independente dessa condição, é porque um sujeito deve sempre ser considerado em relação ao campo do Outro, ao discurso. Assim, *é no adolescente que o discurso do Outro realiza o tempo no qual a operação adolescente se efetiva.*

Viemos elaborando essa questão, através dos desenvolvimentos acima acerca da dupla face das narrativas das origens: fantasia individual e mito coletivo. Podemos exemplificá-las, rapidamente, recorrendo à própria construção da teoria analítica realizada por Freud. O mito da horda primitiva, como indica Lacan, é a única formulação mítica própria à modernidade. Freud pretendeu, em sua elaboração, construir uma hipótese sobre as origens da sociedade humana e suas instituições – moral, religião, direito. Sabemos o quanto ele foi atacado pela comunidade científica, notadamente pelos etnólogos, que acusaram suas formulações de delirantes. Podemos sustentar, porém, a hipótese de que Freud mais não fez que compor uma narrativa, dar corpo representacional à forma pela qual a cultura ocidental moderna organiza a interface entre o discurso que a dirige e o corpo pulsional que a move.

Além disso, podemos considerar que o mito da horda primitiva é a formulação cultural que dá suporte ao complexo de Édipo. No texto "Moisés e a religião monoteísta", Freud (1939) escreve:

> A conduta da criança neurótica diante de seus pais, nos complexos de Édipo e de castração, abunda em tais reações, que parecem individualmente injustificadas e que somente filogeneticamente se tornam compreensíveis,

ou seja, por meio de sua vinculação com vivências de gerações anteriores. (p. 3301)

Em outras palavras, isso significa dizer que a passagem pelo complexo de Édipo pressupõe que o mito da horda primitiva esteja inscrito no discurso que dirige o laço social. Em termos freudianos, podemos considerar que o Édipo é a atualização ontogenética de uma herança filogenética, a horda primitiva. Ambas são estruturas que organizam discursivamente o jogo de posições do enlace pulsional. Elas são construções – no sentido freudiano de "construções em análise" (Freud, 1937) – que situam o ponto de enlace, de alienação, entre discurso e pulsão.

Denominá-las construções implica reconhecê-las como versões que se produzem a partir de um *fragmento de verdade histórica*. Conforme assinala Assoun (1996), podemos observar em Freud uma genuína preocupação com os limites da liberdade poética. Diz o autor: "A liberdade poética, longe de ser uma invenção arbitrária, é a aptidão a sustentar, ao mesmo tempo, a cena poética e seu apoio sobre a realidade – alcançando desta forma uma espécie de realismo superior [...]" (p. 110).

Tal concepção de realismo, segundo nossa interpretação, implica colocar em causa o Real – *das Ding* – na transmissão. Sua consideração, na singularidade de uma dada cadeia significante, determina a forma de um sujeito responder aos enigmas que lhe vêm do Outro – isto é, responder à falta estrutural de significação em torno da qual um discurso se organiza. É aí que encontramos o ponto de amarração, de suporte enunciativo de uma narrativa. Nesse sentido, uma narrativa das origens não é *nem* individual, *nem* social. Ela se situa no ponto de encontro entre a clínica social e a psicopatologia individual. Trata-se de uma *escolha forçada*, que estabelece o princípio da conjunção alienante em que sujeito e Outro se sobrepõem.

A construção da realidade psíquica diz respeito à forma como cada sujeito vai dar conta da singularidade de seu lugar na estrutura que o precede e à qual ele *ek-siste*. Trata-se, pois, da possibilidade da construção de um lugar e um nome ao sujeito da enunciação, a construção ficcional de um Eu narrador. É nesse ponto que podemos reconhecer a incidência da operação de separação.

Podemos ilustrar esse processo por meio do trabalho de psicanalistas na clínica com crianças. Bergès e Balbo (1994) denominaram transitivismo a operação pela qual a mãe – Outro primordial – propõe a seu filho um significante (S1) que situa sua divisão subjetiva, sua alienação ao discurso do Outro. É o que ocorre, por exemplo, no caso de uma criança que cai, e a mãe antecipa seu choro no discurso: "Não precisas chorar". O significante aí situa, na atribuição ao outro, a afânise do sujeito da enunciação. Sua enunciação pela mãe parte desse desconhecimento: que o choro é seu, antes de ser do filho. Ele pode, pois, suportar para a criança essa clivagem entre enunciado e enunciação, neste Ser que não é bem *nem ele (filho), nem ela (mãe)*. É diferente, assinalam os autores, quando o enunciado materno parte de um lugar de certeza interpretativa (S2), quando o discurso da mãe comporta um saber sobre o corpo do filho que, se produz afânise, é porque nele não há espaço para dúvidas.

Conforme Bergès e Balbo, no transitivismo podemos observar um efeito libertador da alienação. É a constituição de um espaço significante que não é *nem eu, nem tu* e que permite ao *falassser* (*parlêtre*) o acesso a um terceiro simbólico, a uma falta constituinte do desejo. Ela permite ao sujeito uma afânise que o dispensa da entrega sacrificial ao saber do Outro.

Essa alienação *transitivista* é também, acrescentaríamos, separação. A partir do compartilhamento de um espaço comum de recobrimento das faltas, o sujeito representa-se como terceiro excluído na cena. É o "ele chora" indeterminado que tem valor de *schifter* do sujeito do inconsciente. O que denominamos separação consiste na produção desse significante, no *après-coup* de sua enunciação, como representante de *um* sujeito, seu valor de realidade psíquica. Na trajetória do sujeito – de *um* sujeito em particular – podemos acompanhar o desdobramento dos diferentes tempos do processo de alienação/separação nas várias versões da realidade que correspondem a momentos distintos da narrativa das origens: cena primária/teoria sexual infantil, romance familiar/mito individual, fantasia/tragédia e sintoma/*sinthoma*.

Podemos, assim, observar dois tempos em causa nas narrativas de origem:

- enquanto *corpus* representacional, constitui a face especular, a duplicação imaginária, necessária ao registro da *falta-a-ser* no sujeito e no Outro (alienação);
- enquanto *estrutura* da narrativa, indica a temporalidade pulsional que situa os jogos posicionais entre sujeito, Outro e objeto a (separação).

Em um neurótico, podemos supor que ao menos as três primeiras versões da realidade psíquica, indicadas acima, podem coexistir. Deixamos em aberto a questão de saber se a constituição do *sinthoma* seria uma versão, reduzida, que se substituiria às demais. O processo histórico em questão, na cronologia da vida de um indivíduo, nos apresenta a formulação paulatina de cada uma dessas versões. O percurso significante que conduz de uma à outra é o que nos permite reconhecer a efetividade da transmissão, isto é, a inclusão do sujeito em uma genealogia. Conforme Douville (2000):

> Para que uma genealogia seja significante, é preciso passar das teorias sexuais, em que a criança é o produto do pulsional, ao romance familiar, em que o originário é descompletado [*décomplété*] e em que a criança é o produto

do desejo, até o mito individual do neurótico, em que a criança é o produto de três gerações. E ela deixa, nesse momento preciso, de ser uma criança. (p. 74)

Assim, podemos pensar que, na infância, o sujeito encontra na formulação de suas teorias sexuais uma forma de representação que responde aos enigmas sobre as origens. Se essa construção narrativa apresenta-se como uma versão singular à questão sobre as origens do indivíduo, ela é suportada na cultura por uma representação coletivamente partilhada de cena primária. Da posição de alienação que o sujeito ocupa na cena primária – isto é, lugar de terceiro excluído do espaço transitivista de uma versão das origens que não é *nem eu, nem tu* – ele se inclui na formulação de suas teorias. É um primeiro tempo de separação que se situa aí, nessa versão narrativa.

Cena primária e teorias sexuais infantis constituem, segundo nossa proposição, os dois tempos do processo de alienação/separação para a criança. Propomos conceber *cena primária* e *teoria sexual infantil* como duas versões do mesmo movimento, sendo a primeira uma versão em que o sujeito encontra-se completamente alienado a seu lugar na estrutura, enquanto na teoria sexual há o movimento de separação em questão. Neste último, o que se salienta é a referência à posição enunciativa do sujeito enquanto autor de uma teoria. Trata-se, pois, do estabelecimento de uma clivagem entre a posição do sujeito que cria (*I*) e do objeto criado (a)[11]. Por outro lado, a operação de alienação situa a afânise do sujeito na cena primária. O sujeito da enunciação (S1) fica como terceiro excluído; seu lugar é no Outro e para o Outro. Já a teoria sexual infantil, diferentemente da cena primária, implica um segundo tempo, em que um sujeito se produz na falha do saber (S2); operação de retorno à posição de enunciação (S1), pela qual o sujeito, barrado, constitui sua qualidade significante. Ele se inclui entre pares, na série significante, e se conta para eles e entre eles. Dito de outro modo, se na cena primária o sujeito é contado pelo Outro, na teoria sexual ele se conta para outros, apropriando-se dos significantes do campo do Outro.

Acompanhamos aqui Balbo (Berges e Balbo, 2001), que propõe:

> O desconhecimento, por um lado, e o saber que procede de uma teoria sexual infantil, por outro, sejam S1 e S2, são aquilo pelo que um sujeito se funda, visto que esse S1 o representa para um S2. Na medida em que um S1 representa um sujeito para um S2, já podemos nos perguntar se algo aí, por essa própria fórmula, não nos introduz em uma teoria sexual infantil: S1 e S2, de onde procederia o sujeito. Em outras palavras a característica desse S2 é de proceder de um desconhecimento constitutivo do sujeito,

---

[11] O exemplo trazido por Lacan, no *Seminário XI* (1964, p. 26), do enunciado infantil "Tenho três irmãos, Paulo, Ernesto e eu", é bastante ilustrativo da posição da criança em suas teorias.

> desconhecimento que para ele é fundador. Em que aquilo
> que é da ordem do saber inconsciente retido, reservado,
> recalcado pelo desconhecimento faria retorno graças ao
> S2, isto é, graças à teoria sexual infantil? Se não há uma
> teoria graças à qual essa reserva pode retornar, isto será,
> para a criança, a psicose ou o autismo. (p. 121-122)

Essa primeira forma de realização do sujeito, de constituição de um traçado singular que faça função de realidade psíquica, mostra-se logo insuficiente. Ao chegar à puberdade, a confrontação com o real sexual no corpo próprio, e o efeito injuntivo decorrente, mostram a insuficiência de uma formulação tal qual a proposta pelas teorias infantis. O romance familiar aparece, então, como versão da fantasia sobre a origem desse corpo habitado por um desejo sexual, ordenado pelo significante fálico. Ele é a face alienada da versão púbere das origens, enquanto o mito individual é a face de separação dessa versão.

A lógica que organiza essas formas de representação do sujeito na puberdade está marcada pela referência ao significante fálico. Trata-se, em síntese, de versões narrativas apoiadas na metáfora fálica alcançada pela passagem pelo complexo de Édipo. Em sua representação alienada – o romance familiar – o sujeito situa-se fora de uma cena em que se alternam as atribuições sígnicas de *menos* e *mais*, relativas ao falo. A família da realidade é *menos*, com relação à família imaginária ou ideal. O enigma que a sexualidade coloca ao sujeito representa-se, no discurso do Outro, como possibilidade de deslizamento – do *menos* ao *mais* e vice-versa. Nessa duplicação imaginária, opera-se o velamento do significante que indica o lugar do sujeito da enunciação (S1). A posição do sujeito na filiação e na sexuação fica submetida, aqui, aos efeitos imaginários de significação de uma herança nobre ou denegrida.

No mito individual, um sujeito se produz na posição de autoria de uma versão das origens. A partir da inclusão do significante fálico no ordenamento do discurso e da pulsão, o lugar do sujeito é representado na ficção de um eu (*je/moi*) duplicado: ele conta sua história e é contado por ela. O *menos* e o *mais* incidem aí na clivagem do eu, situando o sujeito como autor (*I*) e como produto (*a*) de uma história de vida. Trata-se da versão púbere das teorias sexuais infantis pois é, também aí, a pulsão epistemofílica que vai propiciar material para a formulação do mito. De modo geral, o púbere interessa-se pelas histórias pregressas do pai e da mãe, de suas famílias e do exercício de sua sexualidade. Mesmo que ele não enuncie seu interesse diretamente como questão, suas fantasias demonstram a curiosidade que circunda as relações familiares.

Poderíamos nos perguntar se o complexo de Édipo não seria uma das versões da realidade psíquica que tratamos de trabalhar aqui. A dificuldade que se apresenta é que, se acompanharmos as teorizações de Freud e Lacan, o lugar central delegado ao Édipo o situa antes como uma operação subjetiva – tal qual a operação de alienação/separação – do que como uma narrativa. Nesse sentido, ele é completamente inconsciente e supõe, portanto, o sujeito em uma condição de alienação absoluta à estrutura discursiva em questão. Enquanto narrativas, tanto o drama edípico quanto o mito da horda primitiva são formulações ficcionais propostas por Freud, mitos científicos da psicanálise. Tanto um como o outro não existem encarnados em sujeitos particulares.

É como estruturas que eles indicam uma dada forma de organização discursiva que circunda o Real e que promove o jogo de enlace e desenlace entre sujeito, Outro e objeto a. Sua operação consiste, nos termos que estamos aqui trabalhando, na inscrição do significante fálico como quarto elemento dessa estrutura. Nesse sentido, podemos formular a proposição de que o complexo de Édipo *ek-siste* ao campo do sujeito; ele é uma operação que se dá no Outro e que chega ao sujeito pela consideração desse elemento discreto que se chama significante fálico. Obviamente isso altera completamente as condições representacionais do sujeito.

Nesse sentido, podemos formular *a posteriori* que a lógica da cena primária e das teorias sexuais infantis é, no primeiro momento de sua elaboração, uma lógica pré-fálica, isto é, apoiada nos orifícios pulsionais. Trata-se, nesse ponto, de que a realidade psíquica dê conta da definição das bordas do corpo próprio, na medida em que é sobre elas que se dá o apoio do processo de alienação/separação. A teoria sexual infantil é, pois, uma representação antes metonímica do que metafórica, em que o que acompanhamos é o deslizamento do sujeito nas diferentes posições do objeto pulsional – como nas versões bastante conhecidas das fantasias de gravidez por ingestão de alimentos e do nascimento pela cloaca. Enquanto organizado prioritariamente em torno do objeto pulsional, o que chamamos de lógica pré-fálica constitui o que Freud denominou, por referência ao recalque originário, como a definição de um espaço interno e um espaço externo, um eu e um não-eu, pela mediação simples de uma primeira negação, representada pela expulsão/incorporação.

A construção do fantasma na adolescência é um retorno a esse movimento originário. Tendo passado pela inscrição fálica, própria à versão do Édipo na puberdade, a confrontação com o enigma do Outro sexo, enigma no qual a referência ao desejo transborda o registro de uma sexualidade organizada a partir da referência fálica, situa o adolescente diante de um real insubsumível à sua forma de representar até então. É nesse sentido que a passagem do fálico ao genital pode ser pensado como, basicamente, o encontro com uma questão à qual nem o espaço moebiano do recalque originário, nem o registro da referência fálica são capazes de responder. Trata-se do encontro com o desejo feminino enquanto algo que compõe um Outro corpo, impossível de ser escrito com os recursos fornecidos pelo discurso. Essa alteridade radical com a qual o adolescente, de ambos os sexos, defronta-se, demanda – tal qual a Esfinge – que seu enigma seja decifrado. Dessa vez, porém, Édipo não consegue deduzir a resposta, e só lhe resta vagar pelo deserto, cego e lastimando o fato de ter nascido. Nesse momento, o trabalho da metáfora fálica não é mais suficiente para essa expressão da *falta-a-ser* no discurso.

A referência ao destino trágico de Édipo não é casual. De fato, a crise da adolescência indica, como versão possível a esse enigma de origem – o que quer uma mulher? –, o recurso à tragédia. É ali que o sujeito vai se representar no que faz função de *falta-a-ser* no laço social, naquilo que constitui representação de sofrimento e mal-estar. Tais são as diferentes versões sintomáticas que, desde a adolescência, e ao longo da vida adulta, um sujeito pode apresentar. Elas constituem diferentes ensaios de saída, de separação, do processo de alienação contidos nesse momento de encontro de um sujeito, regido pela lógica fálica, e o Outro – o Outro sexo (*o feminino*) –, que *ek-siste* a essa ordem.

Assim, em termos de realidade psíquica, temos, no polo da separação, a tragédia – em que um sujeito se conta, prioritariamente, pela história de seus sintomas clínicos – e, no polo da alienação, a fantasia. A adolescência é, pois, o momento no qual a fantasia vai se constituir em versão de uma tentativa de representação do movimento de alienação/separação do sujeito na relação com o Outro sexo. Como sabemos, tal solução é, contudo, irresolutiva e mantém o sujeito suspenso diante do enigma, sendo sempre conduzido a representar, na separação, o que *ek-siste* à ordem fálica como *sintoma*.

A proposição de Lacan acerca do *sinthoma* nos permite pensar que haveria aí uma possibilidade de saída desse impasse, uma forma de representação do sujeito, de constituição da realidade psíquica que encontre ressonância do lado do Outro – aqui sempre Outro sexo –, situando, em alguma medida, um ponto de separação. Lacan traz o exemplo de James Joyce e a inscrição que o escritor faz do nome próprio como *sinthoma*. Isso porque Joyce altera as próprias condições de representação estabelecidas no Outro, ao reinscrever a língua. Assim, seu nome se torna indíce do que ele conseguiu ultrapassar em relação ao que *não cessa de não se escrever*, isto é, diante dos limites de representação que uma cultura oferece. Dessa forma, para Lacan, fazer um nome é fazer *sinthoma*, isto é, propor uma versão de realidade que altere as próprias condições de representação, permitindo que algo do enigma do Outro sexo se escreva. Mesmo que isso, para alguns, seja possível por uma simples troca de letras, construção de um neologismo etc. A formulação do *sinthoma*, mesmo que esteja sempre referida à língua, é da ordem do mais singular e, portanto, impossível de ser inventariada.

É nesse ponto que gostaríamos de situar, a título de conclusão desse trabalho, o ponto de impasse da operação adolescente. Impasse no sentido de que, no *sinthoma*, trata-se de uma inscrição significante que pode ou não acontecer. Não há um determinismo prévio na estrutura ou no discurso do Outro que o condicione. Para ser, efetivamente, a marca significante de uma operação de separação pela qual um sujeito se suporta, ele deve ser produzido *ex-nihilo*.

Se *a adolescência* define, como vimos acima, a operação subjetiva pela qual um sujeito produz uma passagem que se conclui na inscrição do *sinthoma, o adolescente*, enquanto figura mítica da modernidade, está impedido de realizá-la. Esta ultrapassagem só é possível de ser feita *um a um*; mesmo que, para tanto, seja imprescindível a companhia de outros.

O sem-saída *adolescente: narração, repetição, invenção (Relato clínico III)*

No início deste capítulo, trouxemos como motivação principal de nossas interrogações sobre as condições de produção de um mito de origem na adolescência a nossa experiência clínica com jovens habitantes de instituição pública. A partir das questões que esse trabalho nos colocou, situamos a particularidade da narrativa *adolescente* como dizendo respeito à posição do sujeito em sua relação ao Outro, isto é, como um dos tempos de desdobramento do processo de alienação/separação. Isto significa situar no *sujeito adolescente* uma forma particular de assunção do lugar de enunciação – de nominação de um significante originário – que opere na interface entre discurso e pulsão. A particularidade da *operação adolescente*, dessa forma situada, implica, por um lado, o esvaziamento do fantasma infantil, isto é, uma ruptura com a *significação* adquirida na infância. Por outro, tal operação se conclui pela *autenticação* do que o sujeito construiu como uma versão singular do Real que lhe foi transmitido.

Em relação a essa última operação, buscamos atribuir a devida importância aos invariantes e às contingências que delimitam o discurso que organiza um dado laço social. A função do Outro, nesse contexto, é de servir como suporte de referência e de ruptura para o sujeito adolescente. É o Outro mítico que detém o segredo da significação, mas que cobra o preço do aprisionamento fantasmático. Por outro lado, gostaríamos de ressaltar mais uma vez, a função do Outro sustentada pelo semelhante – o *Tu* – na efetivação da *autenticação* da operação adolescente. Trata-se aí, como se pode perceber ao longo deste capítulo, de um trabalho que visa a situar a especificidade da *função da família* – nessa interface entre Outro mítico e *Tu* – na realização da operação adolescente.

Para finalizar esse percurso, tentaremos, através de três narrativas adolescentes, destacar e ilustrar alguns destinos e impasses próprios a esse processo. Trata-se de demonstrar as dificuldades atinentes ao *contar-se* adolescente, capturado nessa complicada dialética entre Outro e outros: entre *pai da horda* e *função fraterna* (Kehl, 2000).

***

Gostaríamos de retomar a narrativa autobiográfica de Roberto da Silva (1997) apresentada no início deste terceiro capítulo. Não se trata de uma simples similitude de termos, mas a história desse ex-interno da Febem nos fez pensar no sofisma dos três prisioneiros que Lacan (1945) se vale para elaborar o tempo lógico. Silva também foi prisioneiro e foi na prisão que ele pôde reconstruir a sua história, analisar os efeitos decorrentes do fato de ter crescido dentro de uma instituição. O fator principal nessa sua experiência, o que permitiu que ele escrevesse a sua história – é ele que nos diz –, foi a convivência com seus colegas/irmãos de Febem e de cela.

No sofisma proposto por Lacan, temos a história de três prisioneiros que são chamados pelo diretor da prisão para participarem de um jogo. O diretor mostra aos prisioneiros cinco discos, três brancos e dois pretos. Ele fixa nas costas de cada um dos prisioneiros um desses discos, sem que o próprio saiba qual foi a cor escolhida. O jogo, então, consiste em que o primeiro que adivinhar qual a cor do seu próprio disco e souber explicar logicamente a conclusão alcançada será liberto da prisão. Para tanto, os três prisioneiros são colocados em uma cela comum, onde eles podem ver os outros dois companheiros e seus respectivos discos, mas não podem falar entre si.

Já na cela, cada um dos prisioneiros constata que os outros dois tiveram discos brancos fixados em suas costas. O seu próprio disco é branco também, mas ele não o sabe.

Lacan nos conta que, após um certo tempo, os três prisioneiros saem juntos da cela, tendo deduzido ao mesmo tempo qual é a cor do seu próprio disco. O que se passou?

O raciocínio realizado por cada um consiste em colocar-se na posição do outro e tirar conclusões dos seus atos. Assim, dado prisioneiro A pode pensar que se o seu próprio disco fosse preto, o prisioneiro B teria deduzido rapidamente qual era a cor do seu. Isso porque se o prisioneiro C visse dois discos pretos saberia, com certeza, que era branco e sairia. Se o prisioneiro C não sai é porque B não é preto. B então, por sua vez, teria certeza de ser branco e sairia. Mas não é o que acontece.

Assim, A é levado a pensar que, se B não sai, é porque ele próprio é branco também. Ao chegar a essa conclusão, A precipita-se a sair. Porém, como cada um deles realiza a mesma dedução, ao mesmo tempo, o fato de os outros dois dirigirem-se à saída coloca a sua certeza em dúvida.

O que Lacan demonstra, então, é que apenas após dois momentos de hesitação, de suspensão da certeza, os três prisioneiros poderão sair juntos e afirmar, cada um, ser um disco branco. A esses três tempos da dedução lógica, Lacan chama instante de ver, tempo de compreender e momento de concluir.

No seminário A *identificação*, Lacan (1961-62) faz uma breve alusão a esse sofisma, ao aproximá-lo dos três tempos da constituição do traço unário. Também nesse caso, trata-se de três tempos necessários para que o sujeito encontre um suporte para a enunciação. Isto é, para que um significante possa representar um sujeito para outro significante é preciso que dois passos anteriores tenham sido dados. O primeiro consiste na inscrição do traço, o segundo, no seu apagamento – a marca do recalque – e o terceiro é, justamente, a inscrição do sujeito nesse mesmo lugar.

É nesse sentido que o autor vai atribuir à negação a função fundamental de suporte ao sujeito da enunciação. Nesse ponto, é no texto freudiano "A negação" (Freud, 1925a) que encontramos a substância das articulações lacanianas. Ali, se acompanharmos Freud, trata-se da passagem da primeira *Bejahung* (afirmação) pela *Verneinung* (negação) para que se constitua, num terceiro momento, a verdadeira função de representação.

O que Lacan acrescenta a esse movimento lógico, através do sofisma dos prisioneiros, é a função do semelhante como suporte da constituição do sujeito. Na terminologia lacaniana, trata-se de ressaltar a importância do imaginário na intermediação desse processo de inscrição simbólica do real. O semelhante em questão é aquele que encarna para o sujeito, no momento da negação – tempo de compreender – a função simbólica. É no suporte do olhar dos outros – no mínimo dois – que o sujeito representa-se inicialmente. Depois, mas apenas num terceiro tempo, ele poderá dispensá-los.

Assim, também, o sujeito da enunciação precisa do suporte do enunciado, isto é, do uso imaginário da língua. Porém, na escuta analítica, trata-se de demarcar o significante enquanto lugar de enunciação do sujeito, de fazer escutar o traço que o suporta, mas que ele mesmo desconhece. Para tanto, é preciso o aporte da relação transferencial, a presença do analista, que, na sua função de suposto, permite ao sujeito a apreensão de seu lugar de enunciação.

O curioso é que esse movimento de passagem do enunciado à enunciação comporta uma subjetivação dos significantes evocados, mas que só é possível de ser realizado via negativa, isto é, pelo apagamento do sentido. Assim, trata-se de um processo de subjetivação significante que é concomitante à desconstrução imaginária. Em termos freudianos *Wo Es war, soll Ich werden*, sendo o *Ich* em questão o sujeito do inconsciente.

Assim, se o momento de saída de análise, de dispensa da transferência, pode ser formulado nesses termos, é porque ele comporta a inscrição singular do sujeito, sustentada pelo universal do código da língua e da cultura. O que é dispensado é a referência especular a um dado semelhante, a base imaginária do amor de transferência.

É nesse ponto que nos encontramos novamente com a história de Roberto da Silva. O livro de sua autoria não é o relato de uma análise, mas pode nos servir de alegoria para pensar como a função do semelhante permite a apropriação dos significantes de uma dada história, a construção de uma ficção, a identificação a um traço.

Se ele pode formular ser "filho do governo", é porque no capítulo seguinte ele conduz seu relato à história de sua família, o que ele descobriu após a saída da prisão e ao longo da escrita do livro. Ou seja, o que ele realiza é um reencontro com os significantes que lhe haviam sido indevidamente usurpados. Podemos nos perguntar por que ele precisa ficar nessa posição de denúncia contra o pai governo. Nesse particular, nos parece evidente que, se compararmos esse processo de escrita com o trabalho analítico, ainda haveria um bom pedaço de caminho a ser trilhado.

Reencontramos aqui a posição do sujeito na versão narrativa de suas origens. *Da cena primária ao sinthoma, o que podemos deduzir é que a conclusão desse percurso pode ser traduzida como esse tempo terceiro de enunciação de um singular concomitante à inscrição do sujeito nos universais da cultura.* Os outros dois tempos, anteriores – no sentido lógico –, são a infância, momento de inscrição da letra, instante de ver, e o período de latência, momento de apagamento do particular do desejo, tempo de compreender, onde o semelhante ocupa um lugar fundamental na identificação dos traços significantes que suportam o sujeito em sua enunciação. Fundamentalmente, sua posição em relação à filiação e à sexuação.

No terceiro tempo, trata-se da formulação de um enunciado onde a fantasia originária se reduza ao suporte do traço. Isto é, a essa mínima diferença significante que, em nossa cultura, se traduz como diferença sexual e diferença geracional. Porém, para que isso seja possível, é preciso o tempo da construção da ficção, do compartilhamento com o semelhante do enredo que suporta o traço. É esse tempo de suspensão da certeza – e que, como dizia o poeta a respeito do amor, "que seja infinito enquanto dure" – que gostaríamos aqui de propor como sendo aquele do exercício da função do semelhante, o que podemos, talvez, formular como sendo a função da fratria.

***

Joel conta que saiu de casa com treze anos de idade. Na verdade, não foi exatamente uma saída: ele fugiu de casa após uma briga com seu padrasto. Morando com a família no interior, resolveu vir para a capital procurar por seu pai. Ele não o via desde os cinco anos de idade, época em que seus pais se separaram. Depois disso, a mãe casou de novo e teve um filho desse casamento. Do anterior, Joel contava-se como o caçula; seus outros três irmãos já não moravam mais na casa com a mãe, quando ele chegou à adolescência.

Quando conheço Joel, ele tem 17 anos. Entrou na Instituição, diz ele, a pedido próprio, para ter uma moradia fixa e poder estudar. Conforme sua explicação, tem tido dificuldades de relacionamento na escola e, por isso, foi encaminhado para atendimento. Desde as primeiras sessões, Joel se porta como um rapaz muito solícito, descrevendo sua vida pela série de agruras que vem passando desde a saída de casa. Joel fala de si mesmo como um rapaz de comportamento exemplar, injustiçado pelo destino.

Conta que quando chegou na capital, com treze anos, procurou por seu pai como havia planejado fazer. Quando o encontrou – nos diz o jovem paciente –, soube que ele não era seu pai verdadeiro: Joel teria sido fruto de um relacionamento extraconjugal da mãe. Conforme o paciente, a descoberta da traição foi tardia, apenas cinco anos depois do seu nascimento. Teria sido esse o fato – relata o jovem – que precipitara a separação do casal.

Joel refere que, apesar do impacto da descoberta, o pai foi muito atencioso consigo, dispondo-se a fazer um exame de DNA se ele assim o desejasse. Joel não acha necessário. Gostaria é de descobrir quem é, então, o verdadeiro pai. Acha que a mãe não lhe contaria nunca. De qualquer forma, não quer falar com ela. Ficou muito ofendido com a mãe e o padrasto – que tampouco é seu pai verdadeiro – pois sua disputa em casa devia-se à preferência que supunha que eles tinham pelo filho caçula, o filho autêntico do casal.

A particularidade do caso de Joel é que também suas narrativas traziam sempre a marca, na transferência, do indecidido entre verdadeiro e falso. Essa dúvida não sobrevinha, como se poderia pensar, pela pouca veracidade da história. Pelo contrário, o seu argumento era bastante capturante imaginariamente; ele se adequava à excentricidade própria a um adolescente nessas condições de vida. Não deixa de ser curioso, portanto, que diante da narrativa de Joel se impusesse a decisão sobre o quanto de fabulação ou de realidade ela continha.

Essa impressão foi particularmente notável quando, falando sobre suas dificuldades de relacionamento, Joel descreve uma série de situações complicadas nas quais estava envolvido. Uma delas parecia exemplar das suas dificuldades: ele trabalhava no jornal da escola, junto com outros colegas. Foi então que um desses colegas, seu melhor amigo, recebeu uma carta anônima denunciando a infidelidade da namorada. Como Joel era um dos poucos a saber manejar a máquina de escrever, usada para a redação da carta, as suspeitas recaíram sobre ele. Interrogado sobre qual era a suspeita que lhe era atribuída, Joel responde que, efetivamente, se envolvera com a namorada do amigo.

Ao escutá-lo, me surpreendo: se as suspeitas se deviam às suas habilidades com a máquina de escrever, como é possível que seu ato tenha sido o roubo da namorada? Afinal, Joel fora acusado de denunciar anonimamente a infidelidade ou de ser o autor do ato infiel? Na posição de analista, eximo-me de expressar esses questionamentos, mantendo o equívoco na sua qualidade significante. Parecia que se tratava, para Joel, de um jogo posicional organizado em torno do elemento carta/namorada. De uma à outra, situava-se a indecisão sobre autoria/ato e culpa/denúncia.

Ao longo das sessões, segue-se a narrativa de uma série de situações, onde Joel apresentava-se como vítima de algum tipo de injustiça e perjúrio. Ele contou que vinha sendo discriminado pelo grupo de amigos que tinha na escola. Isso se devia, segundo Joel, ao fato de que, como é representante da turma junto às coordenações da escola, fora chamado para prestar depoimento em uma situação onde um amigo seu era acusado. Ele teve de confirmar a acusação pois, se não o fizesse, ele e o amigo seriam punidos. Desde então, diz Joel, os colegas afastaram-se dele, rechaçando sua atitude sem compreender sua situação.

Em outro momento, são os professores que, segundo ele, tentam prejudicá-lo. Uma professora, em meio a uma discussão, o teria chamado de alemãozinho nazista, o que levou o jovem a escrever uma carta à secretaria da educação denunciando a escola por racismo. Suas associações, nesse ponto, conduziram ao sotaque presente em sua forma de falar, típica de filhos e netos de imigrantes alemães. Referiu, também, associativamente, que na escola ninguém sabia que ele era interno da Febem. Joel dizia aos colegas que seus pais estavam mortos e que morava em um pensionato. Tinha medo de ser discriminado, ao falar de sua filiação institucional, pois, na comunidade, "ser da Febem" significava ser delinquente.

Encontramos, nessas diferentes cenas evocadas, uma duplicação da forma como Joel organiza a sua fantasia fundamental. Ele apresentava-se como vítima de uma armação alheia, de um ato que visava a prejudicá-lo. Pode-se observar aí, por parte do jovem, um esforço de traduzir, nessa lógica do perseguidor/perseguido, as dificuldades de nominação de um verdadeiro atinente ao registro da filiação. Joel está sempre no mundo do duplo, alienado ao fantasma de uma origem bastarda, denegrida com relação a um suposto de nobreza que corresponderia à verdade. A essa série de duplos acrescente-se o culpado/vítima que denota, mais explicitamente, a função de *vel* que a duplicação exerce em relação ao desejo.

Joel apresentava-se, pois, no ponto de báscula entre o Romance familiar e o Mito individual do neurótico. A indecisão sobre a verdade – presente na escuta – atualizava na transferência a busca pelo verdadeiro de seu desejo, de sua posição como sujeito. Segundo nosso entendimento, trata-se de questões a que todo adolescente está confrontado. Para Joel, o encontro com o pai – tenha acontecido mesmo na realidade ou sendo apenas fabulação – que se afirma como não *tendo sido* o verdadeiro é, nesse sentido, o carimbo de entrada na adolescência.

Na relação ao falso ou verdadeiro, Joel fica preso às diferentes figurações do pai e seus duplos: imagens de potência/impotência – reedições fantasísticas de mitos socialmente compartilhados. Joel quer ser o herói, o poeta, mas termina sempre tropeçando no equívoco da captura alienante ao discurso do Outro que lhe dita a verdade de uma imagem do ideal. Assim, Joel tem o duplo mas não tem o irmão. Ele quer ser lá onde o Outro supostamente lhe espera e, dessa forma, não pode se autorizar na construção de uma verdade, endereçá-la a um outro, tal como o fez, por exemplo – por intermédio da escrita –, Roberto da Silva. Joel é, enquanto sujeito, filho único; a transferência talvez pudesse acompanhá-lo mas, infelizmente, a análise foi interrompida sem que essas questões pudessem encontrar outros desdobramentos.

O caso desse jovem nos pareceu exemplar de como a dúvida sobre a verdade se atualiza na transferência, correspondendo à questão do adolescente sobre o seu lugar como sujeito do desejo; lugar que se suporta da autenticação, junto a outros, de um nome no discurso e desde onde se pode dizer verdadeiramente eu.

***

André é ainda adolescente quando resolve sair de casa para descobrir o mundo.

Não. Devemos precisar: na verdade, ele não sai, ele foge de casa. Também seria um pouco forçado chamar sua angustiada errância de descoberta do mundo. André percorre o submundo, usa drogas, conhece o prazer da prostituição. Termina por achar uma parada em um quarto de pensão onde ele habita o fundo das garrafas de vinho. É de lá que seu irmão mais velho virá buscá-lo, na tentativa de transformar o irmão desgarrado em filho pródigo.

O diálogo se estabelece e, então, descobrimos do que André foge.

Neto de imigrantes, ele tem seu destino amarrado àquele de sua família: trabalho na lavoura, plantação e colheita que dão ritmo à vida, inscrevendo-a nas raízes da natureza.

Entre o natural e o familiar, há pouca distância. André vive suas pulsões no registro da animalidade, impedido de tomar a via bastarda da exogamia. Seu comportamento faz eco ao discurso que o pai profere, à cabeceira da mesa de jantar; um elogio ao tempo e à paciência como formas supremas da necessária submissão à lei:

> [...] o amor na família é a suprema forma da paciência; o pai e a mãe, os pais e os filhos, o irmão e a irmã: na união da família está o acabamento dos nossos princípios; e, circunstancialmente, entre posturas mais urgentes, cada um deve sentar-se num banco, plantar bem um dos pés no chão, curvar a espinha, fincar o cotovelo do braço no joelho, e, depois, na altura do queixo, apoiar a cabeça no dorso da mão, e com olhos amenos assistir ao movimento do sol e das chuvas e dos ventos, e com os mesmos olhos amenos assistir à manipulação misteriosa de outras ferramentas que o tempo habilmente emprega em suas transformações, não questionando jamais sobre seus desígnios insondáveis, sinuosos, como não se questionam nos puros planos das planícies as trilhas tortuosas, debaixo dos cascos, traçadas nos pastos pelos rebanhos: que o gado sempre vai ao cocho, o gado sempre vai ao poço; hão de ser esses, no seu fundamento, os modos da família: baldrames bem travados, paredes bem amarradas, um teto bem suportado; a paciência é a virtude das virtudes, não é sábio quem se desespera, é insensato quem não se submete. (Nassar, 1989, p. 61-62)

Pode-se reconhecer, nestas breves frases, o nó da narrativa de *Lavoura arcaica*, livro do brasileiro Raduan Nassar. A narrativa é tão mais bela quanto o trabalho da metáfora deixa à mostra o insubsumível real da experiência familiar dos personagens. Nela podemos acompanhar como o ritmo da família confunde-se com os tempos da natureza que, por sua vez, se ordenam segundo os trilhos da linguagem. Nesse particular enlace de registros, Nassar sublinha o aspecto maquínico da experiência dos personagens. Trabalho da pulsão de morte, funcionamento automático e repetitivo da instituição familiar, que faz de seus membros elos em uma engrenagem desprovida de sujeito. Em um primeiro nível de leitura, a história que Nassar nos conta revela a íntima relação entre uma ordem institucional guiada pelo ideal familiar e uma legislação moral regida pelo ideal educativo da tradição higienista. Em ambas, a redução ao mínimo da expressão do desejo se faz acompanhar do máximo desenvolvimento de um saber sobre o gozo. A família que *Lavoura arcaica* nos apresenta é a instituição guardiã do imperativo superegoico, a detentora da técnica de reintegração do produto a sua matriz. Trata-se, exemplarmente, de um discurso dirigido pela recusa à castração:

> [...] e vou puxando desse feixe de rotinas, um a um, os ossos sublimes do nosso código de conduta: o excesso proibido, o zelo uma exigência, e, condenado como vício, a prédica constante contra o desperdício, apontado

sempre como ofensa grave ao trabalho; [...] e uma lei ainda mais rígida, dispondo que era lá mesmo na fazenda que devia ser amassado o nosso pão: nunca tivemos outro em nossa mesa que não fosse o pão-da-casa, e era na hora de reparti-lo que concluíamos, três vezes ao dia, o nosso ritual de austeridade, sendo que era também na mesa, mais que em qualquer outro lugar, onde fazíamos de olhos baixos o nosso aprendizado da justiça. (p. 78-79)

André é o filho rebelde, insubmisso. Ao longo da narrativa, podemos acompanhar o trabalho de subjetivação que sua adolescência coloca em jogo: trabalho de apropriação do seu lugar enunciativo na estrutura familiar. Ele começa por reconhecer no pai o autor e detentor de tal discurso.

Entre seis irmãos, ele é o único a se tomar na condição de rival do pai, de confrontá-lo em suas incongruências, de desafiá-lo na sua autoridade. O que ele delata é o simulacro de um discurso que só pode se legitimar nas antípodas de seus preceitos. Pois, se o que o pai enuncia é o valor supremo da união da família, a glória de uma estrutura tão bem alinhavada – onde a cada dado do real corresponderia uma representação no ideal do amor familiar – é apenas desde uma posição de exclusão que ele pode fazê-lo. Lá, diz André, na cabeceira da mesa, onde ele profere seu discurso de patriarca, o pai é o faminto, o soberano que funda a lei ao se fazer exceção.

Gostaríamos de abrir um parêntese para a seguinte observação: o abandono é uma das figuras da exceção. No livro *Homo Sacer*, Agamben (1997) desenvolve um interessante trabalho sobre a estrutura da exceção e os fundamentos da lei. Segundo ele, abandonar indica um tipo de relação que se situa na fronteira da lei, no limite do que, desde o ato originário de sua fundação, pode ser situado como incluído ou excluído ao campo que ela recorta. Mais ainda, *a-ban-do-nar*[12] caracteriza a potência do ato fundador da lei, momento em que ser submetido e estar em liberdade, raízes antitéticas dessa expressão, encontram-se no mesmo lugar.

Nesse sentido, se acompanharmos Agamben, a figura do abandonado apresenta-se como uma solução de compromisso ao paradoxo originário da lei, o também chamado de paradoxo do soberano. Esse paradoxo consiste no fato de que aquele a quem é dado definir o que é ou não permitido em um universo discursivo, isto é, aquele que assume a posição enunciativa do soberano ou do mestre, ao fazê-lo situa-se fora dos limites que ele mesmo estabelece. Dito de outro modo, o soberano, ao fundar a lei, deve estar em uma posição de exclusão e só ser incluído, em um segundo tempo, pela sua representação, mas não pelo seu ato enunciativo, não no exercício de sua função.

---

[12] Em francês, "à-ban-donner", onde *ban* é um antigo termo germânico que designa tanto a exclusão da comunidade quanto a ordem e a insígnia do soberano (Agamben, 1997, p. 36).

Essa formulação, que constitui o fundamento da filosofia do direito, é retomada por Safouan (1995) no âmbito propriamente psicanalítico. No livro *Mal-estar na psicanálise*, o autor apresenta essa mesma aporia ao tratar da função do terceiro, a *Dritten Person* de Freud, no campo da formação analítica. Também em Lacan encontramos um extenso trabalho em torno dos paradoxos lógicos atinentes à fundação da lei – que deve ser entendida aqui como definidora da referência fálica. Porém, entre as diversas questões que a análise desse problema coloca para os psicanalistas, gostaríamos de salientar a forma como, segundo Safouan, a psicanálise desdobra de forma original esse dilema.

No âmbito da *Polis*, a constituição da lei que organiza o laço social se baseia em princípios homólogos àqueles da organização edípica. O exercício da função paterna, isto é, a possibilidade de que alguém se faça de representante da lei, implica que o *a priori* da soberania esteja colocado. Que, pelo menos em termos de pressupostos lógicos, exista *ao menos um* que não esteja submetido à castração, o que quer dizer estar excluído do campo que funda. A isto que em psicanálise denominamos de *exclusão fálica* segue-se que o exercício da função paterna pressupõe que o sujeito a quem é dado encarná-la – o pai real – possa transmitir o falo sem confundir-se com ele. Ou seja, possa, nos termos de Agamben, se *abandonar* à lei.

O que Safouan acrescenta é que a psicanálise, ou melhor, os psicanalistas, constituem uma outra posição em relação à lei que não é nem a do pai, nem a do soberano. Para o analista, a posição terceira diz respeito não à lei da referência fálica, mas a do desejo. Ambos os termos não são sem relação; é no recalcamento originário que encontramos sua disjunção: o falo positiva o desejo, o significa, mas, ao fazê-lo, o reduz ao deslizamento metonímico da demanda. A análise se dirige, justamente, ao que do desejo não se significa, à falta em sua potencialidade de pura abertura. Nesse sentido, nos diz Safouan, o analista é o nada que está além do soberano; nada que indica o ponto onde todos somos iguais, isto é, sujeitos de desejo.

Teríamos que avançar mais nessa questão, se quiséssemos entender as consequências dessa posição subjetiva do analista na produção do seu ato. Isso, porém, foge às pretensões deste trabalho. O que constitui, aqui, o cerne de nossa preocupação é de como situar a posição enunciativa do pai de André e quais as suas consequências no processo adolescente do filho.

Assim, a nossa hipótese é que o pai de Lavoura Arcaica é o soberano: aquele que funda a lei, ao se confundir com ela. Para tanto, ele encarna o falo enquanto imagem de potência, impedindo o estabelecimento de um circuito de trocas. Paradoxalmente, tal posição estabelece o falo como valor absoluto, ao mesmo tempo que o reduz a puro dejeto, pois desprovido de sua função primeira: ser significante do desejo. Essa seria a posição enunciativa do soberano: transcende a lei, no sentido de que é sua condição, mas também a excede, isto é, sobra como resto.

O *abandonado*, por sua vez, no sentido que lhe dá Agamben, dialetiza essa condição de autoexclusão do lugar de enunciação que, em certa medida, é intrínseca à linguagem. O termo "abandonado" nos interessa particularmente, pelo que ele permite significar da posição de *submissão voluntária* do sujeito à castração – a alienação do sujeito ao significante, diríamos com Lacan –, na medida em que torna possível o acesso ao desejo. Também pelo que pode nos ajudar a pensar na relação entre os, assim denominados, *menores abandonados* e a *lei da família*. Entre ambos, nenhuma oposição *a priori*; nem complementaridade. *Os abandonados* não são, por princípio, sem família, fora de sua lei. O que situa nessa relação o *fora-da-lei* é uma dada posição discursiva – do soberano ou das Instituições que se confundem com ele – que, ao enunciar a lei da família e seus valores, a erige como ideal circunscrito por bordas estáticas[13].

No livro *Lavoura Arcaica*, André é aquele que se opõe ao pai – ao soberano – e, desse modo, apresenta-se como

---

[13] O autor do livro *Lavoura Arcaica*, Raduan Nassar, deu o seguinte depoimento que, nos parece, vai nesta mesma direção: "Talvez se pudesse ver no Lavoura [Arcaica] uma tentativa de se colocar metaforicamente em xeque as utopias, quando confrontadas com os gritos e gemidos dos excluídos, uma categoria que existirá sempre e necessariamente em qualquer sociedade, partindo-se do pressuposto de que uma organização social só se viabiliza em cima de valores. E valores excluem sempre e necessariamente. O que poderia parecer então só um romance de amor trágico, talvez devesse ser percebido também como um texto de reflexão política".

seu duplo. A duplicação aqui não se refere unicamente à imagem, mas sim a um tipo particular de identificação como identificação ao *fora-da-lei*. Assim, para além da sua vontade, a posição de André o condena ao destino do discurso contra o qual ele se insurge. Ele é aquele que faz da palavra do pai, letra; que toma a palavra do pai ao *pé-da-letra*.

O que denominamos aqui de identificação ao *fora-da-lei* refere-se a esse momento em que o sujeito faz coincidir objeto e significante. O falo como atributo paterno, como insígnia de valor no campo do Outro, ao invés de barrar o desejo da mãe, se realiza como seu objeto. Trata-se, pois, de uma identificação com o pai enquanto identificação ao significante, mas significante que é incorporado no registro da exceção e do excesso. A incorporação identificatória aí opera como reificação fantasmática do significante do desejo do Outro.

Na história de André, ele nos dá a pista do que está em jogo na sua dificuldade de aceder a uma outra relação com o significante, que não o restrinja à fixidez da versão fálica. Sob a forma imperativa do discurso do pai, ele revela que a impossibilidade de realização do luto do corpo incestuoso da infância recobre uma falha na genealogia: o luto, impossível na família, do pai ideal. Nessa particular formação sintomática, o não querer esquecer do sujeito se transforma, na narrativa de André, em preceito moral: não deves esquecer:

> [...] na doçura da velhice está a sabedoria, e, nessa mesa, na cadeira vazia da outra cabeceira, está o exemplo: é na memória do avô que dormem nossas raízes, no ancião que se alimentava de água e sal para prover de um verbo limpo, no ancião cujo asseio mineral do pensamento não se perturbava nunca com as convulsões da natureza; nenhum entre nós há de apagar da memória a formosa senilidade dos seus traços; nenhum entre nós há de apagar da memória sua descarnada discrição ao ruminar o tempo em suas andanças pela casa. (Nassar, 1989, p. 60-61)

O lugar vazio do velho ancião encontra ressonância, na angustiada narrativa de André, na língua estrangeira falada pela mãe, língua de reza e súplica. O intraduzível dessa língua e o inesquecível das origens míticas da família acompanham a adolescência de André. O vazio aí não constitui enigma, não deixa traço; ele resta como presença indelével do intransmissível da genealogia.

Terceiro filho, mas primeiro a ser contado do lado materno (conforme a disposição dos lugares na mesa de jantar), coube a André dar corpo a esse vazio, encarná-lo. Sua adolescência é, assim, marcada pela passagem ao ato que realiza essa disposição subjetiva. É, pois, na casa vazia do velho ancião, patriarca mítico, que André realiza o ato supremo de respeito à lei da família: o incesto fraterno. Por esse ato, ele empresta seu corpo ao sacrifício totêmico e goza ali onde o significante depõe seu resto.

A partir do que, André foge. Nessa fuga, ele ensaia a saída de casa, da composição fantasmática que o determina como sintoma da estrutura familiar. Mas ele volta, atraído pela irremediável força de uma lei tão mais absoluta quanto irrefutável, onde todos os seus atos, desde os mais insignificantes, sofrem a força insuperável de sua atração. Através do que André nos mostra que a dita adolescência está longe de concluir-se em um período restrito da vida. O que ela encena, na ordem cronológica da vida, é apenas um primeiro movimento de uma repetição que conduz o sujeito, na busca de uma outra saída.

Segundo as palavras do nosso personagem:

> [...] e se acaso distraído eu perguntasse 'para onde estamos indo?' – não importava que eu, erguendo os olhos, alcançasse paisagens muito novas, quem sabe menos ásperas, não importava que eu, caminhando, me conduzisse para regiões cada vez mais afastadas, pois haveria de ouvir claramente de meus anseios um juízo rígido, era um cascalho, um osso rigoroso, desprovido de qualquer dúvida: 'estamos indo sempre para casa'. (p. 36-37)

Conclusão:
Uma narrativa ou a vida

No início deste trabalho indicávamos como direção para nossas interrogações o trabalho clínico que realizamos com jovens moradores de instituição pública. Propúnhamos desdobrar, a partir dessa experiência, algumas questões que nos permitissem avançar no enlace entre a análise do mal-estar na cultura e as particularidades da clínica da adolescência. Pautados em nosso trabalho clínico, especialmente pela herança lacaniana, vimo-nos diante da necessidade de fazer um retorno a Freud, de modo a precisar nossa posição de análise. Também para avaliar e explicitar os avanços que a clínica lacaniana permite realizar, em resposta aos anseios de Freud, tanto no que diz respeito aos fins e finalidades de uma análise quanto em relação à prática social do psicanalista.

Realizamos, desse modo, no primeiro capítulo, uma leitura de alguns dos principais eixos de "O mal-estar na cultura" de Freud (1930); leitura esta que se constituiu no eixo principal de todo o nosso trabalho. Na busca dos invariantes que nos permitissem pensar sobre alguns nomes peculiares do mal-estar na contemporaneidade – especialmente *exclusão social* – buscamos situar na relação entre cultura e laço social – tal como propostos por Freud e retomados por Lacan –, uma condição estrutural semelhante à que encontramos na relação entre fantasia e sintoma. Nesse sentido de nossa análise, propusemos interpretar a exclusão social como expressão sintomática da fantasia de exclusão, termo pelo qual pretendemos situar a condição original do sujeito na posição de terceiro excluído – figurada, geralmente, pela posição de exterioridade do sujeito na cena primária.

O estudo da exclusão no interstício da fantasia e do sintoma nos conduziu – ainda no primeiro capítulo – a retrabalhar o mito freudiano da horda primitiva e sua atualização nas estruturas grupais associada à noção de fetichismo. Situamos, assim, a aproximação entre ideal do eu grupal e fetiche, observada pelo hibridismo constituinte do traço unário – entre signo e significante –, segundo as elaborações de Lacan. Com base nesses desenvolvimentos, concluímos que a relação do grupo com o líder – constituinte do fundamento fantasmático de todo laço social – é pautada pela recusa da morte do pai e, pois, pela fetichização do ideal do eu grupal. Nesse sentido, o elemento cultural que subsiste às formações sociais é, por princípio, perverso: trata-se da recusa da morte do pai que permanece presente na figura do mestre agenciador do discurso e legislador das formas de gozo do sujeito. É também em torno dessa formação fantasmática que se institui o laço social contemporâneo, onde o mestre/líder é representado pelos princípios de moralidade e de idealidade que regulam e ordenam a ordem fálica em nossa sociedade.

Ao final deste capítulo, pudemos concluir, provisoriamente, que se, por um lado, *a adolescência* se apresenta como uma particular posição do sujeito em ruptura com esse circuito de gozo, por outro lado *os adolescentes* são demandados a reinstalar o circuito pela reafirmação da ordem fálica. O que rege aí é o princípio da *normopatia*. Na especificidade de adolescentes que se situam como fora da norma – como são concebidos no discurso os adolescentes em instituição – o paradoxismo da demanda social se expressa de forma radical, desnudando o princípio de exclusão que norteia o funcionamento do discurso. Ao lado dessa análise, pudemos avançar que a saída adolescente pela via do *sinthoma* constitui uma outra via que não a da *normalidade* cúmplice do fantasma, mas a da invenção de novos Nomes-do-pai que, à diferença da metáfora fálica, permite a inscrição singular da perda do objeto primário.

Essa primeira análise da interface entre clínica do social e psicopatologia da adolescência conduziu-nos ao trabalho com a operação que Lacan denominou de alienação/separação. Introduzimos esse tema, e a ele dedicamos o segundo capítulo, pois entendemos que através da introdução, na psicanálise, do conceito de alienação, Lacan pôde avançar em relação às proposições freudianas, tanto no que diz respeito à intervenção do analista no social quanto na clínica com adolescentes.

Começamos a abordagem dessa questão remetendo-nos, mais uma vez, ao texto "O mal-estar na cultura", de forma a expressar as bases da revolução freudiana, no que diz respeito à interface entre sujeito e Outro e a função do objeto. Na consideração desse tema não pudemos deixar de considerar o diálogo da psicanálise com os demais campos do pensamento e da práxis moderna. Destacamos aqueles que, a nosso ver, foram determinantes da releitura de Freud empreendida por Lacan e condicionantes de sua formulação sobre alienação/separação. Assim, acompanhamos, sumariamente, os deslizamentos do termo alienação em Rousseau, Pinel, Hegel e Marx, até sua inscrição no vocabulário da psicanálise. Já na obra de Lacan, seu uso, ao longo do ensino do autor, nos permitiu vislumbrar importantes modificações na abordagem psicanalítica das relações entre sujeito e Outro e a função do objeto.

Destacaríamos, deste trabalho, a ruptura de Lacan com o hegelianismo como fundamental para o avanço em uma prática analítica – tanto clínica como social – que possa intervir no mais além da rocha da castração. Indicamos, nesse sentido, as análises freudianas do complexo de Édipo e as de Lacan sobre a metáfora fálica como resistentes à *travessia* fantasmática da forma moderna de enlace entre sujeito e Outro. Segundo nosso entendimento, ao nominar de alienação/separação a interrelação entre sujeito e Outro, Lacan formulou uma especificidade da psicanálise, incidindo sua operação no ponto de encontro entre discurso e pulsão.

A partir daí, a função da psicanálise, na clínica e no social, ganha precisão, podendo ser definida como uma operação dirigida à produção do lugar de enunciação, pela incidência da clivagem entre traço (ideal do eu) e objeto (causa de desejo).

No relato clínico que apresentamos no segundo capítulo, quisemos demonstrar a complexidade da operação de alienação/separação, na passagem da puberdade para a adolescência, por meio de um caso que acompanhamos no contexto desta pesquisa. Apresentamos aí um esboço da aproximação, que desenvolvemos no capítulo subsequente, entre narrativa de origem e os Nomes-do-pai (ou o *sinthoma*). Indicamos, também, nesse ponto, uma dificuldade particular no desdobramento do processo de alienação/separação na clínica com adolescentes em instituição. Trata-se da captura radical em uma condição de alienação ao discurso – na figura do adolescente sem família – como ponto de resistência maior à operação de separação, necessária para a inscrição singular do sujeito.

No terceiro capítulo, desenvolvemos o enlace entre narrativa de origem e Nomes-do-pai, com base em questões diretamente relacionadas à clínica com adolescentes. Nossa proposição foi buscar em Freud as balizas que nos permitissem compreender as formulações de Lacan acerca do real em causa na filiação e na transmissão familiar. Tratava-se de interrogar sobre o estatuto originário do S1, enquanto ponto de báscula entre simbólico e real. Pretendemos, assim, reatualizar a discussão em torno do tema das origens em psicanálise, a partir da proposta lacaniana da alienação/separação e sua efetivação na clínica da adolescência.

O desdobramento dessas questões nos levou a considerar o estatuto psicanalítico da família, em relação à cultura moderna e seu agenciamento nos discursos da ciência e da religião. A consideração dessas questões se impôs ao nosso trabalho, na busca de um maior discernimento sobre a posição do psicanalista em relação à função da família e às funções parentais. A partir desse estudo, concluímos pela importância do agenciamento do desejo através do suporte em uma alienação mediatizada por um Outro/outro, a qual denominamos, com Lacan, a *função do Tu*. Atribuímos a tal função a tarefa de *autenticação* do Nome-do-pai, pela qual um sujeito reconhece e significa o real em causa na transmissão do desejo. Distinguimos esse processo da demanda de significação e reconhecimento que um sujeito pode endereçar ao Outro. Este é o caso, por exemplo, da demanda social em relação aos adolescentes para que encarnem o ideal do eu da cultura, suportando e obturando, desse modo, a castração do Outro. O trabalho de análise com adolescentes implica, pois, a travessia desse fantasma em causa no laço social, para que o sujeito possa, singularmente e junto a outros, autenticar-se como sujeito do desejo em um Nome próprio.

Concluímos, assim, nosso trabalho na elaboração da função da narrativa em análise e no laço social como forma privilegiada de construção e autenticação de um Nome (ou

Nomes) ao sujeito. Na última parte do trabalho, propusemos pensar a temporalidade em causa na constituição do sujeito – constituição de uma função nominante, poderíamos dizer – como formas de enlace entre discurso e pulsão em diferentes construções narrativas. Novamente, pautamos nosso estudo dessas formas narrativas com base na operação de alienação/separação e sua colocação em causa na cronologia de vida de um indivíduo. Procuramos, por fim, salientar as dificuldades próprias a esse processo na adolescência, promotoras de particulares impasses para sua (dis)solução.

***

Para não-concluir, gostaríamos de trazer aqui a referência a um livro, já clássico, que marcou época na história do estruturalismo: *As Estruturas Narrativas*, de T. Todorov (1970). Nessa obra, o autor apresenta um belo estudo interpretativo da intriga das *Mil e Uma Noites*. Os personagens desse livro são, segundo ele, homens-narrativa, desprovidos de profundidade psicológica. Eles existem *no* livro e *para* o livro; eles *são* as histórias que contam. O fim da narrativa, ou a inabilidade em fazê-la, conduz ao desaparecimento ou à morte do personagem. Segundo Todorov: "O grito das *Mil e Uma Noites* não é 'A bolsa ou a vida!' mas 'Uma narrativa ou a vida!'" (p. 130).

Nesse tipo de narrativa, não há nem início nem fim. O livro começa no tempo indeterminado do conta-se e remete seu fim a um sempre novo contar-se-á. O tempo é correlativo à narrativa. Histórias se enlaçam e se sucedem. Elas se encaixam umas nas outras, a partir do resto deixado pela anterior: resto que está *a mais*, que excede o desenrolar da narrativa que acaba de ser feita. Ele demanda uma outra história que o coloque no tempo, que o absorva em um novo enredo. O suplemento cria assim uma falta na história precedente. O excesso se revela aí, também, ser algo *a menos*.

Situamos, assim, nossa esperança de que as contribuições avançadas nesse livro possam ter sido lidas como uma história *a mais* que produza – especialmente entre aqueles que se ocupam da psicanálise com adolescentes – um resto *a menos*, na direção de novas pesquisas. Seja no sentido da precisão ética e teórica que a responsabilidade pelo trabalho do psicanalista exige. Mas, também, nem que seja pelo simples prazer na produção de uma nova narrativa.

REFERÊNCIAS BIBLIOGRÁFICAS

AGAMBEN, G. *Homo Sacer*: le pouvoir souverain et la vie nue. Paris: Seuil, 1997.

ALLOUCH, J. *Letra a letra*: transcrever, traduzir, transliterar. Rio de Janeiro: Campo Matêmico, 1995.

_____. *Le sexe du maître*: l'érotisme d'après Lacan. Paris: Exils, 2001.

ALTHUSSER, L. *Écrits sur la psychanalyse*: Freud et Lacan. Paris: Stock/Imec, 1993.

ASSOUN, P.-L. *Littérature et psychanalyse*. Paris: Ellipses, 1996.

_____. *Leçons psychanalytiques sur frères et sœurs*. Tome 1: Le lien inconscient. Paris: Anthropos/Economica, 1998.

_____. *Le préjudice et l'idéal*: pour une clinique sociale du trauma. Paris: Anthropos, 1999.

_____. Le préjudice inconscient et ses plus-values sociales. In: ASSOUN, P.-L.; ZAFIROPOULOS, M. *Les solutions sociales de l'inconscient*. Paris: Antrophos, 2001.

AUBRY, J. *Enfance abandonnée*: la carence de soin maternels. Paris: Scarabée & Co., 1983.

BERGÈS, J.; BALBO, G. *L'enfant & la psychanalyse*. Paris: Masson, 1994.

_____. *A atualidade das teorias sexuais infantis*. Porto Alegre: CMC, 2001.

BRASIL. *Estatuto da Criança e do Adolescente*: lei nº 8069/90. Rio de Janeiro: DP&A, 1998.

CALLIGARIS, C. *Hipótese sobre o fantasma na cura psicanalítica*. Porto Alegre: Artes Médicas, 1986.

_____. A sedução totalitária. In: ARAGÃO, L., et al. *Clínica do social*: ensaios. São Paulo: Escuta, 1991.

_____. *A adolescência*. São Paulo: Publifolha, 2000.

CERTEAU, M. *Histoire et psychanalyse*: entre science et fiction. Paris: Gallimard, 1987.

COBLINER, W. G. L'école genevoise de psychologie génétique et la psychanalyse: analogies et dissemblances. In: SPITZ, R. *De la naissance à la parole*: la première année de la vie. Paris: PUF, 1993.

COSTA, A. Ficção e história: reflexões sobre sujeito e tempo na clínica psicanalítica. *Boletim de Novidade da Pulsional*, ano VIII, n. 74, p. 5-9, 1995.

_____. *A ficção do si mesmo*: interpretação e ato em psicanálise. Rio de Janeiro: Companhia de Freud, 1998.

_____. Apagando marcas: registro e endereço adolescente. *Revista da APPOA*, n. 23, p. 9-17, 2002.

DIDIER-WEILL, A. *Inconsciente freudiano e transmissão da psicanálise*. Rio de Janeiro: Jorge Zahar, 1989.

DOUVILLE, O. Fragments, constructions et destins contemporais du "mythe" individuel à l'adolescence. In: RASSIAL, J.-J. (Org.). *Sortir*: l'opération adolescente. Paris: Érès, 2000.

ECO, U. *Tratado geral de semiótica*. São Paulo: Perspectiva, 1997.

ENRIQUEZ, E. *Da horda ao estado*: psicanálise do vínculo social. Rio de Janeiro: Jorge Zahar, 1991.

FOUCAULT, M. *Les mots et les choses*. Paris: Gallimard, 1966.

_____. *História da loucura*. São Paulo: Perspectiva, 1989.

FOURMENT-APTEKMAN, M.-C. Aime ton prochain comme toi-même, réflexions à partir de "Malaise dans la culture". *Cahiers de l'infantile*, n. 1. Paris: L'Harmattan, 2002.

FREUD, A.; BURLINGHAN, D. *Meninos sem lar*. Rio de Janeiro: Fundo de Cultura, 1958.

FREUD, S. (1895). Proyecto de una psicología para neurólogos. *Obras Completas*, t. I. Madrid: Biblioteca Nueva, 1973.

_____. (1896a). La etiología de la histería. *Op. cit.*, t. I.

_____. (1896b.) La herencia y la etiología de las neurosis. *Op. cit.*, t. I.

_____. (1897). Carta a Fliess de 21 de septiembre de 1897. *Op. cit.*, t. III.

_____. (1898a). Carta a Fliess de 20 de junio de 1898. *Op. cit.*, t. III

_____. (1898b). La sexualidad en la etiología de las neurosis. *Op. cit.*, t. I.

_____. (1900). La interpretación de los sueños. *Op. cit.*, t. I.

_____. (1901). Psicopatología de la vida cotidiana. *Op. cit.*, t. I.

_____. (1905). Tres ensayos para una teoría sexual. *Op. cit.*, t. I.

_____. (1905-06). Personajes psicopáticos en el teatro. *Op. cit.*, t. II.

_____. (1908). La moral sexual cultural y la nerviosidad moderna. *Op. cit.*, t. II.

_____. (1909). La novela familiar del neurótico. *Op. cit.*, t. II.

_____. (1910). Psicoanálisis. *Op. cit.*, t. II.

_____. (1911). Los dos principios del funcionamiento mental. *Op. cit.*, t. II.

_____. (1913). Totem y tabu. *Op. cit.*, t. II.

_____. (1915a). La represión. *Op. cit.*, t. II.

_____. (1915b). Los instintos y sus destinos. *Op. cit.*, t. II.

_____. (1915c). Un caso de paranoia contrario a la teoría psicoanalítica. *Op. cit.*, t. II.

_____. (1917a). Duelo y melancolía. *Op. cit.*, t. II.

_____. (1915-17a). Lección X: El simbolismo en el sueño. Lecciones introductorias al psicoanálisis. *Op. cit.*, t. II.

_____. (1915-17b). Lección XXII: Puntos de vista del desarrollo y de la regresión. Etiologia. Lecciones introductorias al psicoanálisis. *Op. cit.*, t. II.

_____. (1915-17c). Lección XXIII: Vias de formación de síntomas. Lecciones introductorias al psicoanálisis. *Op. cit.*, t. II.

_____. (1918). Historia de una neurosis infantil. *Op. cit.*, t. II.

_____. (1917b). Una dificultad del psicoanálisis. *Op. cit.*, t. III.

_____. (1919a). Pegan a un niño. *Op. cit.*, t. III.

_____. (1919b). Prólogo para un libro de Theodor Reik. *Op. cit.*, t. III.

_____. (1921). Psicología de las masas y análisis del yo. *Op. cit.*, t. III.

_____. (1923). El yo y el ello. *Op. cit.*, t. III.

_____. (1925a). La negación. *Op. cit.*, t. III.

_____. (1925b). La significación ocultista del sueño. *Op. cit.*, t. III.

_____. (1927a). El porvenir de una ilusión. *Op. cit.*, t. III.

_____. (1927b). Fetichismo. *Op. cit.*, t. III.

_____. (1930). El malestar en la cultura. *Op. cit.*, t. III.

_____. (1933a). Lección XXXII: La angustia y la vida instintiva. Nuevas lecciones introductorias al psicoanálisis. *Op. cit.*, t. III.

_____. (1933b). Lección XXXV: El problema de la concepción del universo. *Op. cit.*, t. III.

_____. (1937). Construcciones en psicoanálisis. *Op. cit.*, t. III.

_____. (1939). Moisés y la religión monoteísta: tres ensayos. *Op. cit.*, t. III.

_____. (1948a). Entwurf einer Psychologie. *Gesammelte Werke*, Frankfurt: S. Fischer Verlag, v. 0.

_____. (1948b). Die Verdrängung. *Op. cit.*, v. X.

_____. (1948c). Die Verneinung. *Op. cit.*, v XIV.

_____. (1948d). Das Unbehagen in der Kultur. *Op. cit.*, v. XIV.

HANNS, L. *Dicionário comentado do alemão de Freud*. Rio de Janeiro: Imago, 1996.

HEGEL, G. W. F. (1821). *Principios de la filosofía del derecho*. Barcelona: Edhasa, 1988.

_____. (1807). *Fenomenologia do espírito*. Parte I e Parte II. Petrópolis: Vozes, 1992-93.

HYPPOLITE, J. Comentário falado sobre a Verneinung de Freud. In: LACAN, J. (1966) *Escritos*. Rio de Janeiro: Jorge Zahar, 1998.

JARCZYK, G. O conceito do trabalho e o trabalho do conceito. *Filosofia Política*. Porto Alegre, n. 1, p. 115-129, 1984.

JARCZYK, G.; LABARRIÈRE, P.-J. *De Kojève à Hegel*: cent cinquante ans de pensée hégélienne en France. Paris: Albin Michel, 1996.

JULIEN, P. *L'étrange jouissance du prochain*: éthique et psychanalyse. Paris: Seuil, 1995.

_____. *Abandonarás teu pai e tua mãe*. Rio de Janeiro: Companhia de Freud, 2000.

KEHL, M. R. (Org.). *Função fraterna*. Rio de Janeiro: Relume-Dumará, 2000.

KOJÈVE, A. *Introduction à la lecture de Hegel*: leçons sur la "Phénoménologie de l'esprit" professées de 1933 à 1939 à l'École des Hautes Études. Paris: Gallimard, 1947.

LACAN, J. (1938). Les complexes familiaux dans la formation de l'individu. In: *Autres Écrits*. Paris: Seuil, 2001.

_____. (1945). O tempo lógico e a asserção de certeza antecipada. In: *Escritos*. Rio de Janeiro: Jorge Zahar, 1998.

_____. (1946). Formulações sobre a causalidade psíquica. *Op. cit.*

_____. (1947). La psychiatrie anglaise et la guerre. In: *Autres Écrits.* Paris: Seuil, 2001.

_____. (1953). Função e campo da fala e da linguagem em psicanálise. In: *Escritos*. Rio de Janeiro: Jorge Zahar, 1998.

_____. (1953-54). *O seminário*. Livro 1: Os escritos técnicos de Freud. Rio de Janeiro: Zahar, 1979.

_____. (1954). Introdução ao comentário de Jean Hyppolite. In: *Escritos*. Rio de Janeiro: Jorge Zahar, 1998.

_____. (1955a). A coisa freudiana. *Op. cit.*

_____. (1955b). Variantes do tratamento-padrão. *Op. cit.*

_____. (1955-56a). *O seminário.* Livro 3: As psicoses. Rio de Janeiro: Jorge Zahar, 1985.

_____. (1955-56b). De uma questão preliminar a todo tratamento possível da psicose. In: *Escritos.* Rio de Janeiro: Jorge Zahar, 1998.

_____. (1956-57). *O seminário.* Livro 4: A relação de objeto. Rio de Janeiro: Jorge Zahar, 1995.

_____. (1957-58.) *O seminário.* Livro 5: As formações do inconsciente. Rio de Janeiro: Jorge Zahar, 1999.

_____. (1958). A significação do falo. In: *Escritos.* Rio de Janeiro: Jorge Zahar, 1998.

_____. (1958-59). *O seminário.* Livro 6: O desejo e sua interpretação. Inédito.

_____. (1959-60). *O seminário.* Livro 7: A ética da psicanálise. Rio de Janeiro: Jorge Zahar, 1988.

_____. (1960) Subversão do sujeito e dialética do desejo no inconsciente freudiano. In: *Escritos.* Rio de Janeiro: Jorge Zahar, 1998.

_____. (1960-61). *O seminário.* Livro 8: A tranferência. Rio de Janeiro: Jorge Zahar, 1992.

_____. (1961-62). *O seminário.* Livro 9: A identificação. Inédito.

_____. (1964). *O seminário.* Livro 11: Os quatro conceitos fundamentais da psicanálise. Rio de Janeiro: Jorge Zahar, 1990.

_____. (1965-66). *O seminário.* Livro 13: O objeto da psicanálise. Inédito.

_____. (1966). A ciência e a verdade. In: *Escritos*. Rio de Janeiro: Jorge Zahar, 1998.

_____. (1966-67). *O seminário*. Livro 14: A lógica do fantasma. Inédito.

_____. (1968-69). *O seminário*. Livro 16: De um Outro ao outro. Rio de Janeiro: Jorge Zahar, 2008.

_____. (1969a). Sur le symptôme de l'enfant. In: AUBRY, J. (Org.) *Enfance abandonnée:* la carence de soin maternels. Paris: Scarabée & Co., 1983.

_____. (1969b). Note sur l'enfant. In: *Autres Écrits*. Paris: Seuil, 2001.

_____. (1969-70). *O seminário*. Livro 17: O avesso da psicanálise. Rio de Janeiro: Jorge Zahar, 1992.

_____. (1972-73). *O seminário*. Livro 20: Mais, ainda. Rio de Janeiro: Jorge Zahar, 1985.

_____. (1974-75). *O seminário*. Livro 22: R.S.I. Inédito.

_____. (1975-76). *O seminário*. Livro 23: O sinthoma. Rio de Janeiro: Jorge Zahar, 2007.

_____. Le mythe individuel du névrosé. *Revue Ornicar?* n. 17-18, p. 289-307, 1979.

_____. *Televisão*. Rio de Janeiro: Jorge Zahar, 1993.

LAPLANCHE, J.; PONTALIS, J.-B. *Vocabulário de psicanálise*. Lisboa: Moraes, 1971.

_____. L'inconscient une étude psychanalytique. In: LAPLANCHE, J. *L'inconscient et le ça.* Paris: PUF, 1981.

_____. *Fantasia originária, fantasia das origens, origens da fantasia*. Rio de Janeiro: Jorge Zahar, 1988.

LEBRUN, J.-P. *Un monde sans limite*: essai pour une clinique psychanalytique du social. Paris: Érès, 1997.

LECLAIRE, S. *Psychanalyser*: un essai sur l'ordre de l'inconscient et la pratique de la lettre. Paris: Seuil, 1968.

LESOURD, S. *Adolescences... rencontre du féminin*. Paris: Érès, 2002.

MARX, K. (1844). Manuscritos econômico-filosóficos. *Os Pensadores*, v. XXXV: Marx. São Paulo: Abril Cultural, 1974.

_____. (1867). *Le capital*. Livre I. Paris: Quadrige/PUF, 1993.

MILLOT, C. *Nobodaddy*: a histeria no século. Rio de Janeiro: Jorge Zahar, 1989.

NASSAR, R. *Lavora arcaica*. São Paulo: Companhia das letras, 1989.

NEUTER, P. Pai real, incesto e devir sexual da menina. In: TEIXEIRA, A. (Org.) *O sujeito, o real do corpo e o casal parental*. Salvador: Agalma, 1991.

PENOT, B. *La passion du sujet freudien*: entre pulsionnalité et significance. Paris: Érès, 2001.

POLI, M. C. A Alienação em Karl Marx: um conceito hegeliano? *Veritas*, v. 42, n. 1, p. 71-77, 1997.

_____. Os tempos do sujeito e do Outro: narração, discurso e pulsão. *Estilos da Clínica*, n. 15, p. 82-93, 2003.

_____. Perversão da cultura, neurose do laço social. *Agora*, v. VII, n. 1, p. 39-54, 2004a.

_____. Os nomes do originário: significação e autenticação. *Psicologia Clínica*, v. 16, n. 1, p. 71-82, 2004b.

_____. Alienação/separação na clínica da adolescência. *Correio da APPOA*, ano XI, n. 130, p. 31038, 2004c.

_____. Clínica da adolescência: sobre papa(I)gaios – o objeto no lugar do traço. In: COSTA, A.; BACKES, C.; OLIVEIRA, R.; RILHO, V. (Orgs.). *Adolescência e experiências de borda*. Porto Alegre: UFRGS, 2004d.

_____. Alienação na psicanálise: a pré-história de um conceito. *Psyche*, ano IX, n, 16, p. 133-152, 2005.

POLI-FELIPPI, M. C. *O espírito como herança*: as origens do sujeito contemporâneo na obra de Hegel. Porto Alegre: EDIPUCRS, 1998.

_____. *A filha do rei*: considerações metapsicológicas acerca da exclusão. In: JERUSALINSKY, A, et al. *O valor simbólico do trabalho e o sujeito contemporâneo*. Porto Alegre: Artes e Ofícios, 2000.

_____. Função fraterna e cena primária. *Estilos da Clínica*, v. VI, n. 11, 2001.

_____. De volta para casa. *Revista da APPOA*, n. 23, 2002.

PORGE, E. *Jacques Lacan, un psychanalyste*: parcours d'un enseignement. Paris: Érès, 2000.

POSTEL, J. (Org.) *Dictionnaire de psychiatrie et de psychopathologie clinique*. Paris: Larousse, 1995.

RAND, M; TOROK, M. *Questions à Freud*: du devenir de la psychanalyse. Lonrai: Les Belles Lettres/Archimbaud, 1995.

RANK, O. (1909). *Le mythe de la naissance du héros*. Paris: Payot, 1983.

RASSIAL, J.-J. *A passagem adolescente*: da família ao laço social. Porto Alegre: Artes e Ofícios, 1997.

_____. O sinthoma adolescente. *Congresso Internacional de Psicanálise e suas conexões*. Rio de Janeiro: Companhia de Freud, 1999a.

_____. *Le sujet en état limite*. Paris: Denoël, 1999b.

_____. Positions lacaniennes sur l'adolescence, hier et aujourd'hui. *Adolescence*, v.18, n. 1, p. 83-93, 2000.

RICOEUR, P. Aliénation. In: *Encyclopaedia Universalis*. Paris: Encyclopaedia Universalis France, 2002.

ROSOLATO, G. *Essais sur le symbolique*. Paris: Gallimard, 1969.

ROUDINESCO, E. *História da psicanálise na França*. V. 2 (1925-1985): A batalha dos cem anos. Rio de Janeiro: Jorge Zahar, 1988.

_____. *Jacques Lacan*: esboço de uma vida, história de um sistema de pensamento. São Paulo: Companhia das letras, 1994.

_____. A família em desordem. Rio de Janeiro: Jorge Zahar, 2003.

ROUSSEAU, J.-J. (1762a) Émile. In: *Œuvres complètes*. Paris: Gallimard, 1969.

_____. (1762b) *O contrato social*. Rio de Janeiro: Ediouro, 1999.

SAFOUAN, M. et al. *Malaise dans la psychanalyse*: le tiers dans l'institution et l'analyse de contrôle. Paris: Arcanes, 1995.

SAINT-AUGUSTIN. *Les confessions*. Paris: GF/Flammarion, 1964.

SARTRE, J.-P. *Saint Genet*: ator e mártir. Petrópolis: Vozes, 2002.

SILVA, R. *Os filhos do governo*: a formação da identidade criminosa em crianças órfãs e abandonadas. São Paulo: Ática, 1997.

SOLER, Colette. *A psicanálise na civilização*. Rio de Janeiro: Contra Capa livraria, 1998.

SOULÉ, M. Le fantasme du roman familial et les nouveaux modes de filiation. In: ANZIEU, D. (Org.) *Le nouveau roman familial ou on te le dira quand tu seras plus grand*. 11ª Journée Scientifique du Centre de Guidance Infantile de l'Institut de Puericulture de Paris. Paris: ESF, 1980.

SPITZ, R. *De la naissance à la parole*: la première année de la vie. Paris: PUF, 1993.

TODOROV, T. *As estruturas narrativas*. São Paulo: Perspectiva, 1970.

VALLAS, P. *Freud e a perversão*. Rio de Janeiro: Jorge Zahar, 1990.

VANIER, A. O sintoma social. *Agora*, v. V, n. 2, p. 205-217, 2002.

WINNICOTT, D. *Privação e delinquência*. São Paulo: Martins Fontes, 1995.

ZAFIROPOULOS, M. *Lacan et les sciences sociales*. Paris: PUF, 2001.

ZIZEK, S. *O mais sublime dos histéricos*: Hegel com Lacan. Rio de Janeiro: Jorge Zahar, 1991.